法律方法阶梯

(第四版)

The Guide to
Legal Methodology

郑永流 著

北京大学出版社
PEKING UNIVERSITY PRESS

图书在版编目(CIP)数据

法律方法阶梯/郑永流著. —4版. —北京:北京大学出版社,2020.10
21世纪法学规划教材
ISBN 978-7-301-31632-0

Ⅰ.①法… Ⅱ.①郑… Ⅲ.①法律—方法论—高等学校—教材 Ⅳ.①D90-03

中国版本图书馆CIP数据核字(2020)第178373号

书　　　名	法律方法阶梯(第四版) FALÜ FANGFA JIETI(DI-SI BAN)
著作责任者	郑永流　著
责 任 编 辑	郭薇薇
标 准 书 号	ISBN 978-7-301-31632-0
出 版 发 行	北京大学出版社
地　　　址	北京市海淀区成府路205号　100871
网　　　址	http://www.pup.cn
电 子 信 箱	编辑部 law@pup.cn　总编室 zpup@pup.cn
新 浪 微 博	@北京大学出版社　@北大出版社法律图书
电　　　话	邮购部 010-62752015　发行部 010-62750672　编辑部 010-62752027
印 刷 者	北京虎彩文化传播有限公司
经 销 者	新华书店
	787毫米×1092毫米　16开本　17.5印张　437千字 2008年9月第1版 2012年8月第2版 2015年3月第3版 2020年10月第4版　2025年8月第7次印刷
定　　　价	45.00元

未经许可,不得以任何方式复制或抄袭本书之部分或全部内容。
版权所有,侵权必究
举报电话: 010-62752024　电子邮箱: fd@pup.cn
图书如有印装质量问题,请与出版部联系,电话: 010-62756370

丛书出版前言

秉承"学术的尊严,精神的魅力"的理念,北京大学出版社多年来在文史、社科、法律、经管等领域出版了不同层次、不同品种的大学教材,获得了广大读者好评。

但一些院校和读者面对多种教材时出现选择上的困惑,因此北京大学出版社对全社教材进行了整合优化。集全社之力,推出一套统一的精品教材。

"21世纪法学规划教材"即是本套精品教材的法律部分。本系列教材在全社法律教材中选取了精品之作,均由我国法学领域颇具影响力和潜力的专家学者编写而成,力求结合教学实践,推动我国法律教育的发展。

"21世纪法学规划教材"面向各高等院校法学专业学生,内容不仅包括了10门专业核心教材,还包括多门专业必修课教材,以及新兴课程教材;在注重系统性和全面性的同时,强调与司法实践、研究生教育接轨,培养学生的法律思维和法学素质,帮助学生打下扎实的专业基础和掌握最新的学科前沿知识。

本系列教材在保持相对一致的风格和体例的基础上,以精品课程建设的标准严格要求各教材的编写;汲取同类教材特别是国外优秀教材的经验和精华,同时具有中国当下的问题意识;增加支持先进教学手段和多元化教学方法的内容,努力配备丰富、多元的教辅材料,如电子课件、配套案例等。

为了使本系列教材具有持续的生命力,我们将积极与作者沟通,结合立法和司法实践,对教材不断进行修订。

无论您是教师还是学生,在使用本系列教材的过程中,如果发现任何问题或有任何意见、建议,欢迎及时与我们联系(发送邮件至bjdxcbs1979@163.com)。我们会将您的意见或建议及时反馈给作者,供作者在修订再版时进行参考,从而进一步完善教材内容。

最后,感谢所有参与编写和为我们出谋划策提供帮助的专家学者,以及广大使用本系列教材的师生,希望本系列教材能够为我国高等院校法学专业教育和我国的法治建设贡献绵薄之力。

北京大学出版社

2012年7月

第四版说明

从第三版到第四版,数字只上升了一位,时间之河却不舍昼夜,流过了六年。在这期间,法律人感到的最大改变之一,首推2020年出炉的《民法典》,以一典代九法。德国法律人基希曼曾说:立法者改三个字,整个图书馆变成废纸。因而,本次修订,较前几次修订而言,不让本书变成废纸的压力更大。所修内容可用三个关键词来概括:

其一,更新。全面更新书中所引法律及相关案例;全面更新和删减了阅读文献和阅读案例目录。

其二,增补。在法律解释部分增加"主观目的解释",以纠正原先只讨论"客观目的探究",冷落立法者的主观目的之不平等待遇。但将目的方法两分为"解释"和"探究",合理与否,期待评判。在教学参考材料部分增加"学生作业"和"课程总结"。

其三,调整。一是将第八章标题改为"大前提的建构及方法(三)",名副其实,与第六、七章性质更加贯通。二是大幅修改了"字义解释"和"反向推论"两节。

此次修订,正值全球人类受虐于新冠病毒之时。本书作者在教授网课的同时,全力以赴,在2020年6月1个月期间完成修订。现执教于广东财经大学的黄伟文先生三任修订助理,为本版付出甚多;中欧法学院2019级研究生陈玉月查找了第一至五章的新法条和一些相关文献,谨此向他们及提出疑问的读者表示衷心的感谢。

郑永流
2020年6月25日

目 录

导　言　法律方法与法律人
- 1　何谓法律人 …… 3
- 2　法律人为定分止争而生 …… 4
- 3　法律方法与判断者的价值立场 …… 5
- 4　法律方法与法治 …… 6
- 5　本书体系、体例与使用建议 …… 7

第一章　认识法律方法
- 1　法律方法的发生 …… 13
  - 1-1　事实与规范不对称 …… 13
  - 1-2　事实与规范不对称的原因 …… 15
- 2　法律方法及其体系 …… 18
  - 2-1　法律方法是法律应用中的方法 …… 18
  - 2-2　法律方法的体系 …… 19
- 3　法律方法的功能 …… 20
  - 3-1　方法改变前提,前提改变结论,结论改变行为 …… 20
  - 3-2　功能发生的机理 …… 20
- 4　各部门法有自己的方法吗? …… 21
  - 4-1　宪法的特点及方法 …… 21
  - 4-2　刑法、民法和行政法方法之比较 …… 21
- 5　法律方法是法定的吗? …… 23
  - 5-1　中国法的解释条款 …… 23
  - 5-2　奥地利、意大利、德国民法典的解释条款 …… 23
- 6　法律方法论 …… 23
  - 6-1　法律方法的性质 …… 23
  - 6-2　学界实务界关于法律方法的范围的理解 …… 24
- 7　法律方法与"法学方法" …… 26
  - 7-1　称谓 …… 26
  - 7-2　法学方法与法律方法的关系 …… 27
  - 7-3　统合法律方法与法学方法 …… 27
  - 7-4　法律方法论与法学 …… 28
- 8　法律方法与法律思维 …… 28
  - 8-1　思维 …… 28
  - 8-2　法律思维 …… 28

  8-3 法律思维的要义 … 29

第二章 法律判断形成的过程
1 处理事实和提出案件问题 … 36
  1-1 处理事实 … 36
  1-2 提出案件问题 … 37
2 寻找规范 … 38
  2-1 法源 … 38
  2-2 法源的顺序 … 44
3 分析事实构成 … 45
  3-1 规范 … 46
  3-2 法律规则及结构 … 46
  3-3 法律原则及类型 … 50
4 建构大前提 … 50
5 涵摄 … 51
  5-1 含义 … 51
  5-2 涵摄的过程 … 52
6 作出结论 … 54
7 六步法在事实与规范的不同关系中的应用 … 54

第三章 法律判断形成的基础方法
1 何谓基础方法 … 59
  1-1 推论与亚推论 … 59
  1-2 推论——引出必然性结论 … 59
  1-3 亚推论——引出或然性结论 … 59
  1-4 "实质推理"非推理而是权衡 … 60
2 演绎 … 60
  2-1 演绎的过程:从一般到特殊 … 60
  2-2 演绎结论的确定性 … 61
  2-3 演绎发生的时间 … 61
  2-4 演绎的类型 … 61
3 归纳 … 62
  3-1 归纳的过程:从特殊到一般 … 62
  3-2 归纳的功用:一般规则的获取 … 62
  3-3 归纳的局限性:归纳不完全 … 63
4 设证 … 63
  4-1 设证的过程:从特殊经由一般到特殊 … 63
  4-2 设证的功用:确定思考方向 … 64
  4-3 假设原因 … 64
5 小结 … 64
  5-1 演绎为推论,归纳和设证是亚推论 … 64

	5-2	演绎、归纳和设证的风险度	65
6	类比		65
	6-1	类比不是推论而是彼此比较	65
	6-2	类比的造法性	66
	6-3	类比与比喻、归纳	66
	6-4	类比与归纳、设证、演绎协同作用	67
7	论证		67
	7-1	论证的含义与法律论证的目的	67
	7-2	法律论证的对象	68
	7-3	法律论证的类型	68
	7-4	论证与其他方法	70
8	诠释		70
	8-1	诠释非方法	70
	8-2	诠释与解释	70
	8-3	诠释与论证、推论	72

第四章 建构小前提的方法

1	冤假错案源于事实不清		77
2	建构小前提的过程		78
	2-1	"评价"	78
	2-2	"求真"	78
	2-3	建构小前提的方法的类型	78
3	生活事实归入法律事实的方法:解释/诠释方法		79
	3-1	前理解	79
	3-2	诠释循环与等置	79
	3-3	对生活事实的解释	80
	3-4	具体的法律审查	82
4	求物质性之真的方法		83
	4-1	查明	83
	4-2	证明	90
	4-3	推定	91
5	求言辞之真的方法		100
	5-1	认定言辞证据的工作方法	101
	5-2	认定言辞证据的逻辑方法	102

第五章 理解法律行为的方法

1	法律行为的双重性质		109
2	法律行为的不同含义		109
	2-1	法理学上的含义	109
	2-2	民法上的含义	109
	2-3	行政法上的含义	110

3　民法中法律行为的理解方法 110
3-1　意思表示的理解方法的标准 111
3-2　意思表示的理解对象 112
3-3　民事行为和商事行为的意思认定 113
3-4　意思表示的理解方法 114
4　对合同的理解的特别问题 117
4-1　法律解释与合同理解 117
4-2　格式条款和格式合同的理解 117
4-3　合同漏洞的填补 119
4-4　遗嘱的理解 120
5　行政行为的解释 121
5-1　行政行为的解释立场与方法 122
5-2　行政解释行为举例 122
5-3　对行政行为的解释举例 122

第六章　大前提的建构及方法（一）——有法律规定的情形
1　法律规定不明确——法律解释 129
1-1　法律解释的对象——法律文本 130
1-2　法律解释的目的——确定立法者的原意 130
1-3　确定立法者原意的方法——法律解释及体系构成 130
2　字义解释 130
2-1　限制解释 131
2-2　扩张解释 132
2-3　字义解释的疑难 133
3　体系解释 138
3-1　体系解释的根据 138
3-2　体系解释的规则 140
4　历史解释 147
5　主观目的解释 149
5-1　主观目的与客观目的及其冲突 149
5-2　如何获得主观目的 149
5-3　主观目的解释的结果 151
6　解释方法的位阶关系 152
6-1　法院的意见 152
6-2　立法解释与立法、司法解释之间的位阶关系 153
7　客观目的探究 154
7-1　客观目的探究的发生条件 154
7-2　什么是客观目的和如何论证 154
7-3　客观目的探究的结果 155
8　法律修正及方法 156

	8-1 明显的内容错误 ··· 157
	8-2 条文编排疏忽 ··· 157
9	正当违背法律 ··· 158

第七章 大前提的建构及方法（二）——无法律规定的情形

1	何谓法律漏洞 ··· 164
	1-1 含义 ·· 164
	1-2 为何有法律漏洞 ··· 165
2	法律漏洞的类型 ·· 168
	2-1 原初漏洞与继发漏洞 ···································· 168
	2-2 私法漏洞与公法漏洞 ···································· 170
3	有类似的规范参照——类比 ································ 170
	3-1 个别类比 ··· 171
	3-2 整体类比 ··· 173
	3-3 轻重相举 ··· 174
	3-4 扩张解释与类比 ··· 178
4	无类似的规范参照——法律补充 ·························· 178
	4-1 习惯法补充 ·· 178
	4-2 法官法补充 ·· 182
	4-3 法理、学说补充 ··· 185
5	事项列举穷尽——反向推论 ································ 186
	5-1 反向推论适用的原理 ···································· 186
	5-2 反向推论适用的条件 ···································· 187
6	填补法律漏洞方法的选择和总结 ·························· 188

第八章 大前提的建构及方法（三）——法律原则、一般条款和不确定概念的适用方式

1	法律原则 ··· 193
	1-1 法律原则的特征 ··· 193
	1-2 法律原则的功用 ··· 194
2	原则的类型 ·· 196
	2-1 制定法外原则 ·· 196
	2-2 制定法内原则 ·· 197
3	原则与规则的比较及关系 ···································· 198
4	原则的适用 ·· 198
	4-1 适用条件 ··· 198
	4-2 制定法外原则的适用 ···································· 199
	4-3 制定法内原则的适用 ···································· 201
5	原则之间的冲突及解决 ······································· 202
	5-1 原则冲突及冲突类型 ···································· 202
	5-2 冲突的解决方法 ··· 203
6	一般条款 ··· 208

6-1　含义 ·· 208
　　　6-2　区别 ·· 209
　　　6-3　一般条款的适用 ····································· 210
　　7　不确定概念 ·· 210
　　　7-1　不确定概念实例 ····································· 210
　　　7-2　不确定概念的分类 ································· 211
　　　7-3　不确定概念与法律漏洞 ·························· 211
　　　7-4　不确定概念的适用方式 ·························· 211

第九章　作出法律结论的方法
　　1　演绎前的等置 ··· 217
　　2　法律结论由演绎得出 ··································· 218
　　　2-1　在载人汽车中的盗窃案 ·························· 218
　　　2-2　泸州遗产继承案 ···································· 220
　　3　法律方法体系大观 ······································ 222
　　4　判决只是一种意见 ······································ 223
　　5　案例分析示例 ··· 224

附录一
　　第一部分　索引 ·· 231
　　　一、术语索引 ·· 231
　　　二、图表索引 ·· 237
　　　三、重要案例及所涉主题索引 ························ 238
　　第二部分　法律解释的文件 ······························ 240

附录二　教学参考材料
　　一、《法律方法》教学方案 ······························· 247
　　二、课堂讨论案例选 ·· 250
　　三、学生作业选　陈×诉上海市杨浦区民政局双重国籍婚姻撤销案 ·· 254
　　四、2012年《法律方法》课程总结 ···················· 261
　　五、课堂讲授PPT ·· 263

第一版后记 ·· 264

第二版说明 ·· 265

第三版说明 ·· 267

导言

法律方法与法律人

问题与要义

1. 安身立命,法律人赖何?
2. 法学为什么是一门充满实践理性的学科?
3. 法律方法有什么基本功能?
4. 有人说中国有推理而无法律推理,你作何评论?

夫代司杀者杀,是谓代大匠斲。夫代大匠斲,希有不伤其手者矣。

——老子

Scrie leges non hoc est verba earum tenere, sed vim ac potestatem.

——*Celsus*

认识法律并不意味抠法律字眼,而是把握法律的意义和效果。

——塞尔苏斯

关键词

法律人　　法律方法　　法条主义　　法律判断　　法律思维

1　何谓法律人

大千世界,法律人何以安身立命?他们赖何形成一个法律共同体?这些法律人到底是怎样的一群人?历史上有诸种说法,亦庄亦谐,亦褒亦贬,异曲同工,都传达了法律者的特质。

我国台湾地区法学家王泽鉴说:"在一个法治社会,法律人常自负地认为,大者能经国济世,小者能保障人权,将正义带给平民。法律人为什么有此理想,有此自信?这个问题,不难答复:因为一个人经由学习法律,通常可以获得以下能力:(1)法律知识:明了现行法制的体系、基本法律的内容、各种权利义务关系及救济程序。(2)法律思维:依循法律逻辑,以价值取向的思考、合理的论证,解释适用法律。(3)解决争议:依法律规定,作合乎事理规划,预防争议发生于先,处理已发生的争议于后,协助建立、维护一个公平和谐的社会秩序。"[①]王先生笔下的法律人,着实正面。

有一则故事,却竭尽能事地讽刺法律人话语的过分专深。"我给你那个橘子"到了律师嘴里就变成:"我把一切都给你,即属于和包含在那个橘子中的我的财产和利益、权利、资格、要求和好处,连同橘子的表皮、内皮、汁、肉、籽,以及含于其中的一切权利和好处,并赋予充分的权利去咬、切、吸和用其他方式吃它,或者赠与他人,就像我刚刚说过的某人,被赋予完全有效的的权利对那个橘子加以咬、切、吸、嚼,或者赠与他人,无论是连同那个橘子的表皮、内皮、汁、肉、籽一起,还是把它们扔到一边,无论是之前还是之后,无论订立一个契约还是多个契约,无论起草一个文书还是多个文书,无论所使用的契约与文书的性质和种类怎样的相同或不同。"[②]

也有持中的回答,即人们熟知的所谓的"哈佛大学法学院名言"——当你走出哈佛大学法学院时,你眼里再没有男人和女人,而只有原告和被告。

我也曾以"凡我在处便是法"为题,多次宣讲过法律人思维的十大要义:(1)合法律性优于合道德性;(2)普遍性优于特殊性;(3)复杂优于简约;(4)形式优于实质;(5)程序优于实体;(6)严谨胜于标新;(7)谨慎超于自信;(8)论证优于结论;(9)逻辑优于修辞;(10)推理优于描述。

其中(1)为帝王要义,因为对法律人而言,还有什么比合法律性更珍贵呢?(2)—(5)为规范建构和应用要义;(6)—(7)为法律人性格要义;(8)—(10)为方法要义(详见本书第一章)。

就法律方法而言,它是法律人终要依凭的内在技艺。倘无技艺,自由的价值、诚信的原则总是养在深闺,纵有千种风情,又与何人说?当下道德缺失严重,于是不少人主张法律人应彰显人文情怀,尽说义理大道,但要紧之处在于与人怎么说,方能展现其法律事业的独特魅力。

[①] 王泽鉴:《法律思维与民法实例》,中国政法大学出版社2001年版,第1页。

[②] 这是1835年Arthur Symonds作出的批评,原文为:I give you all and singular, my estate and interest, right, title, claim and advantage of and in that orange, with all its rind, skin, juice, pulp and pips, and all right and advantage therein, with full power to bite, cut, suck, and otherwise eat the same, or give the same away as fully and effectively as I the said A. B. am now entitled to bite, cut, suck, or otherwise eat the same orange, or give the same away, with or without its rind, skin, juice, pulp and pips, anything hereinbefore, or hereinafter, or in any other deed, or deeds, instrument or instruments of what nature or kind soever, to the contrary in any wise, notwithstanding. 转引自廖美珍:《法庭语言技巧》,法律出版社2005年版,第109页。

2　法律人为定分止争而生

quis,quid,a quo,qua causa？这一拉丁文揭示了法律的基本问题,意为"谁可向谁,依据何种法律理由,主张什么？"①

法律人的天职是解纷,解纷就得有方法。法学是一门充满实践理性的学科,其魅力主要不是坐而论道,而在于通过规范把价值运用于事实,作出外有约束力、内有说服力的判断。一个脑袋里不装十几个案例、不做几十次案例分析的学生,仅知条条款款或大儒名师,尚无以成为法律人。生活充满纠纷,例子俯拾皆是,这都是我们法律人或准法律人要直面的。

还欠款5700元②

> 1997年9月15日,张×骑自行车行驶时被王×驾车撞伤。经交警部门调解处理,王×赔偿张×医疗费等6700元,并在欠条上注明欠款数额和日期。1998年5月13日,王×到张×家还款时,在欠条下方写下"还欠款伍仟柒佰元整",但未签名。后张×索要欠款时,因王×称已还款5700元而发生纠纷。张×诉至法院,请求追回尚欠赔偿费5700元。
>
> 法院认为,因欠条上写的"还欠款伍仟柒佰元整"的"还"字是多音字,而争议的焦点就在这个字究竟是"hai"还是"huan"。因张×提供不出充分的证据,8月28日法院只得依法作出驳回其诉讼请求的判决。

争议与疑难点:欠条上写的"还"字意指"hai"抑或是"huan"。显然,当时《民法通则》第90条"合法的借贷关系受法律保护"之适用③,取决于如何确定"还"的含义。

玩美女人广告语④

> 2001年,在沪台资企业×××服装有限公司委托上海××广告公司在该市地铁的4个站点发布品牌内衣广告时,打出了"玩美女人"的广告语。4月19日《解放日报》提出异议。8月,上海市工商局黄浦分局以广告内容违反我国《广告法》中"妨碍社会公共秩序和违背社会良好风尚"为由,责令×××服装有限公司停止发布广告,公开更正,并罚款二十多万元。×××服装有限公司不服,诉至法院。法庭上,×××服装有限公司认为"玩"有"做、追求、崇尚"的意思,"玩美女人"可理解为"追求崇尚美好的女人",绝非有人想象的那么庸俗。工商部门则指出,"玩"有"戏弄、玩弄"的意思,广告主对广告的理解不能强加于受众。12月,上海市黄浦区人民法院作出维持上海市工商局黄浦分局对×××服装有限公司行政处罚的判决。

---

① 德文为:Wer kann was von wem aus welchem Rechtsgrund verlangen？
② 参见《生活时报》1998年9月16日。
③ 《民法典》第465条第1款规定:"依法成立的合同,受法律保护。"
④ 参见吴兢、杜文娟:《这种广告怎会出炉？》,载《人民日报》2004年11月17日。

争议与疑难点：广告是否妨碍社会公共秩序和违背社会良好风尚，是以广告主还是受众的理解为准？如以受众的理解为准，又如何判明何为受众的理解？从当时《广告法》第3条："广告应当真实、合法、符合社会主义精神文明建设的要求"；第7条第2款："广告不得有下列情形：……（五）妨碍社会公共秩序和违背社会良好风尚……"①，并不能直接得出结论。

甘肃盗窃人头盖骨②

> 2006年3月27日，甘肃天祝藏族自治县××镇发现121个人头骷髅，公安部及甘肃、青海两省警力调查后确认，青海农民乔×等人结伙在荒郊野地的年久无主墓穴中盗挖得121个人头盖骨后，转手出售给梁×，随后梁×将锯下的头盖骨再次转卖给刘×。刘×将其加工成工艺品出售，非法谋取利益。

争议与疑难点：人头骷髅是否是尸体，不易回答，而只有是尸体才能适用当时《刑法》第302条：盗窃、侮辱尸体的，处3年以下有期徒刑等。③

还有近年发生的黄碟案（住宅含义）；屈原广告案（侵权客体及法律适用选择）；葡萄案（事实认定）也颇具争议，不胜枚举。解决这些争议需要方法，若无方法支援，人们常常犹如狗咬刺猬，无从下口，纵怀一腔正义，空悲切。

仅以某高校2005年法学硕士初试法理题为例，题中给定的事实为：

试题一道

> 2001年，广东省汕头市居民甲，从该市中国银行一储蓄所取款后，未及点数即回家。不一会儿，该所经手人储蓄员乙匆匆来到甲家中，说多付给甲人民币600元，经查点后属实，甲遂退还乙600元，乙大表感谢后返回。事后，甲想起该储蓄所柜前的告示"钱款当面点清，离柜概不负责"，觉得该告示不公。

其中一问是：这一告示公平与否，或者是否有效？为什么？不料考生有答不符合社会主义精神文明；有答违反诚信原则；还有几个考生竟说，告示未公开，所以不公平。他们连事实也未看清，更谈不上如何展现其应用法律的能力。

3 法律方法与判断者的价值立场

一般而言，法律方法，不仅是功于用法，也将功在造法。在用法、造法中，法律方法显现出这样一个不断逼近目标的功能链：方法改变前提，前提改变结论，结论改变行为，或者说，

---

① 现行《广告法》第3条规定："广告应当真实、合法，以健康的表现形式表达广告内容，符合社会主义精神文明建设和弘扬中华民族优秀传统文化的要求。"第9条规定："广告不得有下列情形：……（七）妨碍社会公共秩序或者违背社会良好风尚……"

② 从汽车中盗窃能否适用《德国刑法典》第243条"从封闭空间中"盗窃从而加重处罚？恩吉施给我们提出了相同的问题。参见本书第九章2-1。

③ 现行《刑法》第302条规定："盗窃、侮辱、故意毁坏尸体、尸骨、骨灰的，处三年以下有期徒刑、拘役或者管制。"

方法改变着法律,法律改变着人的行为。

2/3以上票数

> ××大学中文教授王××曾讲述一段很好地说明了这一功能链的故事。1994年,××大学评定教授职称,文件规定2/3以上票数才算通过,评委会有12位评委参加投票。一位老师得了8票后,正好达到2/3。这位老师认为,"2/3以上"应该包括2/3,而校领导却认为不包括2/3,不能算通过。为此他找来了说明2/3以上包括本数的其他文件,校领导却说"他们的文件管不着我们"!结果这位老师未评上教授。①

上述一般功能似无异议,但极有争论之处在于,法律方法是判断者实现其价值立场的工具,还是可限制判断者的恣意妄为?如何看待这一持续至今的争论?除极少例外,如《民法典》第466条,法律方法的确非法定方法,判断者可独立决定,用不用方法,用何方法,方法选用的次序,从而达到其目的,似乎方法无情,工具论完胜。

然而,如果判断者要使自己的意见具有说服力,就不能漠视法律共同体中使用方法之习惯,比如要考究语词含义,通常以文义解释为先,体系和历史解释依次发生,而解释是获得立法者原意的手段,这就划定了判断者的活动空间。再如,说服力的意见离不开论证,论证要遵循规则,判断者论证的义务也对任意有抑制作用。当然,这并不意味后者无懈可击,因为终极上方法替代不了价值,如类比中对比较点的选择,主要不在于唯理性的认识,而在于决断,因此权力的运用至关重要。视比较点的选择而定,可能会得出对立的结论。

简言之,一方面应洞察到法律方法既可扬善,也可助纣为虐;另一方面应承认,法律方法加大了泛道德化和恣意妄为的成本。

4 法律方法与法治

要恰当评说法律方法的作用,首先需明确当下中国法治面临的问题。与一些人的看法相同,我也以为,中国法治的主要问题是法律不能贯彻于生活。法律至上,信任法律,仍是看上去很美的理想,当然,应为之而奋斗。怪异的是,法学界批法条主义的声音却不绝于耳,我禁不住要问这些批判者们一声,法条都置之一边,哪来的"主义"?幸亏还有不少人看出,这样的主义之于当下的中国,实是多多益善。

但这并不意指在这一情势下,法律方法无所作为,因为不知/少知应用法律的方法的情况普遍存在于法律工作中。一些纷争,如学生不服开除的决定而告学校,被以法律无明确的规定为由,未予裁判。随着法律地位的缓慢上升,这类问题将变得日常化,国内近几年来法律方法论趋热,是人们逐渐意识到这类日常问题的表现。

正如法律不是万能的,也不可赋予法律方法过多的使命,否则,法律方法刚躲过冷眼就要死于捧杀。法律方法主要解决个案事实与规范的不对称性,属于内部解决。而法律的行动能力低下,原因来自外部,如司法制度安排、传统解纷手段等社会事实,社会事实与规范存

---

① 参见王明仁:《咬文嚼字又一说——"以上"、"以下"的使用问题》,中国法制出版社2006年版,前言,第1页。

在外部紧张对立,法律方法能削弱但不能消除;要化解这种对立,有赖于中国司法体制的转型、大众法治意识和法律权威的形成。中国的事实与规范的对立关系,一旦从主要为社会事实与规范的外部不对称性,转化为主要为个案事实与规范的内部不对称性,便是中国法治形成的表征之一。也只是在法治状态里,法律方法才如鱼得水。在这一意义上,有人说中国有推理而无法律推理,倒不乏二三分合理性。

5 本书体系、体例与使用建议

> 体　系

本教材传授的是法律方法知识,现有的法律方法研究多在各方法的具体内容上单线展开,间或涉及各方法之间的关系,而对关键性的主题——在法律方法与法律判断形成的联系中反映出的方法功用或法律方法的体系——欠缺总体性思考,致使各方法的准确含义和恰当地位不甚明了,方法的选择和运用也就未免有些任意,加重了人们对法律方法的不信任。

本书拟从应用法律的实际过程展开法律方法的体系,因而先要从发生学角度问一问法律方法是如何发生的,为什么人们需要方法。应用法律实际上就是形成法律判断,在总体地鸟瞰一下法律判断形成的全过程之后,再分阶段来谈方法。当然,确定事实与寻找规范标准这两者是关联在一起的,这才有了在事实与规范之间的来回审视和互造,但叙述却不能左右开弓、齐头并进,得分清先后,逐一道来。

要作出法律判断,人们首先面对的是事实,人们建构事实离不开方法,传统的法律方法论基本忽略如何建构事实。查明事实不是目的,而是应对事实进行法律评价,这就关联到法律。如果法律有规定但不明确,或不合理,该如何使之明确合理,如果法律应规定却没有规定,也就是存在法律漏洞,该如何填补,这是传统和当代法律方法论的核心内容。接着便是将查明的事实置于明确的规范之下,通说就是涵摄,这少不了来回比较事实与规范,一旦大小前提形成,便可最终得出判断即结论。

将上述文字描述简化为图式就是:查明事实——寻找规范——将事实置于规范之下(涵摄)——得出结论,法律方法的体系将沿着这一过程展开。据此,安排本书内容体系如下:

导　　言　法律方法与法律人
第一章　认识法律方法
第二章　法律判断形成的过程
第三章　法律判断形成的基础方法
第四章　建构小前提的方法
第五章　理解法律行为的方法
第六章　大前提的建构及方法(一)
　　　　——有法律规定的情形
第七章　大前提的建构及方法(二)
　　　　——无法律规定的情形
第八章　大前提的建构及方法(三)
　　　　——法律原则、一般条款和不确定概念的适用方式
第九章　作出法律结论的方法

> 体 例

定下法律方法的体系,并非就万事大吉,相反,作为教材,最不易处理的是体系内容深浅之难题。深入浅出是人所皆知的良策,但如何自由出入,本身又是一道难题。法学界的作者们多把功夫下在文字上,贡献出不少名教材,如拉伦茨的《民法通论》,这种方式,非思与文兼备的大家莫属,难得几人能为,所以教材遍地,传世者甚少。然而,除文思泉涌的大家之外,他人并非不能染指教材,否则知识难以相传。不能思文俱佳,又要深入浅出,如此一来,只好另寻出路,在文字以外再做些文章。

尝试之一,以若干设问为每一主题(章)的开端,让使用者带着问题教与学,借以体现法律方法的定分止争之使命。

尝试之二,方法的生命在于应用,舍应用,方法又有何用?当今谈论方法的人渐多,却只爱(会)在理论圈里打转,未见用好一二利器,遭人冷遇甚至讥讽不算太冤。殷鉴不远,本教材打算不光坐而论道,更要让方法运动起来,或析法条,或用案例,于民法、刑法和行政法等部门中逐一解说。

尝试之三,在内容上,重墨泼向每一主题(章)包含的基础知识,淡抹主要争论及相关理论,重浅轻深。所引案例、例子多为常例,少数为难案。

尝试之四,力求段落简短,少作详释,多用标题及关键词,以突显中心大意。适当配以插图、图式、表格、方框等,增强视觉冲击力,给使用者以必要的提示,帮助他们理解文意。另加上附录,罗列辅佐正文教学的若干项目,如关键词索引,阅读文献选,阅读案例选,格言、幽默和推理小品。

> 使用建议

作品甫出,作者消逝。同样,如何理解和使用本教材,取舍繁简,只与使用者有关。第二次世界大战前夕欧洲有一流行语:"连瞎子也看得见战争的烟云"。本书附录教学大纲中的所谓教学方式、活动与时数建议,不过为画蛇添足。

附 录

一、本书通用阅读文献选

1. 克莱默:《法律方法论》,周万里译,法律出版社2019年版。
2. 普珀:《法学思维小学堂:法律人的6堂思维训练课》,蔡圣伟译,北京大学出版社2011年版。
3. 国家法官学院、德国国际合作机构:《法律适用方法》(系列),中国法制出版社2012年、2013年版。
4. 恩吉斯:《法律思维导论》(修订版),郑永流译,法律出版社2014年版。
5. 维瑟:《法律也疯狂》,林宏宇、赵昌来译,中国政法大学出版社2011年版。
6. 王泽鉴:《民法思维:请求权基础理论体系》,北京大学出版社2009年版。

二、本章阅读文献选

1. 王泽鉴:《民法思维:请求权基础理论体系》,北京大学出版社2009年版,第一章。
2. 郑永流:《安身立命 法学赖何?》,载《法制日报》2001年1月14日。

如实作证

法官:"证人,在你作证之前,我应该告知你,在法律面前,你只能讲你亲眼看到的事情,不要讲从别人那儿听到的事,明白吗?"

证人:"明白了!"

法官:"请你先告诉我,你是何时何地出生的?"

证人:"天哪!我尊敬的法官,我无法回答您,因为这是我母亲告诉我的。"

第一章 认识法律方法

问题与要义

1. 法律方法如何发生?
2. 法律方法有何功能?
3. 何谓法律方法?
4. 各部门法有自己的方法吗?
5. 法律方法、法学方法、法律思维三者有何异同?

Melius est jus deficiens quam jus incertum.

不完整之法律胜于不明了之法律。(中)
Law that is deficient is better than law that is uncertain. (英)
Kein Recht zu haben ist besser als eine unklare Rechtslage. (德)

关键词

法律方法　　法学方法　　法律应用　　续造法律　　法律逻辑　　法律思维

1　法律方法的发生

什么是法律方法,通常是人们在学习法律方法时最先想知道的一个本体论问题。但人们常懈于深究,为什么会产生这个问题,也即法律方法是如何发生的。这种前置追问的意义在于,如果法律方法的发生不具必然性,那么,我们对何谓法律方法的探求就是多余的。也可以说,整个法律方法论就成了与风车作战。

1-1　事实与规范不对称

是什么引发了法律方法呢?鸿篇巨制,学说林立,以本书立场,可一言以蔽之曰"事实与规范不对称"。导言中所引三例皆反映出这种不对称性,它们属何性质的不对称性,将在下文事实与规范的关系中得以明了。事实与规范适应与否及适应程度如何,如作者先前在另文中的总结所示,因规范的确定性程度不同,大体包括以下五种情形。[①]

1-1-1　事实与规范适应

这种情形指对至今查明的事实有明确的规范标准可应用。"明确的规范标准",严格上指清楚确切的数字规定(如年龄、时间、注册资本、盗窃数额、法律通过所需的人数、亲等计算),它们不存在扩张或缩小的例外。如根据中国《法官法》第9条规定,担任法官的条件之一是必须年满23岁。若某人从某大学法学院本科毕业,恰好23周岁,符合担任法官的年龄条件。宽泛上还包括有关明确列出的权限、程序、生效范围、效力等级、主体身份、级别、结果犯的规定等,如中国《检察官法》第21条规定,检察官的级别分为十二级,最高人民检察院检察长为首席大检察官。

但数字规定也有歧义之处,如贵州名吃"花江狗肉",在当地一斤实际指七两;在大学上一个小时课实指50分钟;宾馆的一天行业内习惯缩为一夜。导言中评定教授职称一例,争议发生在获2/3以上票数方为通过这一规定,包不包括2/3在内。

中国法律中××(数字)"以上""以下"的情况非常多,仅《刑法》中就有1205处之多[②],且认为"本法所称以上、以下、以内,包括本数"(第99条)。规范似乎很明确,但也不无疑问。如《刑法》第234条规定:"故意伤害他人身体的,处3年以下有期徒刑、拘役或者管制。犯前款罪,致人重伤的,处3年以上10年以下有期徒刑;致人死亡或者以特别残忍的手段致人重伤造成严重残疾的,处10年以上有期徒刑、无期徒刑或者死刑……"按故意伤害他人身体——致人重伤——致人死亡之轻重程度,立法者本意是相应加大刑罚力度,但据第99条:"本法所称以上、以下、以内,包括本数",则

——故意伤害他人身体的,可处3年有期徒刑;

[①] 引自郑永流:《法律判断形成的模式》,载《法学研究》2004年第1期。
[②] 王明仁:《咬文嚼字又一说——"以上"、"以下"的使用问题》,中国法制出版社2006年版,第1页。《刑法》经9次修正,现在达1300多处。

——致人重伤的,也可处3年有期徒刑;
——致人重伤的,可处10年有期徒刑;
——致人死亡的,也可处10年有期徒刑。

这样规定并未十分准确地体现出前种犯罪在主观恶性、人身危险程度、社会危害性等方面均小于后者的差别,这也与"以上、以下、以内,包括本数"之规定有关。这一问题在中国《刑法》分则大部分刑罚规定中都存在。

1-1-2 事实与规范相对适应

这种情形意谓规范总体明确,但存在一定扩张或缩小及自由裁量的例外,如在规范中有较为清楚定义的概念(如武器①、枪支、法人)、幅度规定(如刑法中从重、从轻、减轻处罚的条款)、程度规定(如重伤的法定标准)、明文示例事项(如合同实质性变更),这为大多数情况。

以枪支为例。根据我国现行《刑法》,"持枪抢劫"是第263条规定的加重情节。那么,何谓"枪支"呢?据我国《枪支管理法》第46条和公安部关于枪支弹药管理的有关规定,法律上的枪支是指"以火药或者压缩气体等为动力,利用管状器具发射金属弹丸或者其他物质,足以致人伤亡或者丧失知觉的各种枪支"。

但是,如果有人持"以气体等为动力发射金属弹丸或者其他物质的仿真枪"抢劫,则持这种仿真枪之事实与上述枪支法规范不尽对应。这种仿真枪不是典型的枪支,但这种仿真枪具备枪支的性能,也正因其性能,公安部在一个批复中认定以气体等为动力发射金属弹丸或者其他物质的仿真枪为枪支②,所以,持这种仿真枪抢劫当加重处罚。

1-1-3 事实与规范不能适应

这种情形指法律有规定,但存在较大扩张或缩小及自由裁量的例外,如

——公序良俗、诚实信用、情势变更、罪刑法定等法律原则;
——合理期限、合理注意、显失公平、恶意串通、公共利益、内容适当等价值评判性规定;
——情节严重或轻微、重大损失、严重后果、数额巨大、必要限度、重大误解等程度性规定;
——事实清楚、证据确凿、内容具体确定等确定性规定;
——保管不善、不可抗力(不能预见、不能避免并不能克服)、明知、危险方法等其他规定。

尤其是价值评判性规定,见仁见智,众口难调。以显失公平为例,有人在网上购买了一

---

① 根据《集会游行示威法实施条例》第5条规定,《集会游行示威法》第5条所称武器是指各种枪支、弹药以及其他可用于伤害人身的器械。
② 见《公安部关于对以气体等为动力发射金属弹丸或者其他物质的仿真枪认定问题的批复》(公复字〔2006〕5号)。公安部2008年2月19日公通字〔2008〕8号《关于印发〈仿真枪认定标准〉的通知》。《仿真枪认定标准》规定:"一、凡符合以下条件之一的,可以认定为仿真枪:
1. 符合《中华人民共和国枪支管理法》规定的枪支构成要件,所发射金属弹丸或其他物质的枪口比动能小于1.8焦耳/平方厘米(不含本数)、大于0.16焦耳/平方厘米(不含本数)的;
2. 具备枪支外形特征,并且具有与制式枪支材质和功能相似的枪管、枪机、机匣或者击发等机构之一的;
3. 外形、颜色与制式枪支相同或者近似,并且外形长度尺寸介于相应制式枪支全枪长度尺寸的二分之一与一倍之间的。"
对涉及以压缩气体为动力且枪口比动能较低的枪支、气枪铅弹案件的定罪量刑标准,不只考虑数量,还应考虑致伤力、主观认知、动机目的等多方面情节。见《最高人民法院、最高人民检察院关于涉以压缩气体为动力的枪支、气枪铅弹刑事案件定罪量刑问题的批复》(法释〔2018〕8号)。

张价值1241元的打折机票,后来由于各种原因取消了机票,网站收取了1061元的手续费,销售商认为这属于旅游套餐机票,一旦取消,就要收取机票购买价格85%的手续费,乘客则不以为然①;某地规定独生女在中考中可降20分录取,有专家认为,这是控制男女比例失衡的一项切实举措,而更多市民认为,这对同样参加中考的其他学生不公平。② 因为处于一个价值多元的社会,人们在价值评判上易生分歧。

1-1-4 事实缺乏规范

对这类情形,要么不应对该事实进行法律评价,如同事关系、朋友关系、恋爱关系,同性恋、安乐死、吸毒等;要么应对该事实进行法律评价而未评价,即法律应规定而未规定,如对依校规作出的处分不服而提起的诉讼是适用行政诉讼法还是民事诉讼法,法律未规定。但依据"禁止法官在法律上沉默"原则,法官不能因缺乏规范而拒绝受理,用来评价的法律为法官所创造或选择。

1-1-5 事实与规范形式上适应但实质上不适应

这种情形即应用形式合理的法律的结果会达到不能忍受的实质不公的程度。典型为应用恶法,如德国纳粹时期1941年的《帝国国籍法》第3条第1款规定:丧失德国国籍的犹太人,其财产将自丧失国籍时起为帝国所有。据此,一些犹太人在丧失了德国国籍时也丧失了财产。程度轻一些的,有各种就业歧视规定,如某省2007年在录用法院和检察院工作人员的通知中设限:报考审判和检察业务职位的考生,男性身高应为1.65米以上,女性身高应为1.56米以上。

从上可见,从1-1-2到1-1-5都存在事实与规范的不对称。进一步的追问是,为何立法者不事先避免事实与规范关系不对称,而使二者之间相适应?

1-2 事实与规范不对称的原因

就像脚与鞋不合,只有不合适的鞋,没有不合适的脚,而从应用法律的特点看,事实与规范二者不相适应,问题出在规范上。只有不确定的规范,没有不确定的事实。尽管事实永远只是相对的确定,因为人们不可完全再现生活事实(原始事实),但至今为止所查明的事实却是确定的。

1-2-1 客观不能说

之一 理性有限

因为人的理性是有限的,社会生活变幻无常,法律的调整不可能毫无疏漏。正应了歌德之名言:理论是灰色的,而生活之树常青。立法的历史表明,主要基于过去经验的立法者,是不可能全部预见到法律颁布之后法官可能遇到的所有问题的。例如条文如蜜脂般浓密的

---

① 见《1241元的机票退票费高达千元》,载 http://piao.gaotie.cn/tuipiao/2014-09-18/185772.html,最后访问日期2014-09-18。

② 2005年11月16日,延安市政府下发"延政发(2005)78号"文件——《延安市人民政府关于进一步深入开展关爱女孩行动工作的通知》,核心内容是"在市、县区所属的各类学校招生考试中,农村独女户、双女绝育户的女孩下延20分录取;城镇独女户的女孩下延10分录取",载 http://news.sina.com.cn/c/2006-07-12/13199440043s.shtml,最后访问日期2012-03-15。

《普鲁士一般邦法》(Preussisches Allgemeines Landrecht),洋洋一万九千多条①,却也未能自如应对社会生活,相反,其开中药铺的方式反遭到"无抽象理性"的讥讽,后无承袭者。

为解决人的有限的理性与无常的社会生活之间的矛盾,立法者常采用示例性(兜底性)和评价性事实构成的立法技术,如我国《刑法》第236条关于强奸罪的规定"以暴力、胁迫或者其他手段强奸妇女"为示例性犯罪构成,其中的"其他手段"具有兜底性。民法等法律中合理期限、合理注意、显失公平、恶意串通、公共利益、内容适当等则为评价性事实构成(价值评价性规定)。

之二 词(辞)不达意

英国著名法官曼斯斐尔德勋爵曾经说过:"世界上的大多数纠纷都是由词语所引起的。"法律虽以其细如毫丝的精确被《红与黑》的作者法国诗人司汤达奉为楷模(据说,司汤达每天早上工作前要读几段拿破仑法典,"以找找风格")②,但如果从词与物的关系上看,辞总不达意,言尽意不尽,词语总是显得模糊。所要反映的事物(所指)与所能表达出来的意义符号(能指)往往不一致,二者很难进入同一关系。究其原因有:

第一,核心明确,边缘模糊。

语言的核心意义明确,但其外延的边缘是模糊的。德国学者黑克曾以"概念核"与"概念晕"来形容,如在没有月光的午夜12点,人们清楚这确实是黑暗,疑问产生于曙暮时分,即黑夜—白昼交接处。再如机动车,小汽车为机动车无疑,电动自行车虽被我国《道路交通安全法》第119条强行归入非机动车之列,但显然不同于人力自行车这类典型的非机动车,而是介于人力与非人力车之间。③

第二,语言多义。

绝大多数用语都有多种含义,这便是语言的多义性。如我国《刑法》第385条受贿罪中"为他人谋取利益"有三义可解:既可指客观存在的行为——已经为他人谋取了利益;也可指主观意图——想为他人谋取利益;还可指推定的承诺——答应为他人谋取利益。一般上,可据言语使用的语境来确定语词的具体含义。语境可以分为两类:

A. 上下文语境,即语词所处句子章节的位置。如著名经济学家吴敬琏说,经济理论可让改革少交"学费"。这里"学费"指因改革失误而导致的损失。

B. 社会语境,即语言使用的外部背景,小的如言语的对象、目的、时间、地点等,大的如时代、地域、民族文化、风俗习惯等。如某人说"我马上完了",在会议中可以知其含义为"马上讲完了",如果脱离使用语境则无法正确理解其意。

第三,旧语新用。

用语会随着社会发展产生新的含义,由此产生的问题是:到底应采纳当时/立法时的含义,还是采取今天/适用时的含义。如一女士去某商场购物,一进门就有化妆品推销员对她说:"小姐,请来看一下新推出的口红。"不想那位女士勃然大怒:"谁是小姐?你才是小姐!"这是因为"小姐"一词由褒义、中义兼具发展到另有贬义,如"三陪小姐",而每个人的使用倾

---

① 对此,弗里德里希大帝感到:"它却非常臃肿,法律必须简短,不应详述。"他指责其臣子在用两个词就够时,他们总是耗费100个。见考夫曼、哈斯默尔主编:《当代法哲学和法律理论导论》,郑永流译,法律出版社2002年版,第293页。

② 考夫曼、哈斯默尔主编:《当代法哲学和法律理论导论》,郑永流译,法律出版社2002年版,第292页。

③ 我国现行的电动自行车标准定义为:以蓄电池作为辅助能源,具有两个车轮,能实现人力骑行、电动或电助动功能的特种自行车(电动自行车通用技术条件GB17761—1999)。根据2012年9月1日起实施的《机动车运行安全技术条件》,时速在20公里以上、50公里以下,重量超过40公斤的电动车作为轻便摩托车而被纳入机动车管理范畴。

向与理解不一。我国《刑法》第237条猥亵儿童罪中的"儿童",以往一致认为是"不满14周岁的未成年人",但新近的观念则认为应指不满18周岁的未成年人。到底应采取何种认识,值得研究。

"如果语言休息了",其他的也歇工了。维特根斯坦因此不断要求人们"勿思考,去观赏"(Denk nicht, sondern schau)。"一切可以言说的东西,可以明确地言说","人们不能言说的,应保持缄默"。但这些告诫并不尽适于法律工作,人们不能言说的,如果确属需要,法律则不能保持缄默。如性骚扰,谁能说清何为"骚扰/未骚扰",如讲荤话、发黄色短信、丈夫违背妻子的意愿进行挑逗或搂抱、男医生对女病人进行过分的检查,是否属于"性骚扰"?但各国性骚扰立法日渐增多,中国也在《妇女权益保障法》第40条中禁止对妇女实施性骚扰。不能言说的,说不大清楚的,有时就被托付给了法律方法。

1-2-2 主观故意说

之一 避免法律停滞不前

有人以为,法律的不完善不是什么缺陷,相反,它是先天的和必然的。法律可能和允许不被明确地表达,因为法律是为案件被创立的,而案件的多样性是无限的。一个自身封闭的、完结的、无懈可击的、清楚明了的法律(如果可能的话),也许会导致法律停滞不前。① 立法者有时故意含糊其辞,以更好地实现法律的预见性、普适性。维特根斯坦曾举例说,比较"给我把扫帚拿来"和"给我把扫帚柄和装在柄上的扫帚头拿来",前一模糊说法比后一确切说法更有效地促成行动的完成。②

《民法典》第18条第2款规定:"十六周岁以上的未成年人,以自己的劳动收入为主要生活来源的,视为完全民事行为能力人。"关于"以自己的劳动收入为主要生活来源"的具体标准,参照最高人民法院《关于贯彻执行〈中华人民共和国民法通则〉若干问题的意见(试行)》第2条的规定,是指以自己的劳动收入能维持当地群众一般生活水平。这里使用"一般"无疑比使用每月××元能更好地适应具体的情况,因为各"当地"生活水平不一,当地各"时间段"标准高低不同,这恰好是模糊语言的优势所在。

再如,《宪法》第35条规定:"中华人民共和国公民有言论、出版、集会、结社、游行、示威的自由。"这在立法技术上采用的是完全列举式,意思明白。但有的国家宪法通过设定"表达自由"这样的模糊概念,说明宪法不仅保障"言论、出版、集会、结社、游行、示威的自由",还保障条文中所未列举的其他表达自由,如行为艺术,从而更有利于对公民宪法权利的保护。此时浊声胜清声。

之二 无奈的含糊

当然,有时是立法者缺乏准确的判断,又非立不可,如中国民法典草案列出"公共利益"却未加以界定。2007年颁布的《反垄断法》也有这类含糊,如对滥用知识产权的定义及惩处等规定。最受争议的还属该法第31条:"对外资并购境内企业或者以其他方式参与经营者集中,涉及国家安全的,除依照本法规定进行经营者集中审查外,还应当按照国家有关规定进行国家安全审查。""国家安全"在此未得到明确界定,似乎使人一头雾水,因为任何行业都关系安全,是不是所有行业都得由国家控制?但据有关资料,该条是全国人大常委会对《反垄断法》(草案)进行第三次审议时添加的,因为许多国家都有保护本国

---

① 考夫曼:《法律哲学》,刘幸义等译,台湾五南图书出版公司2000年版,第90—16页。
② 维特根斯坦:《哲学研究》,李步楼译,商务印书馆2004年版,第44页。

命脉行业及涉及国家安全的产业的相关法律。"国家安全"的边界虽不明确,却又不得不写。

1-2-3　可以避免的含糊

当然,有些含糊是可以避免的,如2018年修正的《刑事诉讼法》第79条第1款规定:"人民法院、人民检察院和公安机关对犯罪嫌疑人、被告人取保候审最长不得超过十二个月,监视居住最长不得超过六个月。"这究竟是指每一机关对这两类人取保候审最长不得超过12个月、监视居住最长不得超过6个月呢,还是指三机关合在一起不能超过12个月和6个月？刑事诉讼法学界对此争论很大,而目前在司法实践中,公检法各自都认为自己有权对这两类人取保候审12个月、监视居住6个月。但这完全可以在立法上分清,遗憾的是2012年和2018年修订时仅变动了条文序号,内容依旧。

又如《宗教事务条例》第4条规定:"国家依法保护正常的宗教活动……"但"正常的"用语非常含糊,它意在排斥利用宗教活动分裂国家、行骗等,但极易引起歧义。就宗教活动本身而言,不可能存在一个统一的、普适的"正常的"标准,就像存在"正常人"一样。某种宗教或教派的正常活动,对其他宗教、教派或非宗教信仰者来说,可能就是不正常的,甚至是无法接受的。因而,有人建议应将条例中"正常的"换成"合法的"。

再比如江苏某地曾有法规称:未经登记结婚的男女不得同居。这一规定不仅与当时的上位法《婚姻法》第3条只禁止有配偶者与他人同居相悖,还由于没有明确何男何女,致使兄妹、姐弟、父女同住一起可能违反此法规。①

从上述可见,事实与规范的不对称由主客观两方原因所致,不可避免。改善立法工作是消减不对称的有效途径之一,但改善总是有限的,在不能改善之时,法律方法则是对这种不对称的最理性回应,这就是法律方法存在的根据。

那么,何谓法律方法呢？

2　法律方法及其体系

2-1　法律方法是法律应用中的方法

2-1-1　法律应用是一种判断活动

法律方法致力于法律应用,法律应用是一种判断活动,或者法律应用的主要特点之一是判断性。所谓判断就是断定事物具有或不具有某种属性的思维形式,如"北京的天经常是灰蒙蒙的"就是一种判断。法律应用就是要断定事实符不符合法律,如某人偷电1万度,每度电的价格为1元,总计所偷电的价值达1万元,便可断定他触犯我国《刑法》。

2-1-2　法律应用是一种适法性判断

在性质上,法律应用的判断既不同于"北京的天经常是灰蒙蒙的"这一真假判断,也有别于"灰蒙蒙的天有损健康"这一价值判断,而是一种适法性判断。这里说的"符不符合法律"不是指对事实作正当不正当的价值评判,而是指事实是否被规定在法律中,或受法律调整,例如2013年最高人民法院、最高人民检察院《关于办理盗窃刑事案件适用法律若干问题的

---

① 《民法典》第1042条第2款规定:"禁止重婚。禁止有配偶者与他人同居。"

解释》第 8 条规定:偷拿家庭成员或者近亲属的财物,获得谅解的,一般可以不认为是犯罪;追究刑事责任的,应当酌情从宽,即偷拿家庭成员或者近亲属的财物可以追究刑事责任,具有适法性。相反,未婚同居一般是不正当的,但未有法律调整,不符合法律,不具备适法性。因此,适法不等于正当,不适法也不一定就不正当(人们也常用"合法"谓之,本书不用是为避开日常语言中"合法"主要指"正当"的理解)。

2-1-3 适法性判断经由法律方法获得

既然法律应用是一种判断活动,法律方法又是如何关系着判断的呢?在逻辑上,方法与判断是两回事,方法必须独立于根据普适性规范作出的判断,而判断当通过方法获得,无方法的判断不能免于任意。最简单的和最后的方法是三段论(详见本书第三、九章)。

2-1-4 法律方法既实现既有的法律,又续造法律

法律方法致力于法律应用,而法律应用不仅是按图索骥,实现预设的法,不仅是一个将事实与规范对接的法律推论活动,它还是一个续造既有法律或发现新法律的过程。法律应用包括法律适用和法律续造(法律发现)。因此,法律方法既是实现既有的法律之方法,又是续造法律之方法,法律方法的发展历程清楚地反映了这种双重性。然而,不管是实现还是续造法律,只是在法律应用之中法律方法才有所作为。因此,法律方法就是应用法律的方法。

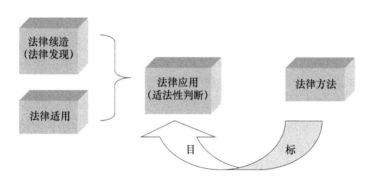

图表 1-1 法律方法与应用法律

2-2 法律方法的体系

2-2-1 划分标准:判断形成的过程

法律方法历经了在古希腊、罗马和古代中国的散乱粗放发展,到近代萨维尼构造了一个相对完整的以解释为内容的体系,在当代被扩展为一个蔚为壮观的阵营:客观目的探究、法律修正与正当违背;类比、法律补充、反向推论;法律论证、法律诠释等方法,相继被列入方法清单。如何设定标准以将这众多方法合理分类,并勾画出法律方法的体系,学界尚无深入的研究,并存在重规范轻事实的倾向,因而,方法集中于解释法律和填补法律漏洞。前已知,法律方法效命于法律判断的形成,因此,本书依判断形成的过程:建构小前提、建构大前提和得出结论,来重新划分方法,安排体系。

2-2-2 四分法律方法

考虑到不重复罗列,在此将法律方法四分(见图表 1-2)。

建构大小前提共同运用的方法	演绎、归纳、设证、类比;论证、诠释、解释
建构大前提的特有方法	客观目的探究,包括目的论限缩和目的论扩张;法律修正、正当违背法律;法律补充、反向推论等
建构小前提的特有方法 即事实的物质性确认方法	观察、实验、技术鉴定、法医鉴定
得出结论的方法	演绎

图表 1-2　法律方法的分类

2-2-3　建构大前提的方法

在这一四分法之下,为突显建构大前提的方法,以有无法律规定为标准,可再分为两类:

一是有法律规定,但多数时含义不明确,不能直接获得具体裁判规范,需借助法律解释方法;在少数情况中,规范或违背客观目的,或不合理,应对这类情况的方法分别为客观目的探究,即目的论限缩或目的论扩张,以及法律修正和正当违背法律。

一是无法律规定,即存在法律应规定却未规定的情况,也就是法律出现了漏洞,填补法律漏洞的方式有:类比、法律补充和反向推论。各方法的含义均将在下几章中详说。

3　法律方法的功能

3-1　方法改变前提,前提改变结论,结论改变行为

借用德国学者诺伊曼所说:法学研究改变着其科学活动的对象。一本禽鸟学的教科书并不触动鸟类的世界;而一本刑法教科书却可能改变着刑法。[①] 其实,马克思早就言明:哲学家们只是用不同的方式解释世界,而问题在于改造世界。总括法律方法的功能就是:法律方法,不仅是功于用法,也将功在造法,即狭义的法律方法在于用法,广义的法律方法还包括造法。在用法、造法中,法律方法显现出这样一个不断逼近目标的功能链:方法改变前提,前提改变结论,结论改变行为。或者说,方法改变着法律,法律改变着人的行为。

3-2　功能发生的机理

这一功能链发生的具体机理是,法律工作的根本特点是作出法律判断,而形成法律判断取决于大小前提是否相称。在大多数情况下,大小前提不相称,或曰事实与规范关系紧张,这就需要去建构大小前提。建构意味着使事实一般化,将个案向规范提升,将规范具体化,使规范向个案下延,并在两者之间来回审视,螺旋式向上发展。在这一过程中,要单一或交叉运用到各种方法。前提发生变化,结论(判断)就不相同,最终影响到人的行为。

以偷尿不湿案为例,1997 年,广州市荔湾区法院审理了一起"偷一罚十"案。某男子在一商场未付款拿走了价值 120 元的婴儿纸尿片一包,被该商场发现并按"偷一罚十"规定罚款 1200 元。该男子以名誉受损为由提起诉讼。如果将"偷一罚十"视为对制定法(《刑法》和《治安管理处罚法》)在小额盗窃规定上合理的拾遗补漏,则会有助于制止超市中并不少见的偷吃、偷喝、偷拿行为。

[①] 乌尔弗里德·诺伊曼:《法律论证理论大要》,郑永流、念春译,载《法哲学与法社会学论丛》总第 8 期,北京大学出版社 2005 年版,第 11 页。

4　各部门法有自己的方法吗？

前已指出,在德国,传统的法律方法首先通行于民法领域,似乎法律方法就是民法方法,而《法国民法典》第 5 条则禁止解释法律。在今天,法律方法已运用于各部门法,但各部门法是统一还是有差别地运用法律方法,进而可否以为各部门法有自己的方法？人们对此不大关注。实际上,在法律方法上,各部门法并没有也不应当有根本性的区别,大部分法律方法为它们共同运用。当然,由于各部门法调整的对象不同,部门法的方法也应色彩各异。

4-1　宪法的特点及方法

世界上任一宪法都表现出高度的政治性和意识形态性。在规范性上,以中国《宪法》为例,宪法规范多为宣示性的规定,如"国家维护社会主义法制的统一和尊严";价值判断式的一般条款,如"国家尊重和保障人权";不确定的概念,如国家"加强"经济立法,"完善"宏观调控,而很少针对行为人作行为控制,如只说"公民有劳动的权利和义务"。鉴于宪法的上述政治性和规范性,适用于宪法的法律方法也有相应的特点:

A. 适用宪法不啻是激进与保守的政治决策和价值选择,法官常常要在社会秩序与个人自由——如支持堕胎与否、同性恋正当与否,可否克隆人类等对立价值中——作出抉择。

B. 一般的,法律应用发生在法律与个案事实之间,而宪法适用活动通常发生在违宪审查中,即存在于宪法这一根本法与普通法及重大宪政行为之间,也涉及普通法院在审理民事、行政以及刑事案件中直接援引宪法的问题。

C. 由于修改宪法相对困难(中国宪法为少数例外,1949 年后四次制宪,五次修宪),较一般法律方法,适用宪法的方法负有更多的社会调适功能,这尤其体现在客观目的探究、正当违背法律及法律漏洞补充上。

4-2　刑法、民法和行政法方法之比较

这里仅以刑法、民法和行政法三大部门法为例,来说明各部门法适用方法的特性。这三大部门法各自具有不同的调整对象和调整目的以及规范形式。

刑法规定犯罪和制裁,它既是犯罪人的大宪章,担负着保护犯罪人人权的功能,同时也是威慑和制裁法,担负着保卫社会安全的职能。主要基于前一功能,刑法受制于罪刑法定原则,表现为有一个相对封闭的规则体系,规范形式为禁止性的,如禁止作为规范(偷盗等)、禁止不作为规范(遗弃等)。

而民法是权利法,但权利并非都是法定,规则体系相对开放,遵从的基本准则主要是私法自治原则,规范形式多为授权性的,如请求权规范、形成权规范。

行政法调整的是行政活动,目的是为了实现国家的各种职能,在规范形式上体现出命令性,具体为:管制规范——行政许可法等;分配规范——税法、土地法等;规划规范——城乡规划法等。因此,不仅刑法与民法在方法上存在差异,行政法在法律方法上也显示出不同,择其要有:

A. 解释方法

因罪刑法定原则,刑法解释的方法是以文义解释为主,其他解释为辅。在文义解释中要求必须严格进行平义解释,不得过多运用限制解释和扩张解释,故人称刑法解释为严格解释。严格解释原则要求应从刑法文本所使用的词句中寻找立法者的意图,对"不利于被告人

的刑事禁令"不能超出文本的含义进行解释(也有人认为这只与事实之认定有关,而不适用于法律解释),但对于"有利于被告人的刑法规定"则可以作扩张解释。而民法中平义解释、限制解释和扩张解释的适用,并无优先地位可言。行政机关享有广泛的自由裁量权,在规范中体现在"可能、能够、可以或有权"等用语上,对自由裁量权的运用更多地受原则而非规则的指导。因而行政法中的解释方法的空间和解释方法之间的优先关系介于刑法与民法之间。

B. 类比

部门法内的类比

作为补充法律漏洞的方法,类比被广泛运用于民法,如《民法典》第467条第1款明确指出:"本法或者其他法律没有明文规定的合同,适用本编通则的规定,并可以参照适用本编或者其他法律最相类似合同的规定。"如演出合同。

刑法由于罪刑法定原则而禁止类比,但这是指不可对法律没有明文规定为犯罪的行为定罪,而不是指一切刑法问题均不能类比,特别是,刑法并不禁止有利于被告人的类比(详见本书第七章)。

行政法一般也禁止类比,虽然"无法律即无行政"的绝对行政法治的信条被破除,但仍受制于"凡法律未允许的,都是禁止的"这一相对的行政法治的原则。因为行政法规范行政主体的行政权,而对于权力的规范应是"法无明文便为禁止"。行政法中关于处罚的问题也实行处罚法定原则,不可类推。但行政法的其他问题并不禁止类比,如最高人民法院把交通事故责任认定行为确定为不可诉的行为,有的法院类比火灾事故责任认定、医疗事故责任认定行为都不可诉,当然这存有一些争议。

私法类比于公法

"凡法律未允许的,都是禁止的",这是民法法人制度在行政法中的类比适用。法人行为能力的范围由有关法律、条例、章程等规定,法人在这些范围内的行为是合法的,超出了便是无效的。政府的行政行为亦然。

行政法中的信赖保护原则大体是民法诚实信用原则的合理类比。在行政法上,这一原则主要是指,行政主体应秉承诚实信用精神作出行政行为,以适当的方式保护行政相对人的正当合理的信赖利益。

公法类比于私法

例如,《民法典》关于侵权损害赔偿的规定较为抽象,对赔偿的具体范围和标准则缺乏规定,如对轻微伤害如何赔偿,在司法实践中,法官往往类比适用《道路交通事故处理办法》。其类比过程是:

——比较打人导致伤害与交通事故致人伤害,认定共同属性均是人身损害赔偿;

——发现民法未规定打人引起的人身损害赔偿的具体范围和标准,而交通事故致人伤害则有此规定;

——确认打人引起的损害赔偿可适用交通事故致人伤害的赔偿范围和标准;

——适用《道路交通事故处理办法》作出具体的赔偿范围和标准的判决。

程序法一般不可类比

必须严格按照程序行事,如行政程序违法可以导致行政行为无效或可撤销,诉讼程序的违法可以导致判决无效等。

类别	规范种类	体系性质	类比的适用	解释尺度
刑法	多为禁止规范	相对封闭	一般禁止类比	严格解释
民法	多为授权规范	相对开放	可以类比	非严格解释
行政法	多为命令规范	……	一般禁止类比	介于上述两者之间

图表 1-3 刑法、民法和行政法方法的比较

5 法律方法是法定的吗？

法律方法首先是学说，尔后成为法律应用惯例，鲜有制定法对它们予以规定，但也有少量的例外。

5-1 中国法的解释条款

《民法典》第 466 条规定："当事人对合同条款的理解有争议的，应当按照合同所使用的词句、合同的有关条款、合同的目的、交易习惯以及诚实信用原则，确定该条款的真实意思。合同文本采用两种以上文字订立并约定具有同等效力的，对各文本使用的词句推定具有相同含义。各文本使用的词句不一致的，应当根据合同的目的予以解释。"此条虽不是针对法律规范，但按合同即法，也可推定到对法律规范的解释上。

5-2 奥地利、意大利、德国民法典的解释条款

《奥地利民法典》(1811 年) 第 7 条规定：民事案件不能依法律文义而判决时，得类推适用其他法律，无其他法律可类推适用时，则依自然法律原则处理之。

《意大利民法典》(1942 年) 第 12 条规定：在适用法律时，只能根据上下文的关系，按照词句的原意和立法者的意图进行解释，而不能赋予法律另外的含义。

无法根据一项明确的规则解决歧义时，应当根据调整类似情况或者类似领域的规则进行确定；如果仍然存在疑问，则应当根据国家法制的一般原则加以确定。

《德国民法典》(1896 年) 仅有关于意思表示、合同解释的规定，如第 133 条：解释意思表示时，必须探究真意，不得拘泥于语词的字面含义。第 157 条：合同必须考虑交易习惯，依诚实信用原则来解释。

6 法律方法论

6-1 法律方法的性质

法律方法论是一门关于正确和公正地作出法律判断的学说。"正确地作出法律判断"指结论是合逻辑地从事实和法律规范中推出，"公正地作出法律判断"指结论充分平衡了当事人的利益。作为一门学科，法律方法论以上述各种法律方法为主要内容，兼及法律方法的发展历程，以及与法律方法相关的若干理论，如规范理论、法源理论。

为形成法律方法的规则提供支持和对这些规则展开批评，是法哲学的一个重要功能，因而，法律方法也便构成法哲学的研究对象之一；对此的研究可成为法哲学的一个分支，如方

法与价值立场的关系,以避免方法因无价值基础而失去方向。

6-2 学界实务界关于法律方法的范围的理解

在法律方法的范围上,学界存在不同界定,笔者所见有(从窄到宽排列):

6-2-1 法律解释(建构大前提)

传统的法律方法,即建立在萨维尼集成的解释理论基础上的法律方法,是狭义的法律方法。其功用是去认识预设的法,特别是制定法,因而又是认识论上的法律方法。这就是把法看成是一个预设的、封闭的、自主的知识体系——这个体系为一切案件准备好了答案——这一法律观的必然结论。孟德斯鸠甚至说,法官的判决不外是"法律的精确复写",法官只需眼睛,他不过为"宣告及说出法律的嘴巴"。

此种狭义的法律方法的内容为法律解释,具体方法也仅限于萨维尼总结的语义、逻辑、历史(主观)和体系解释四准则[①],结果的正义性、合目的性充其量可以在模棱两可的情况下起作用。在借助法律解释方法解决了判断的大前提的确定性问题之后,1813年《巴伐利亚刑法》的起草人大费尔巴哈甚至主张禁止对刑法进行解释,剩下的便只是进行演绎推理就行了。这正是传统法律教义学所积极履行的职责,据此,狭义的法律方法也是传统法律教义学力倡的方法。

狭义的法律方法首先通行于民法领域,不在于民法的地位显赫,恐怕主要是诺伊曼所讲的:"萨维尼自主的、封闭的法律体系模式的起始点,首先是民法,人们将民法理解成解决个人冲突的规则体系,且因此能远离政治领域。"[②]但现在法律远超出解决个人冲突的范围,与社会发展紧密相关。

需要明确的是,虽然拉伦茨说他的法学是狭义的即法律教义学上的法学,但此法律教义学非萨维尼时代及其以后的传统法律教义学,其主要区别是,他已突破了后者所持的封闭法律观。因而,他的法学方法论的内容,特别是其诠释学思考,也超过上述狭义的法律方法,而归于下面的广义的法律方法。同时,这也就对以往把法律教义学统统与封闭的法律观捆绑在一起的做法提出了质疑。

6-2-2 法律解释+N方法(建构大前提)

自19世纪末以来,"封闭的法律体系为一切案件准备好了一个唯一正确的答案"这一传统法律观,由于法律自身的缺陷和法律功能的扩展,基本被放弃。法律被视作开放的、未终了的、有待具体化的规范总谱,判决的声音效果在不同程度上取决于作为演奏者的法律人。相应于这种开放的法律观,法律方法的内容得到极大拓展,自由裁量、利益衡量、合目的性(结果考量、客观解释)、论题解释、论证、前理解、诠释循环、填补法律漏洞、法律者的是非感、合宪性解释、法官对制定法的正当违背等方法或判断中要考虑的因素被相继提出。应用法律不(仅)是一个将事实与规范对接的法律推论活动,它(还)是一个续造既有法律或发现新法律的过程,这样一来,在从规范到事实中,仅凭演绎推理是不够的,还要有归纳、设证、类比等概括形式。法律方法贯穿于应用法律的全过程,不仅是对已有法律进行解释的问题。当然,传统的法律解释方法,由于有助于明确判断的大前提,仍构成广义的法律方法的一部分,

---

① 详见萨维尼、格林:《萨维尼法学方法论讲义与格林笔记》,杨代雄译,法律出版社2008年版,第8、24、78、112页。
② 乌尔弗里德·诺伊曼:《法律教义学在德国法律文化中的意义》,郑永流译,载《法哲学与法社会学论丛》总第5期,中国政法大学出版社2002年版,第15页。

本书正是持这一广义的法律方法立场。

6-2-3 法律适用方法(建构大小前提)

法律适用方法指的是一种分析及解决法律问题的系统性方法,分为归入法和关系分析法。归入法的任务是解决在给定的事实下如何适用法律,包括处理大前提的方法和作出判决的过程。归入法分为四步:第一步是写出一个总起句,说明需要审查什么问题。第二步是对于总起句当中出现的词语给出定义,处理大前提的方法发生在这一步。第三步是归入,即将案件事实与定义进行比较,分析事实是否符合定义,判断前提要件是否得到了满足。第四步是写出结论句,说明比较的结果;关系分析法则解决事实存在争议时如何适用法律。关系分析法共分为五步:事实分类阶段、可受理性阶段、充足性阶段、相关性阶段和证据阶段。①相比本书,法律适用方法主要指法律判断的过程,附带论及建构大前提的法律方法。

在判例法制度中,厘清前例与待判案例的区别技术(distinguishing technique)十分重要,区别的步骤为:

A. 归纳前例中的事实;

B. 归纳待判案例中的事实;

C. 将两个案例中的事实划分为实质性事实和非实质性事实;

D. 比较两个案例中的实质性事实是否相同或相似;

E. 找出前例所适用的规则或原则;

F. 如果两个案例中的实质性事实相同或相似,则根据遵循先例原则,将前例所适用的规则或原则适用于待判案例。

在对待先例上有三种做法:A. 遵循先例。就英国来说,这个原则处在不断变化之中,但存在三个稳定的特征:a. 尊重上级法院的判决;b. 下级法院的判决对上级法院来说是一种说服性先例;c. 上级法院的判决对下级法院总是有约束力的先例。B. 推翻先例。如美国的联邦最高法院和各州最高法院有权推翻自己先前的判决。C. 避开先例。下级法院不愿适用某一先例但又不愿公开推翻它时,便以前后两个案例在实质性事实上存在区别为由避之。②

6-2-4 法律创制方法+法律应用方法(建构大小前提)

此一立场的持有者——瑞士巴塞尔大学教授克拉默(Ernst A. Kramer)认为现有的法律方法论视角是"回顾性的",即只关注法官在应用既有法律中的解释问题,忽视了"前瞻性的"一面,即造法——既可指通过法律行为的造法,也可指国家的立法,在造法中也存在方法。因此,法律方法=法律创制方法+法律应用方法。其中法律创制方法包括立法方法、法律行为策划方法和法官法方法(法官续造法方法);法律应用方法的内容有:制定法解释方法和法律行为解释方法。③

6-2-5 法律方法与法律逻辑

学界曾有不少人将法律方法基本等同于法律逻辑,尤其在法律方法论被普遍接受之前,现在这一认识有了较大改变。法律应用的核心问题是大小前提的建构,在建构大小前提中

---

① 详见国家法官学院、德国国际合作机构:《法律适用方法》(系列),中国法制出版社2012年、2013年版。
② 详见克罗斯、哈里斯:《英国法中的先例》(第4版),苗文龙译,法律出版社2011年版,第6、108—136页。
③ Ernst A. Kramer, Juristische Methodenlehre, Zweite Auflage, 2005, S.42—45. 中译本见克莱默:《法律方法论》,周万里译,法律出版社2019年版,第18—20页。

要用到许多方法,以法律推理为核心的法律逻辑只是方法之一。当然不可忘记,法律逻辑的工具,无论仅指演绎,还是包括归纳、设证、类比等,在建构大前提和小前提中都起着不同的重要作用。

6-2-6 法律方法与司法方法(审判方法)

在历史上出现过多种司法方法或审判方法,如卡迪司法、神明裁判、上帝裁判、私刑、私力救济如决斗等。还有人总结出中国历史上的十大审判方法[①]:

——皋陶的神明裁判方法;
——周司寇的"三刺""五听"裁判方法;
——孔子的"仁恕论刑"裁判方法;
——李悝的战时"射讼"裁判方法;
——董仲舒的"春秋决狱"裁判方法;
——狄仁杰的"断狱如流"(速裁)裁判方法;
——宋慈的实证检验裁判方法;
——海瑞的"救弊"裁判方法;
——马锡五的巡回"亲民"裁判方法;
——宋鱼水的"胜败皆服"裁判方法。

这些司法方法,严格讲是司法方式,且均是主要不以制定法为渊源的司法方式,与以制定法为渊源的司法方式不同,而法律方法是后一类司法方式的主要内容。

7 法律方法与"法学方法"

7-1 称谓

近年来,国内法学界关于法律应用的方法的研究已趋热势。但对这类方法的名称、主要内容、功能等问题,人们的看法不一且未及深究,譬如在名称上,用法较乱。也许是拉伦茨的《法学方法论》为人们提供的一般方法论上的启蒙意义及其他原因,国内多数人都因袭"法学方法"和"法学方法论"的提法,也有一些人用"法律方法"或"法律思维"。

由于该方法和学科的理论主要源于德国,其属性与有关德语术语的使用相连,在此有必要先稍作德语上的释义。Methodenlehre der Rechtswissenschaft(法学方法论)和 Juristische Methodenlehre 或 Juristische Methodik(法律方法论)是这门学科的两种德文表述。德语区多数学者一直采用 Juristische Methoden(法律方法)来涵摄这类法律方法,而以 Juristische Methodenlehre 或 Juristische Methodik 去标称这一学科。近代法律方法论的奠基人萨维尼也是在 Juristische Methodenlehre 称谓下论述其关于法律解释的理论的。它最早反映在 1802—1803 年他的"法律方法论"讲座中,后由他人集成《法律方法论》(Juristische Methodenlehre)一书。

但是,仍沿用 Methodenlehre der Rechtswissenschaft 提法的也不乏其人,如慕尼黑大学的民法学教授卡纳里斯(Claus-Wilhelm Canaris)。1993 年,90 岁高龄的拉伦茨去世,卡纳里斯遵其先师的遗愿,接手他的《法学方法论》,略有增修,用原书名于 1995 年以师生名义编出学

[①] 刘子平:《中国历史最具影响的十大审判方法》,中外民商裁判网,载 http://www.zwmscp.com/a/caipanfangfa/20100709/5527.html,最后访问日期 2012-03-15。

生版第三版。另还有人如恩吉施（Karl Engisch）则采用 Juristische Denken（法律思维）之名，但内容主要也是谈法律方法。

7-2 法学方法与法律方法的关系

7-2-1 法学方法指向的是法律何谓

习惯上，法学方法与法学研究方法同义。一般而言，法学研究的对象为法律，包括法律中的概念和法律概念。但严格地说，后者是法哲学的任务，目的是预设什么是法律。研究和预设法律概念要有方法，历史上各种法学流派以方法见长，在方法上显出分野，并提出五花八门的法律概念。这种法学方法指向的是"什么是法律"的本体性理论，关注的核心是"何谓正确之法"这一法哲学的第一个基本命题，有关法学方法的学说便是法学方法论。关于法学方法论的内容主要有所谓历史学、社会学、经济学、心理学、语言学等方法，如历史法学派、经济分析法学便是以历史和经济方法来回答什么是法律的问题。

7-2-2 在法律应用之中回答何谓法律

通过这种法学方法获得的法律，无论"立法者"认为在逻辑上多么自洽、在内容上多么正确，都只是一个法律总谱，一个先行描画出的法律的蓝图。要根本解决法律何谓的理论问题，却取决于对"如何认识和实现正确之法"这一法哲学的第二个基本命题的回答，"什么"有赖"如何"，总谱仰仗演奏，蓝图尚待施工。由规范到事实的具体化不是按图索骥，实为在对二者进行等置中发现法律。也就是说，法律的具体存在形式，法律者将如何言说，总是存在于法律应用之中，应用法律也需方法。实质上，法律应用还在造就新的法律，指向何谓正确的法律。正是这一点使应用法律的方法与法学方法的主要功能重合。

7-2-3 法学方法与法律方法的区别与重合

简单来说，法学方法是研究和预设法律的方法，主要着眼于什么是法律的本体性理论，形成一定的法律观；法律方法是应用法律的方法，致力于实现既有的法律又生成新的法律。它们在领域上明晰可分，但由于后者也同时具有前者的主要功能，即回答了什么是法律的问题，在主要功能上有所重合。当人们采取领域的分类标准时，二者泾渭分明，而一旦涉及主要功能时，又感到难以将二者完全分开。因为这一形成新法律的法律方法，在功能上也可称为法学方法，区别地看，它是应用中的法学方法——相对于研究的法学方法，遂造成界定的困难和混乱。

如此说来，人们（包括拉伦茨）将这一方法论称为"法学方法论"，也非全然不妥，假如可寻找得到一个百分之百恰当的关于法律应用的方法的提法，那便需加括号，即法律（学）方法、法律（学）方法论。但一是为了突显法律应用不是机械适用预设的法律，二是为了方便，本书倾向于将法律应用中的方法和方法论，称作"法律方法"和"法律方法论"。

7-3 统合法律方法与法学方法

应用方法与研究方法两分，几为法学专属，是否当有一上位称谓统合二者，并非无疑。答案之一，保持分立，不必统合；答案之二，从学科上计，由概念论出发，应当统合，法学方法之称谓最为合适。这样一来，就必须修正将法学方法仅等同于法学研究方法之习惯，让法学方法（广义）下辖法学研究方法和法律方法两路人马。当然，狭义的法学方法仅指法学研究方法，尤当注意，如果谈及应用法律的方法，需用"法律方法"来指称。疑问是否迎刃而解，还只是一家之言,但下文法学方法和法律方法(重点述及)的使用将遵从此说。

7-4 法律方法论与法学

称谓之争又与法学的性质相关,因本书任务所限,在此不可作详析,只表明立场。法学是介于三大科学之间,它襟自然科学、人文科学且带社会科学。从法学的这一性质出发,便有了广义的法学:一切涉及法的学科。

另有一狭义的法学:关于法律规范及其应用的学科,也称法律教义学。其中,关于法律规范的学问,要解决人类行为和裁判的正式标准是什么的问题,属本体论。关于法律规范应用的学问,要解决如何应用标准的问题,法律方法论便属于此狭义的法学之一部。

无论如何划分,要看到,法学真正特立独行之处在于穿行于事实与规范之间,其意指真正的法产生于穿行之中,而不是仅用既有规范去裁判事实。既有规范只是一个框架,一个有待具体化甚至可修正的大前提。

法学	
广义的法学	狭义的法学
一切涉及法的学科	关于法律规范及其应用的学科
法哲学	法律理论(一般法律规范理论)
法社会学	各部门法学(各别法律规范理论)
法史学	……
……	

图表1-4 法学的范围

8 法律方法与法律思维

8-1 思维

在广义上,思维指人的各种精神活动,关涉想法、概念和判断。思维主要与感知、感觉和一切感性活动相对。在这一对思维的最一般界定下,人们较多地从哲学、心理学、控制论上来研究思维。除此之外,还常见将思维与学科和专业联系起来考察,形成学科思维,这也是本书的视角。

8-2 法律思维

法律思维要回答人在法律领域各种精神活动的特点。由于法律活动的职业性和专业性,因此,法律思维更多地是指法律者在从事法律活动时的思维,当然也包括其他人在参与此活动时的思维。但法律活动的范围广泛,既可包括法学研究、法学教育,也可涵盖立法、执法、司法和法律监督,因而,法律思维到底与哪些法律活动或哪些法律者相关联,决定着法律思维的范围和内容。学界绝大多数人在此问题上主张法律思维是职业法律者(法律家)如法官、检察官、律师的思维,与法律思维相关联的法律活动指执法、司法和法律监督。这种主张强调了法律思维对于职业法律者的重要性固然正确,但将法律研究者、法学教师和学生、立法者等暗自排除在法律思维的主体之外似不可取。

法律思维在根本上发生在事实与规范之间,如作为法律人我们不外要思考损害与赔偿、杀人与刑罚的关系,这是其他思维所不及之场域,也借此生成与其他思维的诸多联系和区别。法律思维与法律方法在德国学者如恩吉施那里二者等同;瑞士学者马斯托拉蒂认为法律思维是法律方法的基础,决定着法律方法的方向。本书认同这一观点,并认为法律方法是法律思维的具体化。

8-3 法律思维的要义

法律人的思维特点是判断性。法律思维指人们在建构规范并将规范应用于事实作出判断时的精神活动方式,建构规范需判断哪些事实当由法律来调整,应用规范需判断事实是否与规范相适应,均要穿行于事实与规范之间。

法律思维不同于其他思维之处在于:法律思维发生于规范与事实关系之中;判断具有潜在的和现实的约束力(前者指非职业法律人的,后者指职业法律人的)。结合狭义的法学,即法律及其应用的特点,且从与其他思维的比较中总结出法律思维十大要义及理由。

8-3-1 合法律性优于合道德性

从积极面上看,"合法律性优于合道德性"是指法律人应秉承法律至上理念。这一理念源自12世纪英国法官布雷克顿语:国王可以在万人之上,但应在上帝和法律之下。中国古代也有"一断于法"之说。从消极面上看,法律人不应首先以道德论事,尤要避免首先和主要诉诸大众道德情感。理由在于,一个有效的法律必然要满足一定的道德要求,法律与道德之间存在着必然联系,从法律出发本身就有合道德性。因而,一般而言,具体法律的效力不依赖对其内容的道德评价,唯有在法律与道德相冲突,且法律不公正到不可忍受之时,才可寻求道德的支持。

8-3-2 普遍性优于特殊性

法律为一种规范,所谓规范的特性之一是普遍性,体现在人、时、地、事上。尤其是法律中的人,既非超人,也非庸人,而是标准人或中人。法律人应始终以普世情怀待人待事,只是在正当的例外出现之时才考虑特殊性。所持理由为,这符合多数原则,避免一事一议的高成本,可操作性强,且利于社会的安定性。

8-3-3 复杂优于简约

郑板桥曾有名句"删繁就简三秋树",说的是作文之道,也颇合"大道至简""大音希声"之中国哲理。但《德国民法典》有2385条,《法国民法典》有2281条,《瑞士民法典》有1136条,中国《民法典》有1260条之多,这是因为法律事务关乎身家性命、财产安全、社稷天下,不可不繁。当代社会更日趋多元复杂,法律人无论在立法上,还是应用上,当尽量周全,严格按程序行事,宁可繁复,不轻易快刀斩乱麻。

8-3-4 形式优于实质

人人在法律面前应当平等,任何人违法犯罪都不能网开一面,根据是相同情况相同对待。为能切实平等对待,司法女神被蒙上眼睛,六亲不认;法官带上假发,穿着法袍,不食人间烟火。当然形式平等也有一刀切的不足,个别情况个别对待的实质考量不可或缺,但就总体而言,形式平等具有与普遍性相同的优长。

8-3-5　程序优于实体

这是形式优于实质的具体化。作为必要条件的严格的程序并不能必然导致公正,但缺乏严格的程序很可能导致实体的不公正。因为实体结论的公正性要靠程序的公正来保障,经验证明,多数冤假错案均与违背严格的程序脱不了干系。

8-3-6　严谨胜于标新

法律人的判断关涉人和社会的重大利益,因而,法律人不能不保持三分矜持性,不妨欲说还休,三思而后行,先思问题的发生、共思他人的见识、后思预判的公正性。郑板桥的下句"标新立异二月花"也只好在法律人这里打住。

8-3-7　谨慎超于自信

法律人免不了提出假设,有先入之见,要紧的是小心求证,在求证中,应时常感到如履薄冰,如坐针毡;不可过于自负,以为真理在握,轻下断语。因为法律本身是一种价值评价,判决只是一种具有说服力的意见,没有唯一正确的答案;因为法律的对象不是外在于判断者,而常常被主体化,打上判断者的印记;因为判断者不可能价值无涉,他们有着自己的是非感。

8-3-8　论证优于结论

论证优于结论是指在应用法律上,法律人要讲理,注重说明裁判的理由,如此一来,15万字的刑事判决书或者100万字的民事判决书就并不值得大惊小怪了。为使结论更具有说服力,不可直奔结论。对于法律人而言,"开门不见山"不是什么缺陷,相反,要让人"望山跑死马"。

8-3-9　逻辑优于修辞

经由逻辑得出的结论,具有不可抗逆的力量,尤其是演绎逻辑得出的结论,具有普适的必然性。因而,逻辑思维是法律人的硬功夫,要拳不离手,曲不离口。修辞虽可增强结论的说服力,但不免由情感支配,更为表演性论辩提供舞台。法律上的必然性不可得,但应心向往之。

8-3-10　推理优于描述

推理指由前提得出结论的思维过程,前提为结论的根据。描述是对事情的语言再现,回答"是什么"的问题,属于求真。法律人的使命是追求正确和公正的判断,作出结论,推理则是达致结论的必经之路。

小结上述各要义,它们中的前者只是优于后者而不是排斥后者,理由在于法律不是公理,只需套用演算即可。其中,要义1为帝王要义;要义2—5作用于规范建构和应用;要义6—7指向法律人的品性;要义8—10为方法倾向的。罗列十种,或有浮泛之嫌,或又失之缜密,但不外期待法律人:要出乎法律其外,先入乎法律其内;抑情感而开启理性;重方法训练而少恃机智、才气;人文关怀与科学精神兼具;知行统一,更勇于践行。

附 录

一、阅读文献选

1. 郑永流:《欧陆法律方法的方向性进程》,载《清华法学》2018年第2期。
2. 郑永流:《义理大道,与人怎说?——法律方法问答录》,载《政法论坛》2007年第2期。
3. 林来梵:《谈法律思维模式》,载《东南学术》2016年第3期。
4. 戚渊:《法律方法与法学方法》,载《政法论坛》2009年第2期。

二、阅读案例选

1. 王老吉加多宝红罐装潢纠纷案,参见张广良、张吉豫:《论商业外观法律保护要件之重构——基于"红罐王老吉凉茶案"的法理分析》,载《法制与社会发展》2018年第3期。
2. 猥亵男童案,参见金泽刚:《由男性遭受性侵害案看性犯罪的法律变革》,载《法治研究》2015年第3期。
3. 我国首例公民姓名权案,参见《青年"赵C"之烦恼》,载http://tv.sohu.com/s2008/zhao-c/,最后访问日期2014-10-02。
4. 许霆案,参见《许霆恶意取款案》,载http://news.xinhuanet.com/legal/2008-01/09/content_7390710.htm,最后访问日期2014-10-02。

绕口令 委托人—受托人—第三人

《民法典》第926条

受托人以自己的名义与第三人订立合同时,第三人不知道受托人与委托人之间的代理关系的,受托人因第三人的原因对委托人不履行义务,受托人应当向委托人披露第三人,委托人因此可以行使受托人对第三人的权利,但第三人与受托人订立合同时如果知道该委托人就不会订立合同的除外。

受托人因委托人的原因对第三人不履行义务,受托人应当向第三人披露委托人,第三人因此可以选择受托人或者委托人作为相对人主张其权利,但第三人不得变更选定的相对人。

委托人行使受托人对第三人的权利的,第三人可以向委托人主张其对受托人的抗辩。第三人选定委托人作为其相对人的,委托人可以向第三人主张其对受托人的抗辩以及受托人对第三人的抗辩。

第二章
法律判断形成的过程

问题与要义

1. 判断力的意义何在?
2. 法律判断形成的过程是什么?
3. 如何处理和确定事实?
4. 怎样去寻找相关规范?
5. 分析事实构成的方法是什么?
6. 为何要解释规范?
7. 如何将个案事实置于事实构成之下?
8. 结论如何得出?

Juris prudentia est divinarum atque humanrum rerum notitia justi atque injusti scientia.

法律学乃有关神事与人事之知识,正与不正之学问。(中)
Jurisprudence is the knowledge of things divine and human, the science of the just and the unjust. (英)

关键词

| 自然事实 | 法律事实 | 事实构成 | 法律原则 | 涵摄 |
| 证明事实 | 案件问题 | 大前提建构 | 法律结果 | 法律规则 |

判断力是法律人最重要的专业能力。判断是对事情进行肯定或否定的思维形式。人一生要作无数的判断,尤其在择业择偶的重要关头,判断得当与否,干系前程。在应用法律的不同阶段,也不停地发生着判断问题,如对事实的判断,对选择何种规范的判断。简单来说,应用法律就是作出判断,法律职业就是一种判断性工作:利用 ATM 机出错取得不属于自己的钱款有罪与否?餐馆收开瓶费是否显失公平?让不让送危重病人的车通过封锁的道路?有偿拼车上班违不违规?百姓可以争论不休,法律人却需判断出是与非。所以,法律人最重要的专业能力就是判断力。

法律判断是应用法律所产生的肯定性或否定性判断,它最终表现为法院的判决和裁定,公安机关和检察院的法律决定、行政决定、行政处罚决定、行政复议决定,仲裁机关的仲裁裁决等,这些判断是具有法律上的约束力的。无疑,律师的辩护意见等也属法律判断,只是不具有法律约束力。那么,法律判断是如何形成的呢?勾勒出其形成的基本过程,便构成本章的内容。

> **案例1** 2004年某日,李某在乘坐旅客列车期间,与对面座位的旅客许某搭话相识;当日23时许,李某在许某去厕所时尾随而入,抢得其现金若干、手机一部;许某遂向列车乘警报案,李某被抓获。
>
> **案例2** 原告程某2007年8月3日15时40分驾驶小轿车途经328省道某路段时,车速达119公里/小时,超过规定时速70公里/小时,被雷达测速仪记下违章情况。
>
> **案例3** 1997年某日,某3岁小孩和其妈妈在邻居院里,妈妈在与邻居说话,孩子则逗着邻居家的公鸡玩,不料被公鸡啄瞎左眼,遂引发诉讼。

这是三个不太复杂的案件,普通的人可作出大体正确的回答;然而,法律人则将其回答拆分成若干思维步骤,在其中还不时往返流转(参见下图)。

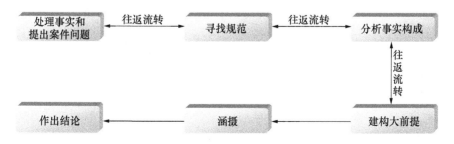

图表 2-1 法律判断的思维步骤

1 处理事实和提出案件问题

1-1 处理事实

在进行法律判断中，人们首先面对的是事实，没有事实也就无需作出判断。事实常常决定着判断，因而在作出法律判断中，最困难之处就在于，弄清什么是事实。事实首先是一种客观存在状态，但真正有意义的是进入人的认识活动中的事实，事实是借助物质和人的陈述显现出来的。这样，弄清什么是事实，实则是围绕物质证明和人的陈述的真假展开。"我说的是事实"指"我对客观存在状态的陈述是真的"。陈述的真假的标准是看其是否接近事前客观存在状态。

事实有许多的分类，在静态上，这里把事实区别为：生活事实或曰原始事实、证明事实和法律事实三种。

1-1-1 生活事实（自然事实）

它是指既存的已发生的事实，如上文中程某驾车以 119 公里/小时的速度行驶，李某在旅客列车厕所中抢劫现金若干、手机一部。生活事实总要由证据——如雷达测速仪的记录、被害人的证言——来说明，否则，生活事实无以复现。然而，生活事实并不总是可以证明的，即便可以证明也是主体的认识，而主体的认识能力又是有限的，所以，事实的客观性是不可全得的。然而，事实的客观性不可全得，并不意味着生活事实就像有人所断言的"不存在"，不然，一切科学的探索，福尔摩斯的推理，便成了与风车作战，因失去对象而丧失意义。

在司法实践中，由于原被告的利益对立，在事实问题上常发生争执，甚至有意去遮蔽真相。裁判者要依证据"去蔽"，判定双方当事人陈述的真假，以确定事实的本真。

1-1-2 证明事实

通过证据、自认和推定等手段所证明的生活事实便是证明事实。于是，对事实的追求便主要围绕证据展开。由于证据决定着生活事实，为避免任意采证，证据法对于证明生活事实是否存在便具有核心意义。证据法规定了各种证据规则，具体来说，包括收集证据，保管证据，采用证据，排除证据，举证、质证等规则。而如何决定证据又与裁判程序相关，程序法的功用便显现出来。程序法是指规定进行诉讼和非诉讼活动的方式、步骤和时效的法律规范。另外，在对事实进行证明中，还要运用到实验、技术鉴定、法医鉴定等。

1-1-3 法律事实

但是，证据等只能证明生活事实是否及如何发生，不能解决生活事实是否具有法律（实体法）意义的问题，如程某驾车以 119 公里/小时的速度行驶，只有在交通法规定了行驶速度的限定如 70 公里/小时并得到证明时，才引起程某驾车超速的法律结果，否则，此行为是属法外空间，也称"法律上的空缺"。因而，证明事实并不必然引发法律问题，或者说，一百个证明事实可能仅产生几个法律问题。"法律真实论"所说的事实并非是引起实体法上法律结果的法律事实，而只是合证据法和程序法的事实（证明事实），它们可能引起法律结果，也可能不引起，因此证明事实不等同于法律事实。另外，同一个证明事实可能对应几种法律事实。

从制定法上看，只有为法律的事实构成（通说为"行为构成"）所规定的证明事实才是法律事实,无规定的则不是。如李某在旅客列车厕所中抢劫现金若干、手机一部,只有存在我国《刑法》第263条的一般规定(以暴力、胁迫或者其他方法抢劫公私财物的,处3年以上10年以下有期徒刑,并处罚金)时,才有法律意义,才可变成法律事实。法律事实与事实构成同义,只不过事实构成是抽象的个案集合的"法律事实"。在广义的规范上,法律事实是适法事实,即可以进行法律评价的事实;是案件事实,即基于此可作出法律判断的事实。但在法律判断的形成过程中,人们面临的总是发生了的个别事实,所以,生活事实、证明事实和法律事实这三种事实都是个别事实。

1-1-4 小结

总之,确定事实的核心工作就是要证明生活事实的存在,并进而看其是否具有法律意义,如果有,便形成法律事实。而人们常说的"案件事实"是被证明了的并具有法律意义的生活事实。上述三案事实便可分为:

生活事实:
李某在旅客列车厕所中抢劫现金若干、手机一部
程某驾车以119公里/小时的速度在限速70公里/小时区域行驶
邻居家的公鸡将小孩的左眼啄瞎

证明事实:
被害人的证言证明李某在旅客列车厕所抢劫
雷达测速仪出具的《检测报告》
邻居承认那只公鸡是自家的,小孩的左眼被啄瞎有医院证明

法律事实:
李某的行为是我国《刑法》第263条规定的"以暴力、胁迫或者其他方法抢劫公私财物的"抢劫行为

程某的行为是违反我国《道路交通安全法实施条例》第45条规定的"机动车在道路上行驶不得超过限速标志、标线标明的速度"的超速行为

邻居的行为适用我国原《民法通则》第127条:饲养的动物造成他人损害的,动物饲养人或者管理人应当承担民事责任……①

1-2 提出案件问题

法律的功用在于定分止争,惩恶扬善。当一个案件摆在法律人面前,他就必须先从案件事实中提取出案件问题,也即对案件的审理一定要围绕诉讼请求进行。在具体的民事和行政等案件中,当事人的诉讼请求、争议的焦点可能有多个,争议的标的也可能是两个以上,它们部分体现在案由上。例如,据2007年10月29日由最高人民法院审判委员会第1438次会议讨论通过的《民事案件案由规定》(2011年2月18日第一次修正,2018年两次增加),民事案件案由的表述方式原则上确定为"法律关系性质"加"纠纷",一般不再包含争议焦点、标

---

① 审理该案时《侵权责任法》(2009年)尚未颁布,据在内容一致时下位法优于上位法的原则,现在审理此类案件应适用《侵权责任法》第78条:饲养的动物造成他人损害的,动物饲养人或者管理人应当承担侵权责任,但能够证明损害是因被侵权人故意或者重大过失造成的,可以不承担或者减轻责任。此条内容现规定在《民法典》第1245条中:"饲养的动物造成他人损害的,动物饲养人或者管理人应当承担侵权责任;但是,能够证明损害是因被侵权人故意或者重大过失造成的,可以不承担或者减轻责任。"

的物、侵权方式等要素。例如人格权纠纷可以分为：

1. 生命权、健康权、身体权纠纷
2. 姓名权纠纷
3. 肖像权纠纷
4. 名誉权纠纷

……

刑事案件的案由就是罪名,刑事赔偿和非刑事司法赔偿案件的案由,行政案件的案由均有专门规定。

但案件问题不限于案由,上述案件中的案件问题分别是：
案例 1　李某是否犯抢劫罪？
案例 2　程某是否超速？
案例 3　邻居是否应负民事责任？如负责任,责任可否减轻？

2 寻找规范

按形成法律判断的思维步骤(见前图表 2-1),即在事实与规范之间来回审视,确定事实与寻找规范标准这两步是关联在一起的。无论是从生活事实到法律事实,还是从法律事实到证明事实,都要依据生活事实的这些特点在法律制度上寻找有关规范文本。

2-1　法源

寻找规范看起来是寻找某个适合于事实的规范,实则涉及全体法律制度。这就首先产生在哪里去找法源的问题。法源也可称作法的渊源或法的材料,意为可以基于这些渊源或材料去寻找作出法律判断的理由。但它们本身不是理由,就像木头与木桌的关系,木头可制成木桌,但木头本身不是木桌。

法的渊源包括：制定法,判例法,习惯法,学理,道德。在中国还特有司法解释。法的渊源以能否直接应用为标准,分为直接渊源和间接渊源。

2-1-1　直接渊源(正式渊源)

A. 制定法

中国历来是制定法化国家。中国古代制定法,就主要形式而言,秦朝有律、命、令、制、诏、程式、课等;汉朝有律、令、科、品、比;唐朝有律、令、格、式;宋朝于律、令、格、式之外,又有编敕、断例等;元朝有诏制、条格、断例;明、清两代在律和各种单行法之外,广泛用例等。《唐律疏议》《宋刑统》《大明律》《大清律例》等为中国古代法典的代表。

自 18 世纪起,制定法逐渐成为欧陆的主要法源,欧陆的法典为制定法的集大成,如《巴伐利亚民法典》(1756 年)、《普鲁士一般邦法》(1794 年)、《法国民法典》(1804 年)、《奥地利一般民法典》(1811 年)、《德国民法典》(1896 年)、《瑞士民法典》(1907 年)。20 世纪以来,英美法系国家的制定法也日渐增多。在当代,制定法又有许多形式,在效力等级上形成金字塔式的结构(见图表 2-2)。

第二章　法律判断形成的过程

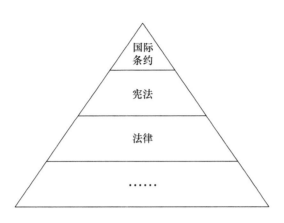

图表 2-2　法源金字塔

a. 国际层面：条约

1648 年的《威斯特伐利亚和约》是近代国际条约的典范。当然，严格说来，这只是区域化条约的开端，因为该和约规范的只是欧洲各国的关系。国际法在欧洲迅速发展，故国际法曾被称为"欧洲国际法"。在 19 世纪，在"欧洲国际法"蓬勃发展的同时，真正的"世界国际法"也取得了长足进步，这表现为以下条约的缔结：1856 年《万国电报公约》、1886 年《保护文学和艺术作品伯尔尼公约》、1874 年《万国邮政公约》、1875 年《国际米制公约》、1883 年《保护工业产权巴黎公约》、1890 年《布鲁塞尔禁奴会议总议定书》。

今天，联合国及其专门机构和其他主体制定的各种全球性国际条约涵盖领域十分广泛，几乎浸入一切国际生活关系，如果按迅速发展的国际法各部门来分类列举主要国际文件，可以直观地看出这一点。以国际公法为例（见图表 2-3）。

1945 年	联合国宪章	1946 年	国家权利义务宣言草案
1969 年	维也纳条约法公约	1974 年	关于侵略定义的决议
1979 年	关于国家责任的条文草案	1981 年	不容干涉和干预别国内政宣言
1982 年	关于和平解决国际争端的马尼拉宣言	1991 年	国家及其财产的管辖豁免条款草案

图表 2-3　主要国际公法文件

b. 区域层面：条约——以欧洲为例

欧洲区域性国际组织众多，这些组织缔结的条约和颁布的法律是欧洲法治的制度化体现。欧洲法主要由两大体系构成：欧洲理事会法和欧盟法。欧洲理事会法的主要表现形式是部长委员会和咨询议会共同制定的公约及议定书，现有 170 个公约[①]，所涉内容集中在政治方面，这与欧洲理事会的政治性质相应，其中尤以人权保护著称，如 1950 年《欧洲人权公约》、1961 年《欧洲社会宪章》、1989 年《欧洲防止酷刑和其他残忍、不人道或有辱人格待遇或处罚公约》。

欧盟法的主要形式表现为条约和它颁布的法律。记录欧盟发展步伐的最重要的条约有：1951 年《建立欧洲煤钢共同体条约》、1957 年《欧洲原子能共同体条约》和《欧洲经济共

[①]　任晓霞：《欧洲两大法律体系比较——浅谈欧洲理事会法和欧洲联盟法的联系与区别》，载《欧洲法通讯》（第一辑），法律出版社 2001 年版，第 22 页。

同体条约》、1986年《单一欧洲法令》、1992年《欧洲联盟条约》、1997年《阿姆斯特丹条约》、2001年《尼斯条约》。2007年12月13日欧盟签署了《里斯本条约》,取代了2004年10月签署的《欧盟宪法条约》。

c. 国内层面:以中国为例(见图表2-4)

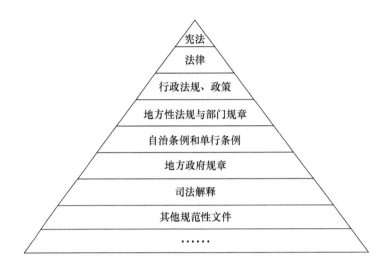

图表2-4　中国法源金字塔

宪法:现行宪法是1982年制定的《中华人民共和国宪法》。

法律:分为基本法律和非基本法律两种。基本法律由全国人大制定,如《中华人民共和国刑法》《中华人民共和国民法典》等。非基本法律由全国人大常委会制定,如《中华人民共和国治安管理处罚法》《中华人民共和国文物保护法》等。全国人大及其常委会还有权就有关问题作出规范性决议或决定,它们与法律具有同等地位和效力,全国人大常委会对法律的解释也是如此。

行政法规:国务院制定的有关行政管理和管理行政事项的法律,如《行政法规制定程序条例》。据该条例第31条,行政法规的解释权属国务院,行政法规的解释与行政法规具有同等效力。对属于行政工作中具体应用行政法规的问题,省、自治区、直辖市人民政府法制机构以及国务院有关部门法制机构请求国务院法制机构解释的,国务院法制机构可以研究答复(该条例第33条),但其复函的法律效力尚不明确。

地方性法规:由省级和设区的市的人大及其常委会制定,如《北京市人民代表大会代表视察办法》。经济特区的授权立法也是一种特殊的地方性法规。根据《立法法》第74条:"经济特区所在地的省、市的人民代表大会及其常务委员会根据全国人民代表大会的授权决定,制定法规,在经济特区范围内实施。"这一是指广东省、福建省人大及其常委会,根据1981年11月全国人大常委会通过的授权决定,有权制定各该省经济特区的各项单行经济法规。另一是指海南、深圳、珠海、汕头、厦门等省、市的人大及其常委会,根据1988年以来全国人大或其常委会多次通过的授权决定,有权制定在各该省或市经济特区实施的各项法规,如《深圳经济特区股份有限公司条例》《深圳经济特区有限责任公司条例》。

自治条例和单行条例:它们由自治区、州和县人大制定。自治条例是综合的,如《云南省玉龙纳西族自治县自治条例》。单行条例则是调整某一方面事项的规范性文件,如《玉屏侗族自治县乡村公路条例》。

规章：分部门规章与地方政府规章。部门规章由国务院所属部委发布,如国土资源部令《土地登记办法》。地方政府规章是省级和设区的市和自治州人民政府制定的规范性文件,如黑龙江省人民政府令《黑龙江省见义勇为人员奖励和保护规定》。

立法解释：立法解释是立法机关对法律规范进行的解释,在中国指全国人大常委会的法律解释,它与法律具有同等效力。

司法解释：特指最高人民法院和最高人民检察院就适用法律作出的解释。司法解释也有表现形式,据2007年3月23日最高人民法院关于司法解释工作的规定,分为"解释""规定""批复"和"决定"四种。

——"解释"。对在审判工作中如何具体应用某一法律或者对某一类案件、某一类问题如何应用法律制定的司法解释,采用"解释"的形式。如2007年8月13日最高人民法院《关于审理破坏电力设备刑事案件具体应用法律若干问题的解释》。

——"规定"。根据立法精神对审判工作中需要制定的规范、意见等司法解释,采用"规定"的形式。如2007年4月4日最高人民法院《关于审理企业破产案件确定管理人报酬的规定》。

——"批复"。对高级人民法院、解放军军事法院就审判工作中具体应用法律问题的请示制定的司法解释,采用"批复"的形式。如2007年4月9日最高人民法院《关于在裁判文书中如何引用刑法修正案的批复》。

——"决定"。修改或者废止司法解释,采用"决定"的形式。

在上述四种司法解释之外,还存在大量以(指导)意见、通知、会议纪要等形式体现出来的文件,如2016年6月29日最高人民法院《关于人民法院进一步深化多元化纠纷解决机制改革的意见》,学界和实务界对这些不是司法解释但具有司法解释性质的文件的效力争议极大。[①]

其他规范性文件：仅指上述以外的规范性文件,如国务院所属部委发布的不属于部门规章的规定,省级政府发布的不属于地方政府规章的规定,县级政府及所属部门的规定,乡镇政府的规定。

B. 判例法

判例法是指以判例为表现形式的法律,但判例本身不一定是法律,只有信奉"遵循先例"基本原理,判例才成为法律。因此在英美法系判例法为直接渊源,在大陆法系则为间接渊源。

判例　麦克弗森诉别克汽车公司案(*Macpherson v. Birk Motor Corp.*)(1916年)

> **事实**
> 原告麦克弗森从一汽车零售商购得一辆别克汽车。由于一车轮在制造上有缺陷,汽车在行进中突然翻倒使原告受伤。被告别克汽车公司在出厂前未对车轮进行检查。由于原告并非从被告那里直接购得该汽车,所以被告应否承担过失责任有疑。

---

① 参见彭中礼:《最高人民法院司法解释性质文件的法律地位探究》,载《法律科学》2018年第3期。

寻找先例

著名的纽约州法官卡多佐(后来为美国联邦最高法院大法官)引用并审查了纽约州法院或其他法院(包括一些英国法院)所作出的大约25个判决,试图从先例中找出适用本案的规则。

如1852年的托马斯诉温切斯特案,被告把毒药颠茄剂贴上蒲公英制剂的标签,而后出售给药剂师,药剂师又将此药卖给原告,致使原告中毒。法院判原告胜诉,认为错贴标签会给得到它的人带来急迫的危险,不论药物的合法使用者是否与被告有合同关系,都应负过失责任。

在1882年的德夫林诉史密斯案中,被告制造有缺陷的脚手架卖给油漆师,结果油漆师的雇员从脚手架上跌下致死。法院判原告胜诉,理由是像脚手架这样的东西,如果在制造上有问题是极其危险的,被告有确保质量的义务。

在1909年的斯塔特勒诉雷制造公司案中,原告从批发商那里买得一个被告制造的大咖啡壶,由于做工有缺陷使咖啡壶在加热过程中爆炸,原告严重受伤,法院判原告胜诉。因为像咖啡壶这类东西,在制造上有问题,在使用中会给人带来严重的危险。

得出规则

卡多佐法官从中得出了适用本案的法律规则。他指出:具有急迫危险性的产品概念并不局限于毒药、爆炸物或其他同类物品,而应扩大到对人身有危险性的一切物品。如果物品制造上有过失,可以合理确定会使生命和躯体处于危险之中,那么,它就是一件危险物品。除此项危险因素之外,制造商知悉该物品将由购买者之外的第三人不经检验而使用,则无论有无合同关系,该危险品的制造者都负有仔细加以制造的义务和责任。

卡多佐法官宣布:制造商给予注意的责任不受合同关系的限制,受害人无须与制造商有合同关系即可获得赔偿。纽约州法院判定别克汽车公司应向麦克弗森承担过失责任。①

2-1-2 间接渊源(非正式渊源)

A. 习惯法—行业规范

习惯法②是指一种存在于国家之外的社会中,自发形成并由一定权威提供外在强制力来保证实施的行为规则。

---

① 本案例综合了若干文章中的介绍而成,谨向原作者致以谢意。另见列维:《法律推理引论》,庄重译,中国政法大学出版社2002年版,第39—45页。

② 习惯法与目前盛行的"民间法"一词不易区分,民间法也多为长期自然演进生成,在此一意义上,大体可以说,民间法就是习惯法。但各类民间法中都有一些人为建构的成分,特别是今天农村占乡规民约主体的村民自治章程,更像是国家法律和政策的实施细则,而与自发形成的习惯法相去甚远。是故,又不能将民间法完全视同为习惯法。

习惯法

> "插草标"即是一种习惯法,它是土家族人表示物权及说明的一种特殊标志。在一口池塘边插草标,说明塘中有鱼禁止放毒捕捞;有人发现一窝地雷蜂,在不远的地方插上草标,说明此处已经有人发现,且当晚就要来烧,别人不能打这窝蜂的主意了。①

行业规范如足协禁赛令,偷一罚十,货既出门、概不负责等交易习惯也为司法所考虑。上述行业规范也存在着较大争议,主要是与制定法的关系。当然,多数具有正当性。如:

饭店行业规范

> 《中国旅游饭店行业规范》第10条 饭店客房收费以"间/夜"为计算单位(钟点房除外)。按客人住一"间/夜",计收一天房费;次日12时以后、18时以前办理退房手续者,饭店可以加收半天房费;次日18时以后退房者,饭店可以加收一天房费。

但这一行业规范正遭受质疑。

还有立法习惯,司法习惯做法,如判(刑)了不罚,罚了不判(刑)。如:

宪法习惯

> 韩国宪法法院2004年10月21日裁决,韩国国会2003年12月通过的《新行政首都特别法》违宪。韩国政府将行政首都从汉城(今改译为"首尔")迁往中部地区的计划因此被迫停止执行。韩国宪法法院开庭审理了由汉城市议会议员等提出的《新行政首都特别法》违宪诉讼。在韩国宪法法院的9名法官中,有8名法官投了否决票。韩国宪法法院院长尹永哲宣布,《新行政首都特别法》违反韩国宪法。
>
> 裁决书认为,尽管韩国宪法没有明文规定汉城为首都,但汉城是为宪法习惯认可的韩国正统的首都。要废除汉城的首都地位,必须按照宪法规定的程序修改宪法。韩国政府不经修宪程序就迁都,是侵犯宪法规定的国民投票权的违宪行为。②

B. 法理(法学家法)

法理指法律的基本精神和原理,如一物一权、罪刑相应、盗窃为秘密窃取等。由于它们多由学者以学术形式阐述,又称学理或法学家法。1907年的《瑞士民法典》规定如果发现法律有漏洞,法官要遵循既定学说;1942年的《意大利民法典》规定法官用其他确定法律的方

---

① 西南民族大学赴湖北恩施社会实践分队:《微探土家族习惯法》,载http://blog.163.com/xieyingbo2008@126/blog/static/19661704200752912254148/,最后访问日期2012-03-15。
② 《韩国宪法法院裁决"迁都特别法"违宪》,载http://news.xinhuanet.com/world/2004-10/21/content_2121582.htm,最后访问日期2012-03-15。

法无法解决案件,就须依照本国法学界的一般原则处理。《国际法院规约》第38条规定:司法判例及各国权威最高之公法学家学说,作为确定法律原则之补助资料者,可以为法官裁判所适用。

C. 章程、合同(格式合同)、协定

章程是社会自治半自治组织的基本规范,且是国家管理公司的重要依据。如《中国足球协会章程》第4条规定的中国足球协会的任务是:"统一组织、管理和指导全国足球运动发展,推动足球运动普及和提高,代表中国参与国际足球比赛及其他活动,并通过必要活动,为足球运动项目的发展筹集资金。"

立有章程的常见组织类型有:

——职业组织,如医师协会、律师协会、会计师协会、审计师协会等;

——行业组织,如各级足球协会、各种服务业协会、仲裁协会等;

——学术组织,如各种学会、协会、研究会等;

——社区组织,如居民委员会、村民委员会等;

——综合组织,如各地方的总商会、中国科技协会、中华全国工商业联合会等。

合同是当事人双方(或多方)订立的确定相互间权利义务关系的协议。当事人为了重复使用而预先拟定并在订立时未与对方协商的合同称格式合同,如飞机票背面的运输合同。

协定指国家间或国际组织间为解决专门和临时性问题而签订的条约。如《服务贸易总协定》是世贸组织在乌拉圭回合多边贸易谈判中达成的一项多边贸易协定。

D. 技术标准(非制定法部分)

技术标准不直接规定人的权利和义务,却是行政机关进行事实认定并作出法律结论的重要依据。技术标准还对判断侵权责任的成立与否,刑法上罪名的构成要件成立与否发挥着很大作用,对公民的生活常常产生比法律、行政法规、规章更为密切的关联。技术标准是为统一技术事项所制定的标准,如产品技术标准是指产品质量特性应达到的要求。技术标准分为国家标准、行业标准、地方标准和企业标准。技术标准有的被规定在制定法即规章或其他行政文件中,如上海市质量技术监督局于2004年6月29日发布《城市环境装饰照明规范》,对"外溢光/杂散光""障害光"以及"光污染"都作了界定。

2-2 法源的顺序

绝大多数国家和地区对法源的顺序问题无明确规则可循,只有《瑞士民法典》第1条作了民法典—习惯法—学理和惯例的顺序规定,这也反映了绝大多数国家和地区在法源的顺序问题上的习惯做法。

《瑞士民法典》第1条规定:有规定的法律问题,适用本法;无规定者,依习惯法裁判;无习惯法,依法官提出的规则;同时遵循既定学说和传统。

我国台湾地区"民法典"第1条也规定:民事,法律未规定者,依习惯,无习惯者依法理。

《奥地利普通民法典》第7条则规定:无类推的法规时,应深思熟虑,依自然法则判断之。

因此,在这些国家和地区法官不能以"法律没有明文规定"或者"权利法定"为由,拒绝对于公民权利进行救济或者拒绝对纠纷作出裁判。

中国《民法典》第 10 条对法源顺序有明确规则,"处理民事纠纷,应当依照法律;法律没有规定,可以适用习惯,但是不得违背公序良俗"。2009 年最高人民法院《关于裁判文书引用法律、法规等规范性法律文件的规定》(法释〔2009〕14 号)也间接说明了法源顺序,其第 2 条规定并列引用多个规范性法律文件的,引用顺序如下:法律及法律解释、行政法规、地方性法规、自治条例或者单行条例、司法解释。同时引用两部以上法律的,应当先引用基本法律,后引用其他法律。另外,据其第 6 条,对于其他规范性文件,根据审理案件的需要,经审查认定为合法有效的,可以作为裁判说理的依据。

首例学位争议案[①]

> 武汉市首例学生状告高校不颁发学士学位证书案作出终审判决,武汉市中级人民法院驳回武汉理工大学上诉,维持原判。
>
> 1999 年 6 月,武汉理工大学学生王某被学校认定为考试作弊,被留校察看一年。王某毕业时,未被授予学士学位证书。
>
> 双方纠纷解决未果诉至法院。武汉市洪山区人民法院一审判决:撤销留校察看一年的处分,并在判决生效之日起 60 日内,武汉理工大学对王某进行资格审核,作出是否颁发学士学位的决定。
>
> 武汉理工大学不服,提出上诉。武汉市中级人民法院二审依法驳回上诉,维持原判。
>
> 依据校规作出的决定却被判败诉,武汉理工大学败在哪里?校规到底有效吗?终审判决对此作出了解答:
>
> 法院认为,原《武汉理工大学学分制学籍管理暂行条例》第 45 条"在校期间受过留校察看处分者不能授予学士学位"的规定与教育部制定的《普通高等学校学生管理规定》第 35 条"具有学籍的学生,德、体合格,学完或提前学完教学计划规定的全部课程,考核及格或修满规定的学分,准予毕业,发给毕业证书。本科生按照《中华人民共和国学位条例》规定的条件授予学士学位"的规定相抵触,该处分决定显属不当。

3 分析事实构成

找到了相应的法源之后,就必须联系案件来分析事实构成,也就是将事实构成拆分为若干要素,确定各要素的含义,看其能否满足个案中的事实。如《北京市控制吸烟条例》第 9 条规定:公共场所、工作场所的室内区域以及公共交通工具内禁止吸烟。张某在一大学教学楼无人的厕所里吸不含尼古丁的电子烟,要判断他的行为是否违背该条例,就首先要分别确定公共场所或工作场所及其室内区域的含义,条例中的"烟"包括哪些种类。这就要深入法律规范的内部,看看什么是规范及规范的结构。

[①] 《首例学位争议案尘埃落定》,载 http://www.northedu.com.cn/falvdaquan/show.jsp?informationid=200807110742351930,最后访问日期 2012-03-15。

3-1 规范

3-1-1 举手的不同意义

普适性和评价性是规范的两大本性。首先,能称作规范的东西必定是普遍适用的。以举手为例,当抢劫者说"举起手来,否则不客气",这是一个针对被抢劫者的个别命令,而教师在课堂上说"发言的先举手"则是课堂规范,适用于课堂上每一个想发言者。其次,规范还致力于解决对错、善恶、好坏问题,对错、善恶、好坏是人们的一种评价,而评价具有主观性,因此,规范是一种评价规范。评价规范是评价人们的社会行为的,因而又是社会行为规范。规范有许多类型,大体分为:

——语法:陈述句为先主语后谓宾,如"我在写作文"。对错评价。
——技术规范:骑自行车先推跑再蹁腿上去。对错评价。
——会议规范:请勿聊天。好坏评价。
——法律规范:欠债还钱。好坏评价。

3-1-2 法律规范

人所尽知,法律是一种规范,是指它规定了人们行为的一般模式、模型、标准或方向,法律规范具体有三种:

A. 允许,即人们可以怎样行为,如接受遗产。
B. 禁止,即人们不得怎样行为,如不得贪污。
C. 命令,即人们必须怎样行为,如有纳税义务。

这三种一般行为模式适用不特定的人,在其生效期间内可反复适用。法律规范表现为法律规则和法律原则。

3-2 法律规则及结构

3-2-1 规则的类型

如上述,规则有三种,其中命令性的和禁止性的规则是强行性规则,允许性的规则是任意性规则。

A. 命令 驾驶员应系安全带

《道路交通安全法》第51条规定,机动车行驶时,驾驶人、乘坐人员应当按规定使用安全带。这是强行性规则。

B. 禁止 禁止侮辱尸体

《刑法》第302条规定,盗窃、侮辱、故意毁坏尸体、尸骨、骨灰的,处三年以下有期徒刑、拘役或者管制。这是强行性规则。

C. 允许 言论自由

《宪法》第35条规定,中华人民共和国公民有言论、出版、集会、结社、游行、示威的自由。这是任意性规则。

3-2-2 规则的结构

规则是以"如果……那么……"模式来规定人们的事务和行为,一个完整的规则由两部分组成:事实构成+法律结果。如《刑法》第17条第1款:已满16周岁的人犯罪,应当负刑事责任。

A. 事实构成

含义:事实构成中的事实包括事件和行为。事件又分成社会事件和自然事件两种,前者如社会动乱、战争等,后者如人的生老病死、自然灾害等。事件对于法律关系的主体而言是不以其意志为转移的。行为可以分为善意行为、合法行为与恶意行为、违法行为。但在刑法中当称行为构成,因为只有行为才可能引发刑罚后果。

意义:事实构成的意义在于分配权利义务和利益。例如,由于人的出生便产生了父母与子女间的抚养关系和监护关系;而人的死亡却又导致继承关系的产生。又如,依法登记结婚行为导致婚姻关系的成立。同样,恶意行为、违法行为也能够引起权利义务的分配。如伤害行为产生刑事法律关系,也可能引起某些民事法律关系(损害赔偿、继承等)的产生。

B. 法律结果

法律结果是对人们的事务和行为的价值评价,或为肯定或为否定。如,我国《刑法》第17条第1款:"已满十六周岁的人犯罪,应当负刑事责任。"《民法典》第180条规定:"因不可抗力不能履行民事义务的,不承担民事责任。法律另有规定的,依照其规定。不可抗力是不能预见、不能避免且不能克服的客观情况。"

图表2-5为规则的结构图。

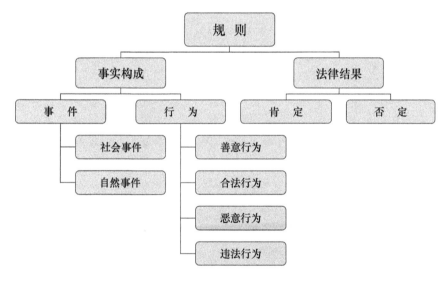

图表 2-5 规则的结构

3-2-3 规则与条文及法律文件

规则不可等同于条文,更不是法律文件。具体而言,三者的关系大致有以下几类情形:

A. 一个条文一条规则

如《民法典》第506条:合同中的下列免责条款无效:(一)造成对方人身伤害的;(二)因故意或者重大过失造成对方财产损失的。

B. 数个条文一条规则

如《刑法》第382条第1款描述"贪污罪"的事实构成:国家工作人员利用职务上的便利,侵吞、窃取、骗取或者以其他手段非法占有公共财物的,是贪污罪。第383条表达了"贪污罪"的法律结果:对犯贪污罪的,根据情节轻重,分别依照下列规定处罚:(一) 贪污数额较大或者有其他较重情节的,处 3 年以下有期徒刑或者拘役,并处罚金……。

C. 一个条文一个事实构成

如《民法典》第 543 条:当事人协商一致,可以变更合同。又如《劳动法》第 15 条:禁止用人单位招用未满 16 周岁的未成年人。

D. 数个法律文件同一事实构成

如我国《宪法》第 10 条,《土地管理法》第 2、73 条,《刑法》第 228 条等都规定了"非法转让土地"。

E. 数个法律文件构成一条规则

如《民法典》第 1042 第 2 款规定:禁止重婚。禁止有配偶者与他人同居。

《刑法》第 258 条规定:有配偶而重婚的,或者明知他人有配偶而与之结婚的,处 2 年以下有期徒刑或者拘役。

两个不同部门法的两个条文共同构成一个关于重婚的规则。

3-2-4 寻找不同类别的规则

如果寻找公法与私法规范,在公法与私法内部还可进一步细分为部门法——子部门法——某一法律制度,如民法——婚姻法——结婚制度。由于有的事实涉及不同实体法和程序法,便出现竞合情况。

A. 程序竞合(交叉)

如刑民程序交叉案,指基于同一法律事实而产生刑事诉讼与民事诉讼竞合的案件。

> 某公司业务员范某因工作关系对公司心怀怨恨。一天,趁总经理出国考察之际,范某潜入其办公室,窃取了一份盖有公司公章的空白合同书和一张预付款收据,随后与个体户吴某签订了购销合同,在取得吴某支付的预付款 10 万元后潜逃。吴某起诉该公司违约,法院裁定不予受理并告之向公安机关报案。理由是,本案处理应先刑后民,即首先必须解决范某的行为是否构成犯罪,而后才能解决合同的效力和赔偿问题。吴某去公安机关报案,但公安机关拒绝立案并通知其去法院起诉该公司。理由是,吴某和该公司之间是购销合同纠纷,范某的行为是否构成侵占罪应由该公司来报案。①

通常采取的做法是,刑事案件的诉讼程序优先于民事审判,即"先刑后民"。但从上例看,是否先刑后民、刑民并行或者先民后刑,均应从最有利于实现被害人的权利出发,要赋予被害人以程序选择权。

B. 刑法法条竞合

指行为人实施一个犯罪行为同时触犯数个在犯罪构成上具有包容(完全的或部分的)关系的刑法规范,但只适用其中一个刑法规范的情况。法条竞合时适用法律的原则是:特别法优于普通法;重法优于轻法。如:

---

① 樊崇义:《刑民交叉:是否必须"先刑后民"》,载 http://www.law-lib.com/fzdt/newshtml/szpl/20070815090542.htm,最后访问日期 2012-03-15。

> 某人盗窃一支五四式手枪,据我国《刑法》第127条,属盗窃枪支、弹药、爆炸物、危险物质罪,其犯罪对象是"枪支、弹药、爆炸物、危险物质",而据我国《刑法》第264条的规定,盗窃罪的犯罪对象是"公私财物",后者的外延可以包容前者。因此,盗窃一支五四式手枪触犯第127条,也触犯第264条,这就形成了法条竞合。此时依特别法优于一般法来处理。

C. 民法法条竞合

如交通事故致违约责任与侵权责任的竞合。乘客乘坐出租车发生交通事故会产生两种责任的竞合:事故造成人身损害的是一种民事侵权行为,乘客可以向出租车司机及车辆所有人或出租车公司以侵权之诉提出赔偿。而乘客同时与出租车公司之间又有一种运输合同法律关系,出租车公司未能将乘客安全运送到目的地,构成违约,该乘客也可以违约之诉提出赔偿。在发生责任竞合时,受害方可以选择对自己有利的方式进行诉讼。

3-2-5 规则冲突及解决

由于颁布时间不一或认识能力有限等原因,规则之间可能会存在着种种冲突。在长期的司法实践中,人们发明了许多解决冲突的方法,其中分法律位阶来解决已得到了普遍认同,并形成一套"冲突法"。

A. 同位阶法律	
时间	后法优于前法　新法优于旧法
内容确定性	特别法优于一般法(同类性质的法)
时间 vs. 内容确定性	新的一般规定优于旧的特别规定
	时间优于内容确定性
B. 异位阶法律	
内容不一致	上位法优于下位法　一切法要合乎宪法
内容一致	下位法优于上位法　特别法优于一般法
时间 vs. 异位	新的上位法优于旧的下位法

图表 2-6　法律冲突解决规则

如《民法典》与《民事诉讼法》冲突。《民法典》第1079条第2款规定:"人民法院审理离婚案件,应当进行调解;如感情确已破裂,调解无效,应准予离婚。"据此,调解是审理离婚案件的必经程序,未经调解的,法院并不能直接判决准予离婚。而《民事诉讼法》第9条规定:"人民法院审理民事案件,应当根据自愿和合法的原则进行调解;调解不成的,应当及时判决。"由此可见,当事人自愿是进行调解的前提之一。这两部法律关于调解的相关规定是相悖的,并造成了法律适用上的冲突。在法律未修改之前适用特别法优于一般法的规则来解决。《民法典》与《民事诉讼法》是同位阶法律,均由全国人民代表大会制定,但在审理离婚案件的程序上,《民法典》第1079条第2款是特别法,而《民事诉讼法》第9条是一般法。

3-3 法律原则及类型

法律规范的另一形式是法律原则,它集中体现了人们应该如何行动的价值判断,之于法律规范的主要形式——规则而言,原则担负着作为规则的根据、补充规则的漏洞、解决规则的冲突和纠正规则的错误四大职能。详见本书第八章。

4 建构大前提

确定了法源,解决了规则的冲突,便进入大前提建构阶段。为何不直接适用规则,还要进行建构?这是因为规则为一般,而事实为个别,个别总比一般多姿多彩。下以三例来说明为何要建构大前提——实际上是建构具体的适合个案事实的大前提,但建构又是在规则这个一般大前提基础之上的。至于何为建构的方法,则属第六至八章的内容。

刑法

> 1998年10月19日,某地殡葬场在火化死者某甲的尸体之前,某甲的家属发现,其眼睛被换成一对假眼。公安机关侦查后认定,拿掉某甲眼睛的是死者生前住院的医院眼科副主任某乙。原因是,某乙在给氨水烧伤眼睛的患者做手术时,缺乏角膜源,于是就将某甲的眼睛摘下来,用其角膜材料为患者治病。某甲的家属报案后,案件经公安机关侦查终结,移送人民检察院起诉,人民检察院审查后作出了不起诉的决定。①

医院眼科副主任某乙是否构成犯罪,直接涉及《刑法》第302条盗窃、侮辱和故意毁坏尸体罪规定的内容。但刑法中这一规定并不明确:一是尸体的一部分如眼睛是不是尸体本身;二是出于公益目的,未经死者本人或家属同意从死者身体上拿走死者的尸体器官,是不是我国《刑法》第302条规定的盗窃、侮辱和故意毁坏行为。这两个问题都要结合实际情况,对刑法规则进行解释。

民法

前述公鸡案中小孩的妈妈是小孩的监护人,她与邻居去聊天,未尽好照看小孩的义务,对于伤害的后果也应负一定责任。但是否属于当时《民法通则》第131条"受害人对于损害的发生也有过错的,可以减轻侵害人的民事责任"中的"受害人"却有疑问。② 显然,受害人是小孩,但他只有3岁,为无行为能力人,不知逗公鸡可能发生伤害的后果,无过错可言,因此不适用第131条。他妈妈是完全行为能力人,但又不是受害人,如何归责就取决于如何理解"受害人"。这就需对加于他妈妈责任和减轻侵害人的责任的大前提,即"受害人"及"过错"进行建构。

---

① 参见宗建文:《刑法适用解释机制与刑事法治改革》,载 http://www.cass.net.cn/cass/show_News.asp?id=5043,最后访问日期2012-03-15。
② 《民法典》第1173条:"被侵权人对同一损害的发生或者扩大有过错的,可以减轻侵权人的责任。"

行政法

"违法所得"是许多行政法中实施行政处罚时要考虑的因素,但行政法中并未对什么是"违法所得"作出界定,而我国不同的行政执法部门对"违法所得"认定的标准也不统一。例如:

——国家食品药品监督管理局 2007 年 2 月 8 日对江西省食品药品监督管理局《关于对药品执法"违法所得"法律适用问题的请示》批复如下:一般情况下,《药品管理法》《药品管理法实施条例》中的"违法所得",是指"实施违法行为的全部经营收入"。《药品管理法》第 82 条、第 87 条规定的"违法所得"是指"实施违法行为中收取的费用"。《药品管理法实施条例》第 81 条规定的"违法所得"是指"售出价格与购入价格的差价"。

——农业部 1999 年 9 月 11 日针对安徽省、宁夏回族自治区《关于要求对种子、农药生产、经营中"违法所得"给予解释的请示》解释道:种子生产、经营中的"违法所得",是指违反《中华人民共和国种子管理条例农作物种子实施细则》的规定,从事种子生产、经营活动所取得的销售收入;农药生产、经营中的"违法所得"是指违法生产、经营农药的销售收入。

——国务院法制办公室 2003 年 10 月 16 日对商务部《关于请明确〈中华人民共和国导弹及相关物项和技术出口管制条例〉等行政法规中"违法所得"的函的复函》指出:《中华人民共和国导弹及相关物项和技术出口管制条例》中的"违法所得"是指从事违法行为的全部实际收入。

——国家质量技术监督局在《关于实施〈中华人民共和国产品质量法〉若干问题的意见》中却指出:"本法所称违法所得是指获取的利润。"

综上,我国行政执法部门对"违法所得"的解释存在着一定的分歧,其中大多解释指违法行为产生的收入,而个别则解释为仅指获取的利润。①

由上可见,大前提(规范)在许多情形下是建构出来的,而不是拿来就可套用的。

5 涵摄

当人们在处理事实与规范最终形成大小前提之时,就是在进行涵摄或曰下置,也即是将个案事实置于事实构成之下。

5-1 含义

涵摄源于拉丁文 subsumere,意为置于之下。在以往的中文译著中曾被译成"涵摄""包摄""归摄""归入""推论",五花八门。人们主要在两个不同视角下使用和理解这一概念。

第一,是在"从属"或下置含义上,指把某东西置于另一东西之下,"归入"反映了此含义。具体到法律判断形成中,通常是把某个案事实置于法律的事实构成之下,即把小前提置于大前提之下,或者把小概念置于大概念之下。

第二,在法律判断形成的思维方式上,人们把该词译成"推论""涵摄"等,意指直接把某个案事实置于法律的事实构成之下,然后推出结论。这一思维方式被人概括为"推论模式"。

为便利沟通,本书统称涵摄,即把经分解的个案事实归入(或涵摄)到法律的事实构成中

---

① 参见李希慧:《侵犯著作权犯罪中"违法所得"指全部所得》,载《检察日报》2007 年 3 月 30 日。

去。有人将涵摄等同于演绎,其实涵摄是在个案事实与法律的事实构成之间建立联系,即考察小前提能否为大前提所涵盖,而在这一过程中要运用演绎方法,显然二者有别。

5-2 涵摄的过程

简便起见,先以学界通用的德文缩写说明涵摄所涉各项:

法律规范 = 事实构成 + 法律结果

事实构成 = T(Tatbestand)

法律结果 = R(Rechtsfolge)

个案事实 = S(Sachverhalt)

涵摄就是看 S 符不符合 T,如果符合了就发生 R。用竖式表示就为:

T→R

S→T

S→R

具体来说,涵摄要经历对法律的事实构成进行分解、对个案事实进行分解、将个案事实归入法律的事实构成三步。先将法律的事实构成分解成 A、B、C、D 若干要件,再将个案事实分解成 a、b、c、d 若干因素,若 a、b、c、d 可归入 A、B、C、D,便发生 R。下举一案说明。

许×盗窃案

事实

2006 年 4 月 21 日,位于广州市天河区黄埔大道西平云路的广州市商业银行的一台自动取款机(ATM),由于广电运通金融电子股份有限公司为其进行系统升级,一度出现故障。在当晚 10 点左右,24 岁的许×发现,在 ATM 里取了 1000 元后,银行卡里才扣掉 1 元,他尝试性地再取一次钱,还是取 1000 元扣 1 元……难以置信的许×利用他余额 170 多元的银行卡,分 171 次从 ATM 中提取了 17.5 万元。在被银行发现后,许×携款潜逃,一年之后,在陕西宝鸡火车站被警方抓获。

判决

经过一审,广东省广州市中级人民法院将许×案定为"盗窃金融机构,数额特别巨大",判处许×"无期徒刑,剥夺政治权利终身,并处没收全部个人财产"。后许×提出上诉。经重审,改判为 5 年有期徒刑。

争议点

此案争议点主要有二:许×的行为是不是秘密窃取行为和 ATM 是不是金融机构,延伸的问题还包括量刑是否符合罪刑相适应原则。

事实构成 T

我国《刑法》第 264 条的事实构成有二:盗窃金融机构 + 数额特别巨大。[①] 涵摄如下:

A. 事实构成 T1:涉案金额是否特别巨大

事实构成:10 万元以上

我国《刑法》第 264 条本身未指明何谓数额特别巨大,需对之具体化。据 1998 年最高人民法院、最高人民检察院、公安部《关于盗窃罪数额认定标准问题的规定》,个人盗窃公私财

[①] 2011 年通过的《刑法修正案(八)》已对该条款作出修改,删除了盗窃金融机构的规定。但因该案有多方面的意义,故仍保留。

物价值人民币3万元至10万元以上的,为"数额特别巨大"。各省、自治区、直辖市高级人民法院可根据本地区经济发展状况,并考虑社会治安状况,在规定的数额幅度内,分别确定本地区执行的"数额特别巨大"的标准。①

根据上述规定,1998年5月2日广东省高级人民法院在《关于确定盗窃案件数额标准问题的通知》中给出该省执行"数额特别巨大"的标准。其中,一类地区广州、深圳、珠海、汕头、佛山、东莞、中山等七个市数额特别巨大的起点在10万元以上。②

个案事实 S1:本案发生在广州市,涉案金额为17.5万元,符合数额特别巨大的事实构成。

B. 事实构成 T2:是否为盗窃金融机构

这又涉及何谓"金融机构"和何谓"盗窃"两个要素。

B-1 何谓金融机构。据1998年最高人民法院《关于审理盗窃案件具体应用法律若干问题的解释》第8条,盗窃金融机构是指盗窃金融机构的经营资金、有价证券和客户的资金等,如储户的存款、债券、其他款物,企业的结算资金、股票,不包括盗窃金融机构的办公用品、交通工具等财物。③

ATM中的资金不是客户资金和有价证券,而是经营资金。

B-2 何谓"盗窃"。传统上"盗窃"可从以下三个方面来考察:以非法占有为目的;秘密窃取;占有发生转移。本书认为,"盗窃"并不以秘密窃取为成立的充分条件,更无刑法法定定义,"秘密窃取"只是通说而已。使财物脱离财物所有人控制才是充分条件,秘密窃取只是手段之一,且只相对于财物所有人。例如许多时候,小偷在公共场所,是在监视器或其他人注目下偷走别人的财物。

个案事实 S2:本案中,由于银行的交易系统仅仅将175元资金进行特定化,并记入许×账户,剩余的17.4万余元并未进行特定化,因此,应当认为,这些资金是银行的经营资金。

就许×行为而言,许×有非法占有的故意,且银行的经营资金已转移到了许×。有人认为,许×大摇大摆进入一个场所,通过ATM取款进行通常的交易,用自己的真实身份取钱,实际上,对双方而言,这是一个公开的、知情的交易,如果认为是"盗窃",不可思议。但许×确使ATM中的资金脱离了广州市商业银行的控制。

C. 总结

T→R 我国《刑法》第264条:盗窃金融机构,数额特别巨大,处无期徒刑或者死刑。

S→T 许×使广州市商业银行ATM中的17.4万余元脱离了广州市商业银行的控制。

S→R 可处无期徒刑及以上刑罚。

---

① 《最高人民法院、最高人民检察院关于办理盗窃刑事案件适用法律若干问题的解释》(法释〔2013〕8号),第1条规定,盗窃公私财物价值一千元至三千元以上、三万元至十万元以上、三十万元至五十万元以上的,应当分别认定为刑法第264条规定的"数额较大""数额巨大""数额特别巨大"。各省、自治区、直辖市高级人民法院、人民检察院可以根据本地区经济发展状况,并考虑社会治安状况,在前款规定的数额幅度内,确定本地区执行的具体数额标准,报最高人民法院、最高人民检察院批准。

② 《广东省高级人民法院、广东省人民检察院关于确定盗窃刑事案件数额标准的通知》(粤高法发〔2013〕16号)中给出该省执行"数额特别巨大"的标准。其中,一类地区包括广州、深圳、珠海、佛山、中山、东莞等六个市数额特别巨大的起点掌握在50万元以上。

③ 该司法解释已失效,《最高人民法院、最高人民检察院关于办理盗窃刑事案件适用法律若干问题的解释》(法释〔2013〕8号)未有相关规定。

6　作出结论

经过涵摄,如果大小前提相合,剩下的便是通过演绎方法得出结论,演绎是得出结论的最后和必经之路。三段论的演绎法采取的方式,用经典的例子来表达就是:

大前提:所有人都会死

小前提:苏格拉底是人

结论:苏格拉底会死

回到本章开头的三例,这一过程便是:

案例 1

大前提:我国《刑法》第 263 条第 1 款规定"以暴力、胁迫或者其他方法抢劫公私财物的"是抢劫行为。

小前提:李某在旅客列车厕所中抢劫现金若干、手机一部。

结论:李某的行为属抢劫行为。

案例 2

大前提:我国《道路交通安全法实施条例》第 45 条规定了"机动车在道路上行驶不得超过限速标志、标线标明的速度"。

小前提:程某驾车以 119 公里/小时的速度在限速 70 公里/小时区域行驶。

结论:程某的行为违反了《道路交通安全法实施条例》第 45 条。

案例 3

大前提:我国《民法通则》第 127 条规定,饲养的动物造成他人损害的,动物饲养人或者管理人应当承担民事责任。①

小前提:邻居家的公鸡将小孩的左眼啄瞎。

结论:邻居应承担民事责任。

至此,我们就回答了案例 1 中李某的行为是否为抢劫行为,案例 2 中程某是否超速,案例 3 中邻居的行为是否应承担民事责任等案件问题。

至于小孩的妈妈是否属于我国原《民法通则》第 131 条规定的"受害人有过错",留待第六章大前提建构回答。各思维步骤的若干具体方法也将在下文中渐次展开。

7　六步法在事实与规范的不同关系中的应用

本书将法律判断形成的过程分为六步,简称六步法,它的应用与第一章所论述的事实与规范的五种不同关系紧密相连,在第一种事实与规范适应中,无需第 4 步建构大前提,因为规范完全能满足事实,这一过程只分为五步。同样分为五步的是在第四种事实缺乏规范中,在第 2 步寻找规范无果后,直接到第 4 步建构大前提,在建构大前提中包含着分析事实构成(第 3 步)。而其余三种事实与规范的关系均需分六步来处理。

---

① 《民法典》第 1245 条:"饲养的动物造成他人损害的,动物饲养人或者管理人应当承担侵权责任;但是,能够证明损害是因被侵权人故意或者重大过失造成的,可以不承担或者减轻责任。"

附　录

一、阅读文献选

1. 侯健：《法律判断过程中的反思平衡》，载《清华法学》2016 年第 5 期。
2. 郑永流：《法律判断大小前提的建构及其方法》，载《法学研究》2006 年第 4 期。
3. 郑永流：《法律判断形成的模式》，载《法学研究》2004 年第 1 期。

二、阅读案例选

1. 张文中再审改判无罪案，参见赵秉志、左坚卫：《张文中案：事实澄清与法理展开——诈骗罪部分》，载《法律适用》2018 第 12 期。
2. 单身女性冻卵性别歧视案，参见财新网，载 http://china.caixin.com/2019-12-23/101497203.html? NOJP。
3. 乌木所有权之争，参见《乌木之争　纠缠不清》，载《人民日报》2013 年 2 月 19 日。
4. 被拐儿童能否被收养，参见《回不去的被拐儿童能否有个新家？收养问题仍存争议》，载《南方日报》2013 年 2 月 1 日。
5. 有偿拼车的法律性质之争，参见《北京交通部门称有偿拼车属黑车引发争议》，载《新京报》2009 年 7 月 24 日。
6. 上位法与下位法冲突的适用，参见《临时停车罚 200 被判"用法"有误》，载《新京报》2008 年 11 月 25 日。

私入园林

法国著名女高音歌唱家玛—迪梅普莱有一个很大的私人园林。每逢周末，总是会有人到她的园林里采花、拾蘑菇，更有甚者还在那里搭起了帐篷露营野餐。虽然管理人员多次在园林四周围上篱笆，还竖起了"私人园林，禁止入内"的木牌，可所有这些努力都无济于事。

迪梅普莱知道了这种情况后，就吩咐管理人员制作了很多醒目的大牌子，上面写着"如果有人在园林中被毒蛇咬伤，最近的医院距此 15 公里"的字样，并把它们立在园林四周。从此以后，再也没有人私自闯入她的园林了。

第三章

法律判断形成的基础方法

问题与要义

1. 何谓基础方法及体系？
2. 何种推论能得出必然性结论？
3. 为什么"实质推理"不是推理而是权衡？
4. 类比是推论还是比较？
5. 为什么法律人必须论证？
6. 诠释与解释有何区别？

Nobiliores et benigniores praesumptiones in dubiis sunt praeferendae.

遇有疑义,以比较宽大而便利的推定为优先。(中)

In case of doubt, the more generous and more favorable presumptions are to be preferred. (英)

关键词

| 推论 | 归纳 | 类比 | 诠释 | 论证 |
| 演绎 | 设证 | 解释 | | |

1 何谓基础方法

基础方法指在建构大前提和小前提及作出结论中共同使用的方法,它们有演绎、归纳、设证、类比、论证、诠释、解释等方法。本书将它们统归于基础方法,其体系见图表3-1。

推论	亚推论	类比	论证	诠释	解释
演绎	归纳				
	设证				

图表 3-1　基础方法体系

1-1　推论与亚推论

作为思维工具,演绎、归纳、设证在建构大前提和小前提中起着不同的作用。从大逻辑观出发,学界习惯将它们统称为推论或推理,即用某些公认的形式从某些特定的前提中引出结论的思维活动,包括得出必然性结论的演绎推论和导出或然性结论的非演绎推论,它们均为逻辑的研究对象。本书则持小逻辑观,只把引出必然性结论的演绎作为逻辑的研究对象,导出或然性结论的归纳、设证属于亚推论的内容。

1-2　推论——引出必然性结论

推论是从某些特定的前提中引出必然性结论的思维活动,其形式仅有演绎,表现为三段论。① 在这里,大前提与结论有必然联系,如"盗必罚,张三盗,张三必罚",结论的必然性指结论存在于大前提之中,只需有一事实(小前提)来具体化即可。从过程上看,推论的两条路径,即从规则到案件、从案件到结论均为确定的(见图表3-3)。这里要区别大前提与结论有必然联系和结论真实可靠。

一般来说,要保证一个推论的结论真实可靠,必须同时具备两个条件:一是前提真实,就是作为推论前提的判断符合客观实际情况,如"凡人皆有理性"。二是形式有效,就是说推理的形式符合逻辑思维的规则,即符合同一律、矛盾律、排中律和充足理由律等。但在法律推论中,随着证明事实的增加,推论的结论可能或被证伪或被修正,如在佘×杀妻案中其妻子突然出现这一事实,推翻他杀妻的结论(见第四章"佘×杀妻案")。同时,即使事实清楚,在适用法条时仍然有不同的理解,如前述许×盗窃案中,利用ATM机的错误是盗窃还是信用卡诈骗存有争议。现行的"二审终审制"或"三审终审制"表明了法律推论的结论具有可修正性。即便终审结论也是如此。

1-3　亚推论——引出或然性结论

只能导出或然性结论的"非演绎推论",如归纳和设证,不是推论,因为推论的两条路径,

---

① 参见王路:《逻辑的观念》,商务印书馆2000年版,第72、111、114、151、155页。

即从规则到案件、从案件到结论均为确定的,而归纳和设证各只有一条路径是确定的。归纳从案件到结论为确定的,从结论到规则为不确定的(见图表3-5);设证从结论到规则为不确定的,从规则到案件为确定的(见图表3-6)。因此,归纳、设证只能被称为"亚推论"。

图表3-2 以两例来说明推论与亚推论。

举例		豆子之例①	制定法之例
演绎	规则	所有从这个口袋里拿出的豆子都是白色的	所有形式合理的规范都是制定法
	案件	这些豆子是从这个口袋里拿出的	刑法是形式合理的规范
	结论	这些豆子是白色的	刑法是制定法
归纳	案件	这些豆子是从这个口袋里拿出的	刑法、民法等法是形式合理的规范
	结论	这些豆子是白色的	刑法、民法等法是制定法
	规则	所有从这个口袋里拿出的豆子都是白色的	所有形式合理的规范都是制定法
设证	结论	这些豆子是白色的	刑法是制定法
	规则	所有从这个口袋里拿出的豆子都是白色的	所有形式合理的规范都是制定法
	案件	这些豆子应当是从这个口袋里拿出的	刑法是形式合理的规范

图表3-2 演绎、归纳与设证的范例

1-4 "实质推理"非推理而是权衡

"实质推理"或"辩证推理""非形式推理"均非推论,而是合理性权衡,其功用可由论证理论、修辞学和诠释学等担负。因为"实质推理"是结合案件事实对法律规定的内容作实质评价,这恰是对大前提进一步确定,确定了大前提后才进行形式推理,所以,"实质推理"是形式推理的前提。

"实质推理"发生在:(1)大前提不清,无法进行形式推理,如法律规范为一般抽象;法律规范相互抵触或矛盾。(2)形式推理得出的结论不公,如面临"合法"与"合理"的冲突;如面临"合法"与"合理"相悖的困境——司机与劫匪搏斗,致客车倾翻,劫匪逃走,一乘客受重伤,按《民法典》第823条规定:"承运人应当对运输过程中旅客的伤亡承担赔偿责任;但是,伤亡是旅客自身健康原因造成的或者承运人证明伤亡是旅客故意、重大过失造成的除外。"客运公司应承担赔偿责任,但司机与劫匪搏斗,是为了保护乘客,由承运人全部承担责任有些不公,而由乘客承担损失也不合理。因而"实质推理"非推论,而是合理性权衡应该适用何种大前提。本书不采用"实质推理"这一说法。

2 演绎

2-1 演绎的过程:从一般到特殊

从图表3-3可见,演绎是从规则出发的推论,它从规则到案件,从一般到特殊,其过程

---

① 这是著名哲学家、语言学家皮尔士的例子,转引自考夫曼:《法律获取的过程——一种唯理的分析》,德国贝克出版社1999年版,第51页(Kaufmann, Das Verfahren der Rechtsgewinnung, Eine rationale Analyse, 1999, S. 51.)。

第三章 法律判断形成的基础方法

为：大前提—小前提—结论。

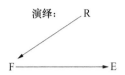

演绎	规则	所有从这个口袋里拿出的豆子都是白色的	所有形式合理的规范都是制定法
	案件	这些豆子是从这个口袋里拿出的	刑法是形式合理的规范
	结论	这些豆子是白色的	刑法是制定法

图表 3-3 演绎

R(Regel) = 规则(大前提)；F(Fall) = 案件(小前提)；E(Ergebnis) = 结论；虚线 = 亚推论；实线 = 推论。

2-2 演绎结论的确定性

演绎推论具有确定性，只要大小前提确定，结论必然确定、唯一，因为结论已包括在前提之中。因此，它只是分析的推论，未给出新的认识。在法律应用中，它适合规则和案件均为先行确定且规则正确的情况，如前述的事实与规范关系相适应，和经由其他方法，使规则和案件事后得以确定并使规则具有正确性的情况。无论如何，结论最终得出必须经由演绎。

2-3 演绎发生的时间

然而，规则和案件先行确定且规则正确的情况，即便在制定法中也属极少数，绝大多数规则和案件是事后得以确定，绝大多数规则的正确性也是如此。也就是说，大前提可能是错误的，如"所有形式合理的规范都是制定法"，有些习惯法，如族人大会通过的族规也有形式合理性，但不是制定法。这就使在应用法律时一开始就直接进行演绎推论的机会极为有限，相反，必须先确定规则和案件，考察规则的正确性，再行演绎推论。归纳、设证和类比，如果也被视为"推论"，均是为此目的发生的，它们处在演绎之前。

2-4 演绎的类型

演绎在建构大小前提中也发挥作用。为区别起见，可将得出判决的结论称为判决性结论，得出前提的结论称为前提性结论，实际上相应存在两个层面的演绎。

例如，设定甲带一把土制手枪、乙带一瓶1000毫升硫酸参加被批准的室外集会，乙的行为是否构成我国《刑法》第297条规定的非法携带武器、管制刀具、爆炸物参加集会、游行、示威罪(为分析方便，以下简称非法携带武器参加集会罪)？① 在这一案件中，确立硫酸是法律大前提中的武器是前提性结论之演绎(演绎Ⅰ)，认定乙构成非法携带武器参加集会罪是判决性结论之演绎(演绎Ⅱ)：

演绎Ⅰ 前提性结论：
在集会中具有危险性的都是武器
硫酸在集会中具有危险性

---

① 详见郑永流：《出释入造——法律诠释学及其与法律解释学的关系》，载《法学研究》2002年第3期。

硫酸是武器
演绎Ⅱ 判决性结论：
非法携带武器参加集会的构成非法携带武器参加集会罪
乙非法携带武器参加集会
乙构成非法携带武器参加集会罪

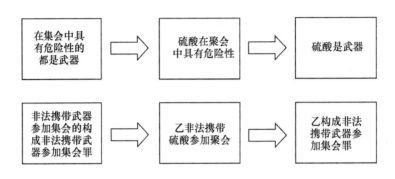

图表 3-4 硫酸案演绎

通过演绎直接或最后形成的法律判决,对于真正的生活事实而言,只是法律程序上的一种最终意见,并不意味着是实质上的最后知识,它还要接受当事人、同行、学界、社会和历史的反复检验。

3 归纳

3-1 归纳的过程：从特殊到一般

与演绎不同,归纳是获取规则的亚推论,它从案件到规则,从特殊到一般,其过程为：小前提—结论—大前提。

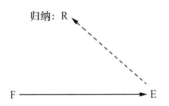

归纳	案件	这些豆子是从这个口袋里拿出的	刑法是形式合理的规范
	结论	这些豆子是白色的	刑法是制定法
	规则	所有从这个口袋里拿出的豆子都是白色的	所有形式合理的规范都是制定法

图表 3-5 归纳

3-2 归纳的功用：一般规则的获取

归纳的功用集中体现在广义的立法中。就制定法而言,立法者从大量法律应用的经验中归纳出一般规则,自不待言。当然,一般规则并不全是生活经验归纳的产物,常有非经验的人为预设成分。在中国,归纳也是形成司法解释的重要方法,例如最高人民法院于1989年11月21日发布的《关于人民法院审理离婚案件如何认定夫妻感情确已破裂的若干具体意见》,它把"夫妻感情确已破裂"这一法定界限具体化为14条意见,凡符合其中之一的,视为夫妻感情确已破裂。在14条具体意见形成过程中,最高人民法院首先收集了大量的有关离婚的个别案件和经验事实;然后,对上述案件和事实进行比较、分类和抽象概括;最后,总结出夫妻感情确已破裂案件的共同特征,夫妻感情确已破裂案件与尚未破裂案件的不同特征,形成有关判断夫妻感情确已破裂的14条意见。

就判例法而言,人们通常以为判例法是归纳的产物,这是只知其一。的确,在无先例或推翻先例时,一般规则是司法者归纳的结果;但在有先例可援引时,司法者不是通过归纳而是经由类比得出结论,类比就是将现案与前案进行类似性比较。因此,不能笼统说在实行判例法制度时,司法者是仅采取归纳还是仅运用类比。与演绎是分析的不同,归纳是综合的,它从若干案件中总结出新的一般规则,借此拓展了人们的认识。

3-3 归纳的局限性:归纳不完全

由于人们一般不可能发现全部的事实,形成完全归纳,只能作程度不同的不完全归纳,因而它总结出的一般规则总是不完全的。从推论路径上看,只有从小前提到结论是确定的,而从结论到大前提是不确定的、或然的、有风险的,进而是可错的。归纳的局限性便在于此,因而人们转而去追求概率,概率的大小就具有决定性作用。但在法律应用中大前提常常是不确定的或不正确的,需要去发现,准确而言,需要去造法。归纳是造法的工具之一,无论归纳有多大的风险,其功能都是确定大前提。只有在确定了大前提之后,演绎方为可能,所以归纳发生在演绎之前。

4 设证

4-1 设证的过程:从特殊经由一般到特殊

从法律应用的实际经验上看,应用者往往是先有初步结论,然后经由大前提去寻找小前提,以获得引起结论的条件,这就是由皮尔士创立的设证。设证是超越规则的亚推论,它是从结论经由规则亚推论到案件事实,从特殊经由一般到特殊,其过程为:结论—大前提—小前提。这一推论的目标指向小前提,小前提就表现为这一亚推论要得出的"结论"。为区别先有的结论,可将之称为小前提结论,而将先有的结论称为判决性结论。由于这种亚推论路径是从判决性结论经由大前提到引起判决性结论的原因(小前提),因此也称回溯、溯因。

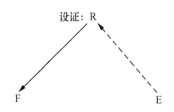

设证:R

设证	结论	这些豆子是白色的	刑法是制定法
	规则	所有从这个口袋里拿出的豆子都是白色的	所有形式合理的规范都是制定法
	案件	这些豆子是从这个口袋里拿出的	刑法是形式合理的规范

图表 3-6　设证

4-2　设证的功用：确定思考方向

某种判决性结论常是多个原因造成的，而大前提中可能不包括引起判决性结论的原因，如"刑法是制定法"这一判决性结论，可能不为"所有形式合理的规范都是制定法"这一大前提涵盖，因为刑法可能正好不是形式合理的。从判决性结论到大前提是不确定的，这就需要假设刑法应当是形式合理的规范，或形式合理以外的其他一个或几个具体的原因，如内容正确或实际有效，以确立大体的思考方向。

4-3　假设原因

设证就是假设原因，假设小前提结论。由于一个或几个具体的原因是假设的，所以，假设的小前提结论也是不确定的。而且，其不确定性比归纳更大，因为在归纳中尚有部分小前提结论是确定的，如刑法、民法等法是形式合理的规范。在假设原因中，前理解发挥着作用，但前理解既可对也可错，因此假设应当是开放的、可修正的。当假设的原因即小前提得到充分的证据证明后，也就同时意味着满足了大前提，或建立了新的大前提，然后才能依据新的大前提进行演绎。因而，设证同样处在演绎之前，也处在归纳之前，归纳要用到设证。

5　小结

5-1　演绎为推论，归纳和设证是亚推论

总之，只有演绎为必然性推论，归纳和设证都是以演绎为模型的亚推论，其结论不具必然性，但却是必要的、不可避免的或然。

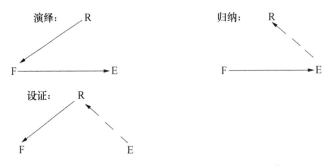

图表 3-7　演绎、归纳和设证的思维路径对比①

---

①　考夫曼：《法律哲学》，刘幸义等译，台湾五南图书出版公司 2000 年版，第 82 页。

5-2 演绎、归纳和设证的风险度

三种"推论"的结论可靠性依次减低,运用的风险依次增强。演绎得出的结论最为确定,因为结论业已存在于大前提之中,也正因如此,演绎未给出新的认识。同时大前提可能错,例如"从小偷针,长大偷金""所有从这个口袋里拿出的豆子都是白色的""所有形式合理的规范都是制定法"。

归纳得出的结论拓展了人们的认识,总结出新的一般规则,但可能有疑问,因为不是白色的豆子也可能在口袋里面。

分类	运用方式	确定性程度	作用	风险	举例
演绎	规则—案件—结论	确定	分析	小	—
归纳	案件—结论—规则	有疑问	拓展了认识	中	不是白色的豆子也可能在口袋里;不是制定法的可能也有形式合理性
设证	结论—规则—案件	疑问大	为假设 未验证 但指明思考方向	大	可能豆子不是从这个口袋拿出的;刑法可能不是形式合理的

图表 3-8 演绎、归纳和设证的风险度

6 类比

类比发生于待决案件或问题没有明确的大前提,要借用应然的或实然的他案的大前提,即类比作用于大前提问题。

6-1 类比不是推论而是彼此比较

通常人们也把类比看做是推论的一种,它是从案件经由规则推论到结论,从特殊经由一般到特殊,其过程为:小前提—大前提—结论。但实际上类比主要不是推论,也不是亚推论,因为推论和亚推论有一个确定的共同方向——演绎推论的两条路径均为确定的,归纳和设证各有一条是确定的,而类比的两条路径,如果有的话,均为不确定的,故用虚线来表示(图表 3-9:类比 1);推论和亚推论的过程先后相继,而类比不是从此到彼,主要是彼此比较。

图表 3-9 类比的路径[①]

它首先比较的是案件即小前提,例如,将手头案件 F2 中已知的要素与既有案件 F1 中已

[①] 考夫曼:《法律获取的过程——一种唯理的分析》,德国贝克出版社 1999 年版,第 54 页;考夫曼:《法律哲学》,刘幸义等译,台湾五南图书出版公司 2000 年版,第 82 页以下。考夫曼在这两本书中对类比 2 的图式表述略有不同,在后书中均用实线,在前书中均用虚线,且横虚线是单箭头的,即从 F1 到 F2。

知的要素进行比较,然后推出 F2 有 F1 中其他已知的要素,这些要素对 F2 而言是未知的,最后推出 F2 与 F1 有共同的属性,F2 可以适用 F1 的大前提。推论只是在比较之后才发生,因而,类比至多是一种弱推论。运用类比大致有五个步骤:

(1) F1 有某些特征 X、Y 和 Z;
(2) F2 有特征 X、Y 和 A,或者 X、Y、Z 和 A;
(3) F1 在法律中是以某种方式处理的;
(4) 在思考 F1、F2 之间相互关系的过程中建立能够解释处理 F1 的原则;
(5) 因为 F2 与 F1 具有共同之处,F2 也应当得到同样的处理。①

同时,比较不仅仅是案件比较,案件比较的目的是要回答适用于 F1 的大前提能否适用于 F2,否则,比较就失去了意义。因此,类比在根本上是案件与规范的比较,且循环往复进行。这样一来,类比是一种双层比较,始于 F2 与 F1 的比较,终于适用于 F1 的大前提与 F2 的比较。图表 3-9 中,类比 2 以垂直虚线来表示,线条垂直表示适用于 F1 的大前提与 F2 的循环往复比较的关系,线条空虚是指适用于 F1 的大前提与 F2 是否相适应尚不肯定。

6-2 类比的造法性

类比较归纳和设证更富于创造性,这体现在它是从一个特殊领域的知识过渡到另一个特殊领域的知识,具有联想、启发、假设、解释和模拟等功能,甚至灵感和直觉有时也依赖于类比。② 具体到法律应用中,类比的造法性更强。原则上,创造性与确定性、有效性不可兼得,因而,类比的风险更大。考夫曼还提供了两个理由:一是为了拓展比较的基础,必须尽可能出示多的案件;二是类比的有效性取决于对大前提包含的比较点的选择和被比较的特征的确定,而决定比较点主要不在于唯理性的认识,而在于决断,因此在于权力的运用。视比较点的选择而定,可能会得出对立的结论:或适用类比或适用反面推论。③ 这里有两个难以克服的困难:如何选择案件事实的比较点,如何判断比较点的重要程度。本书目前只能提出问题,而不能给出答案。

6-3 类比与比喻、归纳

6-3-1 类比与比喻

比喻是一种修辞方式,是用某事物来比拟想要说的另一事物,如"民可载舟也可覆舟",用"民"喻水、用"舟"喻官,用水与舟的关系喻民与官的关系,但民与水、舟与官是不同事物。类比是根据两种事物的某些特征相同推出其他特征也有可能相同,如地球与火星上均有水和空气,因此也许火星上也有生物。类比和比喻的区别在于:比喻发生于不同事物间,类比处在相似事物中;比喻的目的为更形象地说明另一事物,而类比是要推出其他特征也有可能相似。

6-3-2 类比与归纳、设证

类比不是归纳。为了拓展比较的基础,类比必须尽可能出示多的案件,而归纳的有效性

---

① 参见孙斯坦:《法律推理和政治冲突》,金朝武、胡爱平、高建勋译,法律出版社 2004 年版,第 77 页。引文有简化和改造。
② 参见谷振诣:《论证与分析——逻辑的应用》,人民出版社 2000 年版,第 192 页。
③ 考夫曼:《法律哲学》,刘幸义等译,台湾五南图书出版公司 2000 年版,第 82 页。

也取决于案件数量的多寡,它们的确共有一个数量基础。但类比的重点是强调案件核心要素的相似性质的数量,"类"很好地体现出这一点。至于案件的数量,最少有两个即可,当然多优于寡,以增强有效性。归纳一方面要强调案件性质的共同性,即案件中除了推论出的性质外,至少还有一个性质是一样的①;另一方面它还强调案件的数量,且远不止类比所要求的两个即可,而是多多益善,多多益善之于归纳有效性的意义甚于类比。类比与设证也不同,设证是建立假设,类比则运用假设。

6-4 类比与归纳、设证、演绎协同作用

类比虽被一些学者视作法律发现的核心环节或主要途径②,但并非孤立发生,而是结合归纳和设证最后通过演绎得出结论。这四者在法律发现中的关系,正如考夫曼正确指出的,是相互纠结在一起的。相对于演绎,归纳、设证和类比三者均是通向演绎途中的驿站,统归于等置的方式。它们得出的阶段性结论也均不具有必然性,而是有风险的,其风险呈依次递增倾向,类比的风险最大。设证在先,归纳和类比后继发生,类比还是循环往复的,演绎是在它们确立了大小前提之后才得以展开。

仍以前述硫酸案(图表 3-4)为例,由于不能直接适用我国《刑法》第 297 条这个规则,法官可以联系到这个规则,通过前理解去假设硫酸应当是武器一类的东西(设证)。设证脱离不开这个规则,如果不把携带硫酸"前理解"为非法携带武器参加集会,而是企图伤害他人,就不会产生非法携带硫酸是否为武器,是否构成此罪的问题。但这是一个需要验证的假设,因为硫酸可能在这次使用中正好不是作为武器一类的东西。然后或可进行归纳,以往非法携带土制手枪、土铳等参加集会构成了非法携带武器参加集会罪,于是似可归纳出规则:所有的非法携带武器参加集会罪的情形都是非法携带土制手枪、土铳等。这拓展了我们的认识,但这个归纳出的规则是否与第 297 条相适应,是有疑问的,因为不是所有非法携带土制手枪、土铳等的情形都是非法携带武器参加集会罪的情形。在归纳的数量基础上,还要运用类比。类比在这里是首先运用到"硫酸应当是武器"的假设。具体为,将 F2 非法携带硫酸与 F1 非法携带土制手枪或非法携带土铳等进行比较,或认为可比较,或认为不可比。在此案中人们看到,F2 在一些法律大前提包含的已知的本质要素上,如参加集会、危险性,与 F1 是一致的;所谓"武器"是一个类型概念,"武器"这个第 297 条规定的行为构成具有类型性。F2 能被处理为与 F1 相同;硫酸与土制手枪、土铳一样,是武器。因而,适用于 F1 的第 297 条也可适用于 F2(结论 E)。

7 论证

论证也发生在大小前提建构中,但它们致力于判断的实质合理性、个别正义,且避免其他方法的判断者冥思独白,而力图展开各方的沟通商谈。

7-1 论证的含义与法律论证的目的

在逻辑学中,论证指由断定若干命题(论据)的真实性进而断定另一命题(结论)的真实

---

① 参见詹尼弗·特拉斯特德:《科学推理的逻辑》,刘钢、任定成译,河北科学技术出版社 2000 年版,第 18 页以下。
② 考夫曼:《法律哲学》,刘幸义等译,台湾五南图书公司 2000 年版,第 93 页以下;拉伦茨:《法学方法论》,陈爱娥译,商务印书馆 2005 年版,第 300 页。

性。① 如没有日积月累便无以成为大师。一般论证理论包括论证什么(命题、结论),依据什么论证(论据)和如何论证(方法)三个内容。

不同于为命题的真实性而论的一般论证,总体上看,法律论证不是为真而辩,其使命是要使人信服,在诉讼中,法律论证甚至是为赢而辩。法律论证的目的在于找到不同阶段的命题和结论的正确性和可接受性。法律论证的直接论证对象是结论,有些国家的法律甚至规定,论证其判决的合理性是法官的义务,例如荷兰《宪法》第 121 条、德国《刑事诉讼法》第 267 条、德国《民事诉讼法》第 313 条。由于社会的价值趋向多元,价值判断的唯一正确性不复存在,因而推论能推出结论,但不一定能得出合理性,说服的义务胜于压服的权力。

7-2 法律论证的对象

结论的正确性依赖前提的正确性,论证对象又被拓展到前提,对小前提的论证是事实论证,对大前提的论证是规则论证。而目前学界所称的法律论证主要指规则论证,因为立法者预设的规则不能完全适应事实,法官在应用预设的规则过程中,不可避免地要去选择、续造或新造法律,但法官同时负有义务去证立他们这样做的合理性。简言之,在法律应用过程中需论证的包括规则、事实和结论三方面,相应的,便有规则论证、事实论证和结论论证。

7-3 法律论证的类型

因此,从范围上看,目前的法律论证理论研究的是法律应用中的论证问题,结论论证为核心,不关法学研究、立法、媒体等中的论证,称之为"司法论证理论"更为准确。也由于其应用性,法律论证属于法律方法之列。法律论证理论研究大体存在以下三大类进路:

7-3-1 形式论证②

形式论证又可分为三种立场:

A. 逻辑——分析立场(结论论证)。这因对逻辑的广狭义理解而两分。狭义理解逻辑之要义是严守矛盾律等逻辑法则进行三段论演绎。只要结论在逻辑上有效便为正确。逻辑分析对于任何理性论证都是有用的,论证要借助逻辑。但逻辑不能解决大前提的正确性问题,因为对规则的证立是一种交织着不同论证和对立论证的论证结构,是观点的权衡而不是逻辑演绎在其中起着决定性作用。广义理解逻辑的立场将论证分为演绎论证、归纳论证和似真论证(指本书中的设证)。③

B. 程序——商谈立场(规则论证和结论论证)。这一理论的核心是,论证在于商谈,商谈要有规则,对它们的遵守保障着结论的正确性。据此,它建立了一套论证的程序规则,包括内在论证规则和外在论证规则。内在论证规则要解决的是,判断是否从判断理由里陈述的大前提中合乎逻辑地产生,而不考虑大前提的正确性;外在论证规则要回答的是,如何保证大前提的正确性。但该进路主要适合唯理性对话,不尽适于法院诉讼程序,法院诉讼程序有策略性,非一般沟通行为,且主要针对利益而非真理性认识;论证受法律甚至有缺失之法

---

① 谷振诣:《论证与分析——逻辑的应用》,人民出版社 2000 年版,第 298 页。
② 这里参考了以下学者的总结:诺伊曼:《法律论证理论大要》,郑永流、念春译,载《法哲学与法社会学论丛》总第 8 期,北京大学出版社 2005 年版,第 11 页以下;菲特丽丝:《法律论证原理》,张其山等译,商务印书馆 2005 年版,第 11 页以下。他们均采用形式的三分法:逻辑、对话和修辞。诺伊曼的分类详见其《法律论证学》,张青波译,法律出版社 2014 年版,第 18—110 页。
③ 参见熊明辉:《法律论证及其评价》,载梁庆寅主编:《法律逻辑研究》,法律出版社 2005 年版,第 174 页以下。

约束,非无限地对话,无合意也要终结。

C. 论题——修辞学立场(结论论证)。它突出法律论证的修辞特征和策略安排,很少考虑规则的约束力,注重结论为听众的可接受性,论证过程生动开放,在很大程度上是一种胜诉论证。结论的可接受性主要取决于以下因素:

——待论证的事项性质,如离婚案中女方的诉求更容易得到支持;
——论证运用的观点,即论题,如公平、人权、效率;
——论证的听众;
——类比、反证等论证策略。

这三种立场要么强调论证的逻辑性,要么重视论证的程序规则,要么讲求论证的修辞手法,以实现论证的目的:结论的正确性和可接受性。一般而言,结论愈正确,接受的可能性愈大;但胡说八道的结论,也可能具有逻辑性,是合乎程序的,并为听众所接受。因此,形式论证显出不足,人们必须考虑实质论证。

7-3-2 实质论证

与上述规范性形式论证不同,这一进路有立场而无严格的理论体系,更多是展示出一系列实质性的论点(论题学立场),如法的稳定性、法的统一性、历史—文化论、是非感、社会效果、价值及利益。例如,历史—文化论强调的是论证标准的历史—文化相对性,结论的正确性不依赖论证的形式规则,而在于实质上符合人们的历史—文化共识,民情民意是这种共识的重要反映,如杀人偿命的刑罚观,如为富不仁的评价定式。它是一种以生活经验为支撑的实质论证,尽管实质不等于公正。社会效果的含义在中国如最高人民法院所阐述的,指国家利益、公共利益、社会稳定。但实质论证会因选择不同的实质性的论点而存在进一步论证哪种论点更加合理的需要,如文化相对性与利益会带来不同的结果。

7-3-3 经验的论证(规则论证和结论论证)

为检验它们是否被贯彻于实际中,或在实际中另有其他做法,便产生了经验的论证。此进路试图从经验实然上来研究法官实际如何来论证其判决。例如,20 世纪 80 年代的一项慕尼黑研究项目表明[①],德国联邦法院在改判中论证非常细致,绝大多数改判都有一个特殊的理由,如在 112 个改判中,有 7 个强调立法者的意志,而 14% 主要考虑今天法律的意志;相比在民法和劳动法中,在刑法中更经常求助于立法者的意志;在刑法中主观解释比客观解释更能保证法的安定性;结果考虑的论证在劳动法中占 40%,在民法中占 30%,在刑法中只占 14%;在 112 个改判中,只有 13 个运用"正义"论证。

在中国,据有关学者对 1994 年到 2006 年最高人民法院判决的 56 个行政案件中的解释立场和解释方法的研究,在解释立场上,采取规范主义的有 27 个;采取实用主义立场的有 20 个;采用政治原则主义的有 11 个,其中有两个案件同时采用了规范主义和实用主义立场解释了两条法律,故总数为 58 个。

在解释方法上,采用文义解释的有 24 个;采用体系解释的有 1 个;采用目的解释的有 2 个;采用政策定向的文义解释的方法有 10 个;采用政策定向的目的解释方法有 1 个;采用政策作为法律漏洞填补工具的有 11 个;采用权衡方法的有 3 个;采用目的论扩张的有 4 个;

---

① 此项目由慕尼黑大学考夫曼、诺伊曼和施罗特三教授主持,于 1986 年完成。考夫曼:《法律获取的过程——一种唯理的分析》,德国贝克出版社 1999 年版,第 95 页。其他国家的经验,见菲特丽丝:《法律论证原理》,张其山等译,商务印书馆 2005 年版,第 21 页以下。

采用一般原则解释法律的有 4 个。①

7-4 论证与其他方法

7-4-1 论证与推论

论证首先关联着推论、亚推论。论证与推论、亚推论的关系为：它们都由前提和结论两部分构成；论证的主要目标是寻找结论的正确性，实现此目标的过程是，由断定前提的正确性进而断定结论的正确性；由于推论、亚推论解决的是前提与结论之间的关联度问题，因此，正确性的获得要借助推论、亚推论，也即推论、亚推论是论证得以展开的手段，并在论证中反复被运用。也正是论证须运用推论和亚推论，才有了演绎论证、归纳论证和似真论证，上述逻辑分析立场便将论证与如何论证的手段等而视之。在其他论证立场中，对演绎、归纳和设证，或择而用之，或一并用之。当然，论证运用推论和亚推论，但并不止于它们。

7-4-2 论证与解释等

在法律解释、目的论限缩、目的论扩张、法律修正、正当违背法律、类比和法律补充中，都需回答"依据什么而为"的问题，这属规则论证。例如，"站内厕所不收费"规定中的"站内"是指火车站内还是仅指上下车的站台内？为什么用目的论限缩的方法将商品房排除在《消费者权益保护法》中商品概念之外？为何违背"撞了白撞"的政府交通规章是正当的？为何对死者的姓名可比照有关死者的名誉的司法解释进行保护？② 这些均不是不证自明的，需加以充分论证，即论证在解释之中，解释中有论证。

8 诠释

8-1 诠释非方法

诠释在本性上不能被当做方法来处理，它是本体论的。为了表述方便，这里将诠释一并归入方法之中。诠释指明判断是一个在事实与规范之间循环往复、相互照应不断向上的过程；判断者不可能从虚无而是从"前理解"开始评价事实，前理解是解释者对事实的先见，他的先见表面上是个人的，但实际上还受着个人所属的社会团体如政党、宗教组织以及在社会中占主导的文化的影响。先见使解释者或多或少地意识到寻找问题答案的方向，意识到何种事实的特点对于法律判断可能是关键的，但先见是前科学甚至很多是非理性的，必须加以检验和修正。解释者应该沿着先见指出的方向去寻找规范，在判断者与立法者的对话中理解规范，在对话中内在地创造判断的依据，使事实与规范相适应，得出最终的结论。

8-2 诠释与解释

解释归于认识论范畴，为了实现解释目标，需要寻找方法，因而它又属于方法。诠释是本体论的，根本不存在外在于理解者的理解对象，在规范层面上，假如存在理解对象的话，那

---

① 详见王旭：《从意义澄清到政治价值的建构》，中国政法大学 2008 年博士学位论文，第 213 页。另参见张建军：《法律解释方法在最高人民法院批复中的运用》，载《西北大学学报：哲学社会科学版》2015 年第 1 期。孙光宁：《法律解释方法在指导性案例中的运用及其完善》，载《中国法学》2018 年第 1 期。

② 案情及分析详见梁慧星：《裁判的方法》，法律出版社 2003 年版，第 93 页以下。

便是经由制定法规范的理解者与立法者的关系,它们二者是在不同的层面上论说法律。

	法律解释学立场	法律诠释学立场
学科基础	科学 实证 分析	历史 精神 人文
主客体关系	主客体分立	主体性或主体间性
解释对象	制定法规范	理解者与立法者的关系
法官角色	尽量中立	价值有涉 前理解 是非感
解释目标	规范的客观确定含义	判决的合理性 可接受性
解释过程	使个案适应规范	规范与个案相互调适
解释方法(式)	字义,体系,历史	理解者与立法者对话
优先价值	平等 确定性 法治 分权	个别正义 实体公正 民主
解释结果	非此即彼	不仅……而且……也是

图表 3-10　解释学和诠释学立场的比较①

二者的差异,以最后一项举例说明,解释是在说"谦虚是美德",非此即彼,而诠释似乎在说"谦虚过头就是骄傲""不仅……而且……也是",颇有辩证的吊诡。从法律观上言之,解释受制定法约束,要寻找的是立法者的原意,解释终是释法;诠释不刻意追逐立法者的意图而偏爱理解者的判断,遁入造法之中,所谓法律只存在于事实与预设的规范互动和互造之间。

这两种立场有别,但可并处共存。哲学诠释学对法律解释的启示,就其核心而言,在于它为法律解释与价值立场的关系提供了有说服力的理论工具:解释者不可能价值无涉,解释者均有是非感,是非感存在于先见、前理解之中。解释者的立场偏向就决定了不存在能被普遍接受的要么对要么错的判决,只有通过理解者与作者的对话,在探究性造法解释中,才能达到一个合理的、可接受的、合意的结论。而传统方法论的解释学的致命弱点是将一切先见、前理解看做是正确理解的障碍,要求判断者心地无私,这既是误解又是苛求。诚然,先见、前理解中也有谬误,但消除它们的办法不是将先见从理解中彻底驱逐,而是不断地修正先见。法律诠释学尤其是在需要创造法律的难案中有用武之地。

参照在文学文本理解中要注意的几个重要结论,我们站在法律诠释学立场上,对法律解释当考虑到:

——法律文本不是一个自在的客体,这个客体在任何时候都传达给法律适用者相同的内容。

——法律更像一个法院,每断一案对此总有新的理解的总谱。对法律的阅读和适用,不是纯复制或复述,而总是一个创造行为。

——对法律恰当的运用之必要前提为,适用者已理解法律应该调整的问题。②

与其相对,不论传统法律解释方法的种类多寡,它们总透着法律解释如何可能之精神,并试图要消解法律的不确定性这一关键问题,尽管这一追求在法学内部遭到抨击,但这一不可为而为之的努力仍延绵不绝,这既有人穷理的执拗,更有法律活动,尤其是裁判活动对确

---

① 参见郑永流:《出释入造——法律诠释学及其与法律解释学的关系》,载《法学研究》2002 年第 3 期。
② 考夫曼、哈斯默尔主编:《当代法哲学和法律理论导论》,郑永流译,法律出版社 2002 年版,第 345 页以下。

定性的需求。一般而言,客观东西的确定性要大一些,法律的原意相对于解释者属于客观的,寻求法律的原意就是寻求法律的确定性。诠释学对法律的原意的否定走入了误区,对法律的原意不清和法律的不确定性视而不见,不免自欺欺人,而强调解释方法对解决法律的原意不清和法律的不确定性的无能,也会消磨人们对法律的确定性的探索精神,特别是在法律者普遍未掌握基本的解释方法的情势(语境)下,副作用更大——"怎么都行"(go anywhere)、指鹿为马的造法可能被完全正当化了,司法专横任意有了合理的借口。

当然,所谓确定性是相对的,不存在绝对的确定性,法律命题只有类科学性,即在一定程度上是可检验的,不像科学命题的普适性那么大(以今人的眼光看,科学命题也不是完全可检验的)。然而,法律解释学对于减少适用法律作出决定过程中的恣意妄为,为规范的实现提供了可操作的技术保障,此功能恐不能略过。另外,它还与法治、分权原则相适应。

8-3 诠释与论证、推论

8-3-1 诠释与论证

诠释与论证的关系视不同论证立场而各个有别。诠释与形式论证格格不入,形式论证是主客体分立和客观主义的,诠释却相反,主张主客体关系统一;形式论证视诠释为非理性的形而上学,诠释把形式论证归于无内容的分析理论。[①] 诠释通过理解者与立法者的对话达到实体公正,归属实质论证之列,诠释是实质论证的方法。

8-3-2 诠释与推论

诠释与推论的关系表现在法律判断形成的模式上。推论具有模式的意义,与等置模式相对,推论模式的内容为解释(演绎)。诠释属等置模式,等置模式的内容为等置。等置要用到除解释之外的许多方法,在使事实与规范等置的过程中,诠释发挥着造法的作用。

在上述基础方法中,演绎、归纳、类比、解释又是最基础的(下文详述)。

[①] 考夫曼、哈斯默尔主编:《当代法哲学和法律理论导论》,郑永流译,法律出版社2002年版,第149页以下。

附 录

一、阅读文献选

1. 徐雨衡:《"法感"在法律推理中的价值及其适用》,载《法制与社会发展》2020 年第 2 期。
2. 陈坤:《逻辑在法律推理中没有作用吗?——对一些常见质疑的澄清与回应》,载《比较法研究》2020 年第 2 期。
3. 高鸿钧:《伽达默尔的解释学与中国法律解释》,载《政法论坛》2015 年第 2 期。
4. 陈锐:《法律判断如何证成?——"阿列克西难题"及其解决》,载《山东大学学报(哲学社会科学版)》2009 年第 5 版。
5. 郑永流:《出释入造——法律诠释学及其与法律解释学的关系》,载《法学研究》2002 年第 3 期。

二、阅读案例选

1. 限制失信被执行人蒋某某子女就读高收费私立学校案,参见搜狐网,https://www.sohu.com/a/250819238_99998872。
2. 德国兄妹乱伦案,参见《德国道德委员会称兄妹乱伦是"基本权利"》,载《环球时报》2014 年 9 月 26 日。
3. 信息网络是否公共场所?参见曲新久:《一个较为科学合理的刑法解释》,载《法制日报》2013 年 9 月 12 日。
4. 《沪首现类推适用婚姻法新司法解释案例》,载《法制日报》2011 年 9 月 6 日。

迂腐致死

一个牧师、一个律师及一个工程师被推到断头台前等着被处死。

首先是牧师的头被放在了刀架上。刽子手一拉绳索,屠刀却没有放下来。于是牧师宣布是神的旨意挽救了他,他应当马上离开。

接下来律师的头被放在了刀架上。绳索拉下也没有放下屠刀。律师立即声称,他不能因一宗罪而被处死两次,他应现在就自由地离去。

最后,刽子手只得抓住工程师,强使他的头放在刀架上。他仰望释放屠刀的机械装置,说:"等一下,我发现了屠刀不能释放下来的原因……"

第四章 建构小前提的方法

问题与要义

1. 事实为什么应是法律方法的对象?
2. 建构小前提的过程如何?
3. 如何把生活事实归入法律事实?
4. 求物质性之真的方法有哪些?
5. 求言辞之真的方法有哪些?

Fictio leglis neminem laedit.

法律上之拟制,不害任何人。(中)
A legal fiction must injure no one. (英)

关键词

| 建构小前提 | 法律推定 | 诠释循环 | 事实推定 |
| 查明、证明、推定 | 经验推定 | 观察、实验、鉴定 | 言辞证据 |

1　冤假错案源于事实不清

2004年3月,最高人民检察院公诉厅通报了七起在原审中已判为死刑或死缓,而经被告人上诉或申诉后被改判为无罪的典型案件。从改判的原因看,都是因认定案件基本事实的证据出现偏差或证据不充分而引起的。随着死刑复核权收归最高人民法院,法院在复核中发现了侦查阶段的一些问题,主要表现为:第一,重口供轻物证。一旦被告人认罪、人赃俱获,侦查机关便不重视收集物证。第二,重直觉轻科学。被告人一旦认罪,侦查机关就不进行科学鉴定。第三,重经验轻逻辑。①

佘×杀妻案②

> 佘×,男,1966年3月7日生,湖北省京山县人,捕前系京山县公安局××派出所治安巡逻员。1994年1月20日,佘×的妻子张×失踪后,张的亲属怀疑张被佘杀害。同年4月11日,雁门口镇一水塘发现一具女尸,经张的亲属辨认死者与张特征相符,公安机关立案侦查。在侦办过程中,办案人员对佘×用拳打脚踢、连续审讯等方法刑讯逼供,迫使其交代了"杀妻"经过。
>
> 1994年10月13日佘×因犯故意杀人罪被原荆州地区中级人民法院一审判处死刑,佘提出上诉。湖北省高级人民法院1995年1月6日作出裁定,以事实不清、证据不足发回重审。1998年6月15日京山县人民法院以故意杀人罪判处佘×有期徒刑15年,附加剥夺政治权利5年。佘×不服提出上诉,同年9月22日,荆门市中级人民法院裁定驳回上诉,维持原判。2005年3月28日,疑被丈夫佘×杀害的妻子张×突然归来。4月13日,"佘×杀妻冤案"在京山县人民法院重审。法官宣布判决结果:佘×无罪,当庭释放。

为求事实真相,历史上人们大肆采取酷刑逼供,通过让当事人接受某种肉体折磨或考验来查明事实。西方也曾用"神明裁判"法来决断事实。以欧洲中世纪"热铁审"为例,被指控者拾取一块热铁,跨出三步,再将热铁放下。然后手被包扎起来,盖上封印,三天之后查验。如果手未化脓,就被证明是清白无辜的;倘若伤口不洁,则被判有罪。③ 试想通红的铁块,谁能用手紧握?谁又能逃过这样的制裁?

---

① 《公检法负责人建议刑诉法修改应重视规范侦查程序　遏制刑讯逼供》,载 http://www.lawyers.org.cn/info/3310bb9e58444afabc7b01e091459ecf,最后访问日期2020-08-15。
② 《佘×蒙冤入狱11年》,载 http://news.sina.com.cn/c/2005-04-12/12226362593.shtml?cn_r32o0,最后访问日期2020-08-15。
③ 罗伯特·巴特莱特:《中世纪神判》,徐昕等译,浙江人民出版社2007年版,第1页。

事实如此关乎身家性命,但以往有关法律方法的论著,一般只论大前提的建构及方法,不问事实即小前提。究其原因,多种多样。其一,法律方法传统上如此,有"路径依赖";其二,小前提的建构关涉实验、技术鉴定、法医鉴定等自然科学和技术方法,法律人不谙此道;其三,小前提有法律逻辑学、证据学去研究,法律方法论可仅关注大前提,井水不犯河水。但这一格局在逐步改变,理由在于,法律判断的作出是大小前提合意的结果,舍此取彼,达不成合意。所以,本教材设专章介绍建构小前提的方法。

2 建构小前提的过程

由于法律判断要解决的问题首先是,生活事实是否为可以进行法律评价的事实。是否为法律事实,在从前理解上大体肯定地回答这个问题后,再去证明生活事实是否存在,因而,在动态上,建构小前提的过程不是生活事实——证明事实——法律事实,而是生活事实——法律事实——证明事实(见图表4-1)。

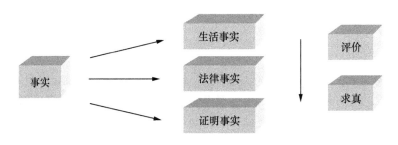

图表 4-1　建构小前提的过程

建构小前提所运用的方法发生于由生活事实到法律事实、由法律事实到证明事实这两个层面,但主要在后一层面。

2-1 "评价"

由生活事实到法律事实是"评价"或"归属"(imputation, Zurechnung)的问题,即生活事实是否符合法律中的事实构成。"归属"表明法律现象中事实与规范之间是一种归属关系,即"如果—那么"的关系,不同于自然现象中事实与事实间的一种因果关系。在这一意义上,法律事实不是真正的事实,而是依赖着人们的法律评价的事实。

2-2 "求真"

由法律事实到证明事实是求"真"的证明问题,即生活事实是否存在,被证明存在的事实是证明事实,事实真实既可通过物质也可经由言辞得出。法律事实处于中介地位,向前联系着生活事实,向后联系着证明事实。

2-3 建构小前提的方法的类型

建构小前提的方法包括:
——生活事实归入法律事实的方法:解释/诠释方法。
——证明生活事实的方法。

在证明生活事实是否存在的过程中,视所求真实的类型不同而所用方法不同:求事实的物质性之真(通过实物证据)要运用观察、实验、鉴定等方法;求事实的言辞描述性之真(通过言辞证据)要运用归纳、演绎,尤其是设证等方法。

——理解法律行为的方法。

还需指明的是,由于民法的法律行为既是事实又是规范,在解释中,民法的法律行为解释既是事实解释也属于法律解释。在解释方法上,除了事实解释和法律解释用到的文义、体系等一般解释外,还有特别的不利解释方法,即如果对合同条款有两种以上理解,应作出不利于格式合同提供方、合同起草方和合同关系优势方的解释。所以,当单独在下一章(第五章)讲述。

3 生活事实归入法律事实的方法:解释/诠释方法

法律事实是否出现,或能否和为何把某种生活事实置于某法律规范之下,首先取决于判断者把生活事实与法律规范如何关联起来理解,使事实一般化是建构小前提的核心含义。很明显,人们如果不了解法律规范,便不能理解生活事实的意义。

3-1 前理解

前理解是理解的前奏,解释/诠释的目的是理解,只有解释者在对文本进行前理解时,理解才有可能,前理解引导着理解。前理解无处不在。比如,一次,我朋友一家与我们在北京某大学校园内散步。我朋友的儿子当时只有两岁多,当他看见一黑人学生走过时,神色紧张地连说:"坏人!坏人!"这是因为各种媒介留给他的印象是,坏人的脸总是黑的——这就是他对坏人的前理解。

法官也有前理解。法官的前理解不仅使理解规范的具体意义成为可能,而且这种基于长期职业经验积累起的前理解,在他开始进行法律解释或权衡之前,业已形成对其判断的"正确性的确信"。法律解释或权衡不过是法官事后的"一致性审查",目的在于证明,判断与实证法律制度是一致的。理解生活事实的意义基于对法律的前理解,前理解告诉人们,何种生活事实的特点对于法律判断可能是关键的,它起着指引判断者往何方向去查明生活事实和寻找法律规范的作用。

在前述非法携带硫酸案中,只有把他的行为"前理解"为可能是非法携带武器、管制刀具、爆炸物参加集会,才会产生硫酸是否为武器等的问题。如果将之"前理解"为企图伤害他人,或"前理解"为去做实验,那么,硫酸是否为武器等在此案中就没有意义。由此便可发现,缺少有意义的前理解,就不可能获得有关法律事实。

再如,"犯罪嫌疑人"这一词透出前理解的思想。法学界几乎众口一词地认为,用"犯罪嫌疑人"代替"人犯"体现出无罪推定这一"先进思想",但却并未推翻如果公安和司法机关不将某人"前理解"为犯罪者,此一名词和有关强制措施便无从产生这一事实。

又如,在是强奸还是通奸的定性上,法官基于处理同类案件的经验上的前理解,对判断行为人是否犯罪起着主要作用。

3-2 诠释循环与等置

诠释循环说的是欲知个别得先了解总体,而欲知总体又要了解个别。这就像写论文,先要有一大体结构,但在具体写作中又会导致结构的改变甚至被推翻。诠释循环是超验的理解的条件,亦即,只有在人们知道"何为非法携带武器等参加集会"这一总体问题,才能将某具体案件理解成非法携带武器等参加集会,而什么是非法携带武器等参加集会,不去正确地分析某具体案件也无从知晓。

个案与规范处在相互适应之中,它们必须通过一个积极的创造行为被等置,但等置的前提是,个案与规范虽不相同,但却相似,即在法之意旨上相似,在意义上存在同一性。因此,可以对非法携带硫酸参加集会这一生活事实,与非法携带武器等参加集会这一事实构成进行类比,实际上是将非法携带硫酸参加集会这一个案,与规范预设的非法携带武器、管制刀具、爆炸物参加集会的诸个案集合进行类比。其比较点为集会,硫酸与武器、管制刀具、爆炸物所共具的危险性。通过比较,人们可发现,这一个案与规范预设的个案集合在集会上相同,在携带物上有相似的危险性。类比的根据在于,同类的事情应作相同的处理,这是人类在处理事情时的基本态度(实际上,类比首先是被用于立法中,如刑法依同类客体对犯罪进行归类)。

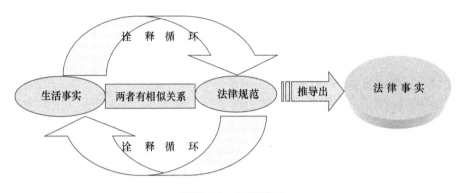

图表 4-2　诠释循环

3-3　对生活事实的解释

当生活事实以语言表现出来时,便产生解释问题,解释的方法如同建构大前提中的文义解释(第六章)。

当事人的还是普通人的理解?

导言中"玩美女人"的广告语一案涉及的问题是,应当以当事人的还是普通人的理解为准?我国《广告法》第 3 条规定:"广告应当真实、合法,符合社会主义精神文明建设的要求。"第 7 条规定:"广告不得有下列情形:……(五)妨碍社会公共秩序和违背社会良好风尚。"①"玩美女人"广告是否妨碍社会公共秩序和违背社会良好风尚,取决于对广告是以广告主还是受众的理解为准。广告主认为"玩"有"做、追求、崇尚"的意思,"玩美女人"可理解为"追求崇尚美好的女人"。工商部门则指出,"玩"有"戏弄、玩弄"的意思,这里工商部门自认代表了受众。受众当然是普通人,这是广告的一般对象。从这一立场出发,对广告的理解应以受众的理解为准。但如何判明何为受众的理解,也值得一论,例如可用试验的方法,随

---

① 新的《广告法》(2018 年修正)第 3 条:广告应当真实、合法,以健康的表现形式表达广告内容,符合社会主义精神文明建设和弘扬中华民族优秀传统文化的要求。第 9 条:广告不得有下列情形:……(七)妨碍社会公共秩序或者违背社会良好风尚。

机抽样找十位受众,看他们如何理解"玩美女人"一词,再作判决。

地方的还是全国的理解?

对字义的理解还有地方的和全国的之分,如广东省就有以"三鸟"代表"鸡、鸭、鹅"三种家禽的习惯。另据南方一些地方的语言习惯,"弟妹"是指弟弟的妻子,假如该地区某人在遗嘱中写道"财产由弟妹继承",那么,在解释该遗嘱时,应认定某人的财产继承者是其弟弟的妻子,而非其弟弟和妹妹。

陕西"凤翔改改"企业名称注册的艰难历程,更促使人们思考如何理解"地方性知识"。①

"凤翔改改"企业注册案

> 事实
>
> 20世纪70年代,陕西省凤翔县马家坡村有一名叫张改改的妇女,生性老实憨厚。1973年,改改的丈夫离世,为维持生计,她便在村口公路边摆了一个卖水摊,一杯水只卖两分钱。改改不认识钱,她就把别人给的钱和自己的两分硬币比一下,小了大了都不卖,纸币更不卖。她的这一卖水办法被人认为愚蠢,在陕甘不少地方,改改成为取笑人蠢笨的贬义方言。
>
> 2000年5月,农民樊××用"凤翔改改"为蒸馍店店名,后因"凤翔改改"这一招牌,被责令先关门,办理执照后再开业。几天后,樊××向凤翔县工商局申请开办"凤翔改改绿色农产品开发基地"。县工商局经办人员让樊××把"凤翔改改"换成别的名称,樊不同意。经办者说,"凤翔改改"是凤翔县的"历史名人",要使用她的名字,须经本人或其第一法定继承人同意。樊××寻找张改改的继子,他欣然同意,并写了一份同意转让"改改"名称的证明。根据"私营企业主可以用自己的名字作为企业字号"这一规定,樊××将自己的名字改为樊改改,并更换了新的身份证,以求万全。
>
> 但县工商局称:"凤翔改改"一词具有特定的历史含义,对凤翔人的人格有贬低,依据《企业名称登记管理规定》第9条中"企业名称不得含有有损于国家和社会公共利益,或可能对公众造成欺骗和误解的文字和内容"之规定,"凤翔改改"有损凤翔形象,损害了凤翔人的尊严,驳回登记申请。一周之后,凤翔县工商局以无证经营为由,勒令樊××摘掉了"凤翔改改"蒸馍店店牌。
>
> 2000年6月22日,樊改改向宝鸡市工商局申请行政复议。宝鸡市工商局维持凤翔县工商局不予注册的决定。
>
> 诉讼
>
> 樊××不服,向凤翔县人民法院提起了行政诉讼,要求法院依法撤销县工商局对"凤翔改改"注册登记的驳回通知,对"凤翔改改"核准登记。2000年8月15日,凤翔县法院作出一审判决,判决称:"凤翔改改"在西北许多地方已成为嘲笑、贬损他人的代名词,作为企业名称,可能对公众造成欺骗和误解,在凤翔县以"凤翔改改"作为企业字号,显属不当。故此,维持凤翔县工商局的决定。

---

① 据殷建强的《"凤翔改改"注册记》改写,原文载《厂长经理日报》2003年9月13日。

2000年8月26日，樊××又向宝鸡市中级人民法院提出上诉，2000年12月15日，宝鸡市中院以一审被告主体资格不合法为由，认为原判决程序违法，遂裁定撤销原判决，发回重审。

2001年4月，凤翔县法院以"本案被告应是作出行政复议结果的宝鸡市工商局而不是凤翔县工商局"为由，要求樊××变更本案被告，但樊××不同意。同年5月，凤翔县法院驳回了樊××的起诉，樊××再次向宝鸡市中院提起上诉，2001年9月，宝鸡市中院作出终审裁定：维持一审判决。

> **注 册**

"凤翔改改"企业名称注册风波经有关媒体披露后，江苏等地公司纷纷与樊××联系，愿与樊××合作，在他们公司所在地注册"凤翔改改"。江苏省南通市工商局建议樊××先注册"凤翔改改"商标，这样一方面可以长久使用商标，另一方面则可以利用批准的"凤翔改改"商标去注册企业名称。2003年元月，樊××获得了国家商标局颁发的"凤翔改改"和"樊改改"商标证书。

2004年6月8日，樊××向陕西省工商局申请注册"陕西西府凤翔改改商贸有限公司"，7月，陕西省工商局批准了樊××的注册申请并颁发工商营业执照。

> **评 析**

社会各界对此曾有诸多评说。

有人认为：在东南沿海一带，"孔乙己""阿Q"等企业和产品名称顺利注册，这说明，思想观念确是导致东西部差距的一大原因，解放思想、转变观念仍是推进西部大开发的第一要务。

有人认为：当行政诉讼原被告双方对法律的解释发生冲突时，司法者应当允许原告按照自己的理解来解释法律，应当对原告在适用法律中的规避行为保持适度的宽容。唯此，法律的公正才能实现。

3-4 具体的法律审查

通过前理解和解释可以大体将生活事实归入法律事实，在法律实务中，法官、律师首先要做的便是，查明生活事实是否属于法律处理的事务，如果属于，再看由何种部门法、何种制度来处理。但当事人提出的生活事实是否存在，却尚待证明。在实践中，当律师接案和法官（立案庭）收案时，他们都要对当事人提供的案情作出初步的法律评价，看看是否属于法律问题或受理范围，然后再作出是否代理或受理的决定。如立案庭虽不作实质性审查（实质性审查是庭审的事务），只进行程序性审查，这也是对生活事实进行法律评价，审查的事项有：

——原告主体是否适格；

——基本证据是否具备；

——被告是否明确；

——诉讼请求是否具体；

——是否属法院管辖范围等。

这种审查具有法律专业性,在有些情况下,甚至具有政策性,如现在网络诈骗猖獗,立案标准就不像往常那么高。

对生活事实进行证明,会引起对法律事实的不同判断。在硫酸案中,如果后经查明,他携带硫酸不是去参加集会,而是企图伤害他人或去做实验,非法携带武器参加集会的前理解就必须修正,他也不是此罪的犯罪嫌疑人或不是犯罪嫌疑人。携带硫酸的生活事实虽然存在,但此种非法携带武器参加集会的法律事实不存在。相反,如果查明他携带硫酸是去参加集会,非法携带武器参加集会的前理解得到证实,生活事实存在,法律事实也最终形成。

4 求物质性之真的方法

认定生活事实是一个"求真"的问题,生活事实之真包括物质性之真和言辞之真,或者说,生活事实可以通过物质和言辞来认定是否存在。认定的方法大体分三类:查明、证明和推定,前者主要是在侦查和诉讼中,后两者是在诉讼中认定事实的手段。易言之,在诉讼证明中,认定事实的方法一是通过证据来证明,二是通过推定来证明。

例如,民事诉讼当事人提起诉讼一般都已经大体查明了案件事实;而在刑事诉讼中,公安机关是在查明案情后才报批捕,公诉人再提起公诉。因而,查明是证明的基础,证明是查明的目的,但是查明并不等于证明。在诉讼中,刑事案件的证明责任主要在公诉人;在民事案件中,证明的责任在双方当事人。法官虽没有证明责任,但在审判中法官有责任让当事人去肩负起证明责任并判断证据的真伪。

4-1 查明

查明发生在侦查和诉讼中,那么,人们要查明什么呢?这就涉及要查明的事实的内容,通称查明的对象。尽管世上没有两片相同的树叶,与专业管理方法之一5W2H分析法(又称七何分析法)相似,即何物、何时、何地、何人、何原因、如何干、投入几何,要查明的事实的内容一般有七个方面,也常用"七何"来表示,具体指何人、何事、何时、何地、何物、何情、何故。下以三例说明之。

养路费征收案[①]

> 律师宋×自2004年9月3日至2006年7月10日,分五次共计交纳养路费3080元及滞纳金75.90元。他认为,按照相关规定,征收养路费不合理。根据1999年10月31日全国人大常委会对《中华人民共和国公路法》第36条的修改,已明确了国家采用依法征税的办法筹集公路养护资金,尽管同时还明确了具体实施办法和步骤由国务院规定,但实际上应自1999年10月31日起取消公路养路费,实行费改税。而《国务院办公厅转发交通部等部门关于继续做好公路养路费等交通规费征收工作意见的通知》(国办发[2000]2号)和《国务院批转财政部、国家计委等部门〈交通和车

---

① 《律师告路政索要养路费 被告称收费是依法行政》,载http://news.qq.com/a/20061219/000412.htm,最后访问日期2012-03-15。自2009年1月1日起,已在全国范围内统一取消了公路养路费的征收。

辆税费改革实施方案〉的通知》(国发[2000]34号)两文件虽然规定了继续征收公路养路费,但由于前述文件与《中华人民共和国公路法》第36条取消公路养路费的规定明显相悖,故上述两个文件不能作为被告继续征收公路养路费的依据,被告路政局违法征收的公路养路费亦应予以退还。

见义勇为案①

2004年8月14日下午6时许,胡×驾驶两轮摩托车搭乘罗×,在成华区圣灯乡人民塘村,趁一女子不备,抢走其金项链后驾车逃逸。张×和刘×等人闻讯后,立即乘坐张×驾驶的轿车追赶,并多次打电话报警。当追至三环路龙潭立交桥上时,刘×等人责令胡×、罗×两人停车,但胡×为摆脱追赶,驾驶摩托车高速蛇形行驶,于右侧立交桥护栏与张×驾驶的轿车发生碰撞后侧翻,致使罗×从摩托车上摔落桥面,造成左小腿骨折等多处损伤,胡×摔落桥下死亡。

由于被抢项链价值未达到"抢夺罪"的定罪标准,警方按治安案件进行处理。2006年年初,成华区有关部门授予张×等7人见义勇为奖。2006年5月,罗×及胡×家属向成华区公安分局控告张×,要求追究张×的刑事责任,公安分局决定"不予立案"。伤者罗×及死者胡×的妻子向成华区人民法院提起刑事附带民事自诉,要求追究张×的刑事责任,并赔偿死亡赔偿金、医疗费等共56万余元。

偿还手表价款案②

2002年5月10日早晨,原告张×(10周岁)随父母到姑父廖×家玩。张×发现廖家桌上放有一块劳力士手表并在离开廖家时带走。张×因玩游戏机需用钱,于当天将该表卖给在本市北门地段经营冷饮店的被告林×,当时张×称此表是他捡的。次日,廖×发现手表被张×拿走,便告知张父。张父经询问张×,得知手表以12元价格卖给了林×,便找到林×要求退表还款。林×当时承认买了手表,并同意当天下午从家里取来。但到下午又称此表被其丈夫以25元的价格卖给了本市一名不相识的人,无法退还。原告即诉至法院,要求被告偿还该手表的价款800元。

上述三案要查明的事实的内容见图表4-3。

---

① 《"见义勇为撞死贼无罪"成典型案例引发各界关注》,载http://www.legaldaily.com.cn/bm/content/2006-09/01/content_399694.htm,最后访问日期2012-03-15。

② 北京广播电视大学民法学部分选题,载http://www.kfxy.btvu.org/zhuanyejiaoyshi/0611.doc,最后访问日期2008-06-25。

	例1	例2	例3
何人 (案件或纠纷涉及什么人)	原告宋×,被告路政局	原告罗×及死者胡×的妻子,被告张×	原告张×,被告林×
何事 (案件或纠纷的性质)	养路费征收纠纷	刑事附带民事赔偿	偿还手表的价款
何时 (案件或纠纷发生的时间)	2004年9月3日至2006年7月10日	2004年8月14日下午6时许	2002年5月10日
何地 (案件或者纠纷发生的地点)	路政局缴费处	三环路龙潭立交桥上	北门地段冷饮经营点
何物 (与案件或者纠纷有关的物品)	养路费	轿车与摩托车	手表
何情 (案件或者纠纷是怎么发生的)	交费	摩托车高速蛇形行驶,于右侧立交桥护栏与张×驾驶的轿车发生碰撞后侧翻	张父得知手表卖给了林×,便找到林×要求退表还款。林×承认买了手表,并同意当天下午从家里拿来。但到下午又称此表被其丈夫卖给了一名不相识的人,无法退还
何故 (案件或者纠纷发生的原因)	国办发[2000]2号文件和国发[2000]34号文件违法	见义勇为或防卫过当	张×因为玩游戏机需要用钱

图表4-3 要查明的事实的内容"七何"

查明事实的方法主要有观察、实验、鉴定等,限于笔者的学科知识,仅作简介,详见侦查学、法医学等。①

4-1-1 观察

A. 侦查观察

观察是一种有目的、有计划、持久的感知过程。在侦查工作中,观察贯穿于全过程。

阶段	侦查观察的内容
现场勘察	观察现场的方位、案犯进入现场的路线、现场是否被破坏或伪装、现场上各种物体的方位、遗留物品、尸体、血迹、足迹、凶器、指纹、犯罪痕迹等。
调查访问	观察被害人、证人、知情人等的态度,以及回答问题时的表情。
跟踪守候、巡逻盘查和辨认	观察跟踪、盘查和辨认对象的体貌特征。
搜查	观察被搜查人可能藏匿的地点及体貌特征、犯罪证据、赃款赃物隐藏的地点等。
拘留、逮捕犯罪嫌疑人	观察周围环境、犯罪嫌疑人的体貌特征等。

图表4-4 侦查观察的内容

---

① 以下是综合有关侦查学、法医学等教科书和作品的通用知识而成,如米学军、孙延庆主编:《刑事案件侦查》,中国民主法制出版社2007年版,恕不能一一列出文献名称。

观察的效果有赖于观察能力,观察能力就是人对外界事物的感知能力,要提高观察能力,除了不断积累经验外,还要掌握以下正确的观察方法:

一是明确的观察目的,即明白观察要解决什么问题。

二是按一定的步骤和顺序进行,既可以按照案件发生的时间顺序观察,也可以按照事实所处的空间顺序观察,还可以用逆向思维的方法来观察。

三是观察与思考结合,边观察边分析边判断,善于捕捉细微的变化或矛盾反常之处,对观察到的信息经过加工后,确定证据的收集方法、方向,并在证据收集过程中,随时修改所确定的方法和侦查方向。

B. 诉讼观察

在诉讼中也要运用到观察法,这是指证明主体直接将案件的某些事实提交于法庭,或者由审理案件的法官亲临事实发生现场,直接观察事实,进而得出结论。具体为:

一是将实物证据提交于法庭,例如将合同文本提交给法官阅读,或者将受伤的伤口显示给法官观看,或者当场播放视听资料等。

二是将照片、图纸等物品提交于法庭,比如在交通事故案件中,当事人提交事故现场的照片。

三是现场观看,比如在宅基地纠纷中,法官到现场去观察是否有人侵占了宅基地。观察法的意义在于通过实物证据使裁判者直接接触到案件事实,免去了认定和判断事实的推理过程。观察法所证明的结果一般比较客观、真实,同时也难以替代。

4-1-2 实验

A. 侦查实验的作用

《刑事诉讼法》第135条规定:"为了查明案情,在必要的时候,经公安机关负责人批准,可以进行侦查实验。"侦查实验是指在侦查过程中,为了查明案情,验证案件中的某些事实是否存在而进行的一种模拟演示。侦查实验既可以在侦查中使用,也可以在检察院起诉和法院审判中使用。侦查实验的作用具体表现为:

——审查案件是否成立。通过侦查实验,如果某种事实不可能发生,则案件不能成立;如果侦查实验证明可能发生,案件有可能成立。

——审查对案件推断的准确性。从现场勘察开始,直至在整个侦查过程中,侦查人员都要对犯罪遗留的痕迹、侵害的客体、作案的时间和地点、犯罪事实等作出假设、推理、判断。这需要运用侦查实验证实其准确性,如根据现场被盗物品的数量、重量、体积,推断作案的人数,再用侦查实验的方法证明这种推断的真实性。

——核实受害人(事主)陈述、证人证言、犯罪嫌疑人供述、辩解是否真实。他们的供述和辩解具有双重性,既有真实可靠的一面,也有假证、假供、狡辩的成分,有时可通过侦查实验验证他们的供述和辩解是否真实可靠。

B. 侦查实验的任务

根据原《公安机关办理刑事案件程序规定》(2020年已修改)第202条,侦查实验的具体任务为:

一是确定在一定的条件下能否听到或看到。例如时间、风向、风力、气候条件如何、多远的距离、有无遮挡;根据某人的视力、听力等,验证能否看见某种现象或听到某种声响。

二是确定在一定的时间内能否完成某一行为。例如根据某人的体力、行走速度、乘坐的交通工具,在一定时间内能否完成某一行为。

三是确定在某种条件下能否发生某种现象。例如具备引火物、引爆物与被燃物质或导火索相接触的情形,才能发生纵火案、爆炸案等。

四是确定在某种条件下某种行为与某种痕迹是否吻合。例如某犯罪嫌疑人身上有伤痕,要看是与受害者搏斗时留下的,还是自己不慎被某种物体划伤的。

五是确定在某种条件下使用某种工具可能或者不可能留下某种痕迹。例如盗贼往往采取溜门撬锁、撬保险柜的方法行窃,留下撬压痕迹,通过实验,证实某种工具能否留下这种痕迹。

六是确定某种痕迹在什么条件下会发生变异。例如现场留下了变异指纹、足迹等,通过实验来确定这种变异痕迹形成的条件。

七是确定某种事件如何发生。某种事件已经发生,通过实验,证明这种事件发生的条件和原因。

周××虎照案

> 轰动全国的周××虎照案终于真相大白。2008年6月29日陕西省政府召开新闻发布会,确认周××拍摄的"华南虎照片"是"纸老虎"。调查人员采用了实验方法验明"华南虎"是"纸老虎"。据陕西省公安厅新闻发言人、副厅长白××详细介绍①:
>
> 首先在现场对周××所拍"虎"照中出现的具有明显特征的16个植物等位点,进行逐一定位。
>
> 其次,按照定位物之间的距离关系,及周××所拍原虎照中"虎"与定位物之间的比例关系,对周××所拍"虎"的大小进行了确定。据测量,周××所拍"虎"身旁的小树直径0.8厘米、高175厘米,树弯处距地面55厘米,而"虎"顶部处在树弯处距地面中间位置。根据"虎"与定位物之间的距离比例关系,调查人员推算出,该"虎"是一个长约27厘米、宽约35厘米的微型"虎"。据此,调查人员制作了拍摄参照物。
>
> 最后,在定位物及"虎"大小被确定的情况下,调查人员使用周××拍"虎"时所用的佳能EOS-400D数码相机,严格按照周××拍"虎"时的位置、焦距和拍摄顺序等,对周××所拍35张数码虎照逐一进行了恢复重建。
>
> 重建后证实,周拍摄时距"虎"最近距离约3.9米,最远距离约10.5米。该拍摄参照物的大小和周××所拍摄"虎"的大小在照片中的反映是一致的。
>
> 通过现场勘察和现场重建,从根本上推翻了周××拍摄活体野生华南虎真实性的基础,为揭露其造假行为奠定了坚实基础。

4-1-3 鉴定

在古代,无论中外,刑讯逼供被大量使用的原因之一就是缺乏可靠的刑事侦查技术:指

---

① 《"纸老虎"现形记》,载 http://news.xinhuanet.com/newscenter/2008-06-29/content_8457548.htm,最后访问日期2012-03-19。

纹鉴定技术、足迹鉴定技术、笔迹鉴定技术、记录物证的技术。但在前述佘×案件中，刑事侦查技术已相对发达，办案单位却在发现无名尸体后，没有对尸体进行DNA检验，甚至连血型检验、指纹比对检验也没有做，对发现尸体的水塘没有进行勘察，也没有打捞可能沉入水下的携带物品、作案工具等，仅仅依靠尸体表面特征和张某亲属的辨认就认定是张某，实属草率。

鉴定分为侦查鉴定和司法鉴定。

A. 侦查鉴定

侦查鉴定是指由侦查机关指派或聘请具有专门知识的人，就案件中的专门性问题进行科学鉴别和判断的一种侦查行为。在侦查中经常采用的鉴定主要有：

——司法会计鉴定，是指通过审阅、核查、分析案件中的财务会计及相关证据，对办案部门提请鉴定的有关财务会计专门性问题进行鉴别和确定。司法会计鉴定的对象主要是会计账簿、报表、凭证、单据、现金、物资以及其他财务盈亏数目的资料。

——文书司法鉴定，是指运用文件检验学的原理和技术，对文书的笔迹、图章、印文、文书的制作工具及形成时间等问题进行鉴定，对证件及有价证券的真伪进行鉴定，对纸张、笔墨成分及打印或复印设备进行鉴定等。

——法医鉴定，包括尸体鉴定、活体鉴定。尸体鉴定的任务是确定死亡的性质、原因、致死的工具、手段、死亡的时间等，并作出结论。活体鉴定的任务是就伤害的部位、伤害的程度、致伤的原因等作出判断。

——法医物证鉴定，其任务是对与案件有关的人体组织、液体分泌物、排泄物、瘢痕等进行鉴定，以确定其特征、属性。

——指纹鉴定，由于指纹特征是每个人相异的，且终生不变，其特定性和稳定性都很高，证明价值也很高，因此被人们称为"证据之王"。

——DNA鉴定，DNA的组合结构人各不同，可以作为人身同一认定的依据。这种检验的对象是血痕、精斑、头发、人体组织等微量物证，在杀人和强奸等案件的侦破中具有很高的应用价值。

B. 司法鉴定

据《全国人民代表大会常务委员会关于司法鉴定管理问题的决定》(2015年4月24日)，司法鉴定是指，在诉讼活动中，鉴定人运用科学技术或者专门知识，对诉讼涉及的专门性问题进行鉴别和判断并提供鉴定意见的活动。它包括四类：

——法医类鉴定，有法医病理鉴定、法医临床鉴定、法医精神病鉴定、法医物证鉴定和法医毒物鉴定。

——物证类鉴定，有文书鉴定、痕迹鉴定和微量鉴定。

——声像资料鉴定，有对录音带、录像带、磁盘、光盘、图片等载体上记录的声音、图像信息的真实性、完整性及其所反映的情况过程进行的鉴定，对记录的声音、图像中的语言、人体、物体作出种类或者同一认定。

——其他鉴定，指根据诉讼需要，由国务院司法行政部门商最高人民法院、最高人民检察院确定的其他应当对鉴定人和鉴定机构实行登记管理的鉴定事项。

第四章 建构小前提的方法

分类	内容	示例
侦查鉴定	司法会计鉴定	会计账簿、报表、凭证、单据鉴定
	文书司法鉴定	笔迹、图章、印文、证件及有价证券的鉴定
	法医鉴定	尸体鉴定、活体鉴定
	法医物证鉴定	人体组织、液体分泌物、排泄物的鉴定
	指纹鉴定	
	DNA鉴定	血痕、精斑、头发、人体组织鉴定
司法鉴定	法医类鉴定	法医病理鉴定、法医临床鉴定、法医精神病鉴定、法医物证鉴定和法医毒物鉴定
	物证类鉴定	文书鉴定、痕迹鉴定和微量鉴定
	声像资料鉴定	录音带、录像带、磁盘、光盘、图片鉴定
	其他鉴定	

图表 4-5 鉴定分类

但不同的鉴定也会使事实更加不清,下一案例就反映了如何判断证据的真伪问题。

借条案①

> 原告陈×持一欠据起诉被告潭×,要求其还款。欠据上写明:
>
> 今欠到:陈×经手付87—89年度应付款及借款共欠肆万伍千捌百元整(两年内还清)。1992年12月10日是实,潭×。
>
> 陈×承认欠据是他自己写的,后由被告人签名。被告在法庭上否认欠款,并且认为签名是原告假冒的,整个证据也是伪造的。一审法院委托×市公安局鉴定,结论是:被告人的笔迹与欠据上的签名,书写水平一致,单字的基本写法、运笔动作、连笔习惯等特征相符,是相同人书写习惯的反映。故认定"欠条"署名潭×的签字是潭×所写。一审法院据此认定,该欠条是真实的,潭×应当承担还款义务。
>
> 潭×不服一审判决,向××市检察院提出申诉。××市公安局为此委托省公安厅进行文字鉴定,结论是:送检的欠条上"是实,潭×"四字运笔生涩,但仍能够充分反映书写人的书写习惯,将其与潭×的样本比较,可发现两者间字体风格、单字运笔特征等方面的差异,是不同书写人书写习惯的反映。结论:送检欠条上的"是实,潭×"四字不是潭×本人所写。
>
> 据此,××市检察院向法院提出了民事案件抗诉,同时,又以诈骗罪对原告提起公诉。法院又委托省检察院作出文字鉴定。结论是:将送检的欠条置于vsc-1文检仪下进行检验,发现在欠条左下方的空白处留存有擦刮痕迹。经检验,"是实"两个字存在不适当的停顿、修饰重描等模仿现象;"潭×"两个字书写自然流利无伪装。将"是实"两个字与潭×的样本进行比较,发现在字的基本写法、单字结构、运笔特征上两

---

① 《幽暗的事实与尴尬的法官》,载 http://www.civillaw.com.cn/qqf/weizhang.asp? id = 34974,最后访问日期2012-03-19。

者存在本质差异。将"潭×"两个字与潭×的样本进行比较,发现在字的基本写法、单字结构、运笔特征上两者反映一致,尤其是"潭"字的写法、"×"字的运笔形式等特征吻合突出。结论:送检欠条上的"是实"两个字不是潭×所写,"潭×"两个字是潭×所写。据此,检察院撤回了公诉,而民事再审也维持了原一审判决。

4-2 证明

证明就是用证据来说明未知事实的存在与否。当然,这里的"未知"并非指所有的人都不知,而是指要接受证明的人不知,即言说者自己知道事实,但别人不知道,需要证明使别人知道。例如,你的宿舍发生了盗窃案,但发案时你去看中超足球赛了。你自己当然知道这一事实,但是派出所不知道,你需用门票或你同学的证言,向派出所证明自己当时去看中超足球赛了。

但不是一切生活事实都需举证证明,据最高人民法院《关于民事诉讼证据的若干规定》(法释[2001]33号)第9条以及《关于行政诉讼证据若干问题的规定》(法释[2002]21号),下列六种事实,无须当事人举证证明,法官即可认定,这既减少了当事人的讼累,又减轻了法官的工作量,从而达到了经济诉讼的目的。通常这是司法认知的任务,它源自"众所周知的事实,无需证明"之法谚。无须举证证明的事实有:

A. 众所周知的事实

这有年代、季节、货币衡量的计算、管辖区内市镇、重大事故、一时风行的事项等。例如,2008年1月在湖南发生雪灾,当地的公路、桥梁等交通设施瘫痪,对有关当事人履行合同义务构成"不可抗力"事由,这一合同纠纷案件如由湖南某地法院审理,应属众所周知的范畴,当事人不必举证。

但人们在理解何谓"众"上有不同的标准。有普遍性说,即"众"为社会一般成员,其中包括法官;相对性说,即"众"本应为社会一般成员,但也不能排除一些人不知;区域性说,即"众"应限于一定范围内的一般人。本书认为,这里所说的"众",应当是案发地一般人。

B. 自然规律及定理

当事人向法庭陈述的事实,如果涉及自然规律或科学定理,如牛顿定理、水桶定理、万有引力、生物的新陈代谢、能量守恒、三角形内角之和为180度,可以不必举证。因为这些自然规律与定理,广为人知,经过反复检验,客观真实。但并非所有的科学定理法官都知悉,主张的一方当事人必须对定理进行解释,以便进行司法认知。

C. 根据法律规定或者已知事实和日常生活经验法则,能推定出的另一事实

详见本章4-3推定。

D. 已为人民法院发生法律效力的裁判所确认的事实

根据已知事实推断出未知事实的存在或真伪,这可以减轻当事人的举证负担,便于认定事实。但这仅指同一法院发生法律效力的裁判所确定的事实。一般来说,一个地方法院发生法律效力的裁判所确定的事实,不对另一个地方的法院的审判产生拘束力。

E. 已为仲裁机构的生效裁决所确认的事实

这意指当事人不能就仲裁裁决的内容另行起诉,法院也不得作出与生效仲裁裁决书所

确认的事实相反的判断。仲裁裁决预决的事实,可以依据仲裁裁决书的内容加以确定,如果法官不知道,主张裁决书中的事实的当事人,应当提交裁决书或副本予以证明。

F. 已为有效公证文书所证明的事实

在现实生活中,因离婚经常引发财产清算和分割纠纷。如果结婚前,男女双方依法到公证机构对各自的财产、债务范围、权利归属问题进行公证,经过公证的财产约定将会得到法律的直接认可。因为婚前财产公证书具有法律上的证据作用,一旦涉及诉讼,法院可以将公证书直接作为认定事实的依据。

通过获得证据来证明事实是证据学上的任务。下文重点论述通过推定来认定事实。

4-3 推定

像人们用数学可以从已知的知识推出未知的结论一样,在法律应用中,如前述,根据法律规定或者已知事实和日常生活经验法则,能推定出另一事实。因此,推定是获取小前提的方法。两个事实中,前一事实称为前提事实,后一事实称为推定事实,一旦前提事实得到证明,法院可径直根据前提事实认定推定事实,无需再对推定事实加以证明,这可大大节约事实审的成本,减轻当事人的举证责任。

4-3-1 推定与推理

推定与推理易于混淆,两者的不同之处就在于结论的盖然性与确定性之别。推定是根据事物间已经存在的盖然性联系,从法律价值或政策出发,直接确定法律上所需要的事实,即当一个事实存在便直接可以认定另外一个事实存在。例如,很多国家的法律规定,一个人失踪若干年(2年或4年)后,便可推定这个人已经死亡,因为在一般情况下,这么多年一直音讯全无的人,肯定已经死亡。但是这种推定的事实又是能被证伪的,如一个人被宣布死亡之后,突然又活着回来了。因为推定的大前提往往是盖然性判断,所推出的事实并不一定是客观事实。而推理是从已知的事实或判断出发,按照一定的逻辑规则,推出新的事实或判断。只要前提真实确定,并且形式有效,最后得出的结论也应该是真实确定的。

4-3-2 拟制与推定

法律拟制是根据实际需要把此事实看做彼事实,使此事实与彼事实发生相同的法律效果。立法中往往采用"视为"一词来表达,如《民法典》第25条规定:自然人以户籍登记或者其他有效身份登记记载的居所为住所;经常居所与住所不一致的,经常居所视为住所。第1124条第2款规定:受遗赠人应当在知道受遗赠后六十日内,作出接受或者放弃受遗赠的表示;到期没有表示的,视为放弃受遗赠。

拟制与推定两者在形式上极为相似,都涉及两个事实,并且只要此事实得到证实,便产生与彼事实相同的法律效果。但二者又有根本区别:其一,法律拟制是一种立法技术,是为了避免用语重复而采用的一种表述方式,它并非由一事实的存在推论出另一事实的存在;推定则是从前提事实推出推定事实。其二,法律拟制的目的是使此事实产生与彼事实相同的法律效果,此事实得到证明后,不允许当事人提出证据来推翻彼事实;推定则允许当事人提出反证推翻推定事实。

4-3-3 推定与无罪推定

无罪推定是指任何人在未依法证实有罪之前,应被推定为无罪。无罪推定并不是真正的推定,它无需前提事实就径直得出推定事实,并且推定出的结论经常被推翻。而司法机关对犯罪嫌疑人定罪以前的司法追究行为也是一种推定,是建立在一定事实基础上的暂时性的"有罪推定"。这两种推定在本质上都追求公民的安定性,但公民的含义不同,无罪推定追求犯罪嫌疑人的安定性,要求其他公民有容忍义务,牺牲普遍的安全,"有罪推定"追求其他公民的安定性,要求犯罪嫌疑人有容忍义务,牺牲个别的安全。

区分标准	推定	推理	拟制	无罪推定
确定程度	盖然性	确定性	确定性	盖然性
逻辑关系+可推翻性	推论关系+可推翻	不可推翻	视为同一+不可推翻	可推翻
体现的主要价值	效率	安定性	效率	安定性

图表4-6 推定与推理、拟制、无罪推定的比较

根据前提事实的来源或推定的发生依据不同,推定一般分为法律推定、事实推定和经验推定(常理推定)。

4-3-4 法律推定

它是根据法律规定适用逻辑规则来推定另一事实的存在。法律推定的要义在于,通过证明前提事实的存在来使某些有法律效果的事实也获得证明。法律推定建立在逻辑规则等基础之上,法律允许推定于己不利的一方当事人进行反证。因此,适用法律推定的前提条件是,负有举证责任的一方当事人应就前提事实举证。以是否依赖于前提事实为标准,法律推定分为直接推定和推论推定。

A. 直接推定

直接推定是不依赖任何前提事实就假定某一事实的存在,民事法律中的"过错推定"是典型例证。如最高人民法院《关于民事诉讼证据的若干规定》第4条第1款规定:建筑物或者其他设施以及建筑物上的搁置物、悬挂物发生倒塌、脱落、坠落致人损害的侵权诉讼,由所有人或者管理人对其无过错承担举证责任。这意指,如果所有人或者管理人不能举证证明自己无过错,便推定其有过错,要承担责任。

重庆"烟灰缸伤人案"

> 2000年5月11日凌晨1时许,郝×正与他人在公路边上谈话,被临路楼上坠落的烟灰缸砸中头部,当即倒地。公安机关经过侦查现场,排除了故意伤害的可能。郝×后被鉴定为智能障碍伤残、命名性失语伤残、颅骨缺损伤残等。郝×将临路两幢楼的22户居民告上法庭。法院认为,因难以确定该烟灰缸的所有人,除事发当晚无人居住的两户外,其余居住人均不能排除扔烟灰缸的可能性,根据过错推定原则,由当时有人居住的王×等22户分担赔偿责任。法院判决,郝×的医药费、误工费、护理费、伤残补助费、生活补助费、鉴定费、精神抚慰金共计178233元,由王×等22户各赔偿8101.50元。
>
> 判决后,王×等住户不服,提起上诉。二审法院认为,22户房屋的居住人均不能排除扔烟灰缸的可能性,虽然损害结果不是该楼全部住户共同所致,但根据过错推定原则,事发时该两幢楼的居住人都应当承担赔偿责任,故维持原判。

药品过有效期案①

> 某药监局在一卫生室检查时发现,冰箱中所存放的转移因子已超过有效期。当事人辩称这是一位患者拿来注射用的,用了几天后,该患者没有再来,自己不敢清理此药,也未给别的患者使用,要求免予行政处罚。
>
> 我国《药品管理法》第77条规定,知道或者应当知道属于假劣药品而为其提供运输、保管、仓储等便利条件的,没收全部运输、保管、仓储的收入,并处违法收入50%以上3倍以下的罚款。我国《药品管理法实施条例》第81条规定,药品经营企业、医疗机构未违反《药品管理法》和本条例有关规定,并有充分证据证明其不知道所销售或者使用的药品是假药、劣药的,应当没收其销售或者使用的假药、劣药和违法所得;但是,可以免除其他行政处罚。据上述两条,可从已形成损害事实中推定当事人有主观过错。②

B. 推论推定

推论推定是依据法律从已知事实推论未知事实,从前提事实推论推定事实,这是"真正的法律上的推定"。适用这种推论可以减轻主张推定事实的一方的举证责任,并可以将举证责任从一方转移给另一方。

例如最高人民法院《关于贯彻执行〈中华人民共和国继承法〉若干问题的意见》第2条规定:"相互有继承关系的几个人在同一事件中死亡,如不能确定死亡先后时间的,推定没有继承人的人先死。死亡人各自都有继承人的,如几个死亡人辈分不同,推定长辈先死亡;几个死亡人辈分相同,推定同时死亡,彼此不发生继承,由他们各自的继承人分别继承。"再如我国《民法典》第46条规定的关于失踪人死亡的推定,其中下落不明满4年可推定死亡等。

但是,刑法上的巨额财产来源不明罪,非法持有型犯罪,如非法持有毒品、武器等,如果不能证明来源正当和正当持有,那就推定为来源不当和非法持有,是否合理,争议不小,因为无罪推定原则决定了由控方承担证明责任。

4-3-5 事实推定

事实推定指从此已知事实的存在推出彼未知事实的存在。与法律推定不同,事实推定并非来源于法律规定,而是基于某些具体事实。进行事实推定必须具备的条件包括:

——无法直接证明待证事实的存在与否,只能借助间接事实来推断。因此,事实推定与间接事实密切关联。

——前提事实必须已经得到法律上的确认。所谓前提事实得到确认,是指最高人民法

---

① 张少辉:《过错推定责任原则在药监执法中的应用》,载《中国医药报》2004年12月7日。
② 新《药品管理法》第120条:"知道或者应当知道属于假药、劣药或者本法第一百二十四条第一款第一项至第五项规定的药品,而为其提供储存、运输等便利条件的,没收全部储存、运输收入,并处违法收入一倍以上五倍以下的罚款;情节严重的,并处违法收入五倍以上十五倍以下的罚款;违法收入不足五万元的,按五万元计算。"
新《药品管理法实施条例》第75条:"药品经营企业、医疗机构未违反《药品管理法》和本条例的有关规定,并有充分证据证明其不知道所销售或者使用的药品是假药、劣药的,应当没收其销售或者使用的假药、劣药和违法所得;但是,可以免除其他行政处罚。"

院《关于民事诉讼证据的若干规定》第 9 条所列(前述 4-2 中)除 C 外的五种事实。

——前提事实与推定事实之间应有必然的联系。例如,可以推定政府的正式文件所陈述的事实是真实的;电子计算机正常运行得出的数据是准确的;实施非法行为的人具有非法目的;经常实施某种行为的人是故意为之;某人工作证上所载日期是某人的生日或到本单位的时间等。

——已为人民法院发生法律效力的裁判所确认的事实。

存单纠纷案①

　　工商银行田东县支行××办事处负责人黄×以办事处名义到××矿揽储,××矿应其要求将 100 万元资金汇入××办事处为其开设的账户后,黄又先后两次以办事处的名义给××矿出具借据,后来又给××矿出具《中国工商银行各单位团体存折》,借据及存折上均加盖有××办事处的公章。

　　田东县人民法院生效的刑事判决书(2003 东刑初字第 186 号)只认定该 100 万元应视为黄以办事处的名义与××矿的借款,并没有明确认定黄以办事处的名义所实施的行为是单位行为还是个人行为。工行田东支行以生效刑事裁判文书认定黄的行为是个人行为为由,上诉主张黄以办事处名义实施的行为是个人行为,上诉法院依据本案事实和证据认定黄以办事处名义实施的行为为单位行为,符合民事证据规则的有关规定。

　　反例

　　原告王×(女)与被告周×(男)于 1998 年登记结婚,婚后从被告单位分得公房一套,并于 2000 年通过房改取得了房屋产权。2004 年 6 月 7 日,王×诉至法院请求离婚,周×表示同意,但双方对财产分割和债务承担未能达成一致。庭审中,周×向法庭提交了舅父李×诉其本人的调解书 1 份,立案时间为 2004 年 6 月 9 日,当天调解结案,内容是周×夫妻房改时借李×1.6 万元,周×同意偿还。进而,周×在离婚诉讼中持调解书主张该 1.6 万元系夫妻共同债务,应由双方共同财产偿还。王×否认曾经借过李×的钱,认为调解书系周×与舅父恶意串通,目的是侵吞夫妻共同财产,不同意偿还 1.6 万元。周×以一份无法律上效力的调解书来作为其主张的证据,不具备证明力。法院不能单独以此作为定案的证据。

抚育纠纷案②

　　1981 年,窦×与苏×相恋并同居。苏×怀孕后两人因发生矛盾而分手。后苏×生下小云独自抚养。1998 年,小云得知身世后要求与窦×相认。在遭窦×拒绝后,

---

① 《中国工商银行田东县支行因存单纠纷上诉一案》,载 http://china.findlaw.cn/info/wenshu/fayuan/minpan/189650.html,最后访问日期 2012-03-19。
② 《成都首次用事实推定规则审结抚育纠纷案》,载 http://news.sina.com.cn/china/2000-1-12/51480.html,最后访问日期 2012-03-19。

小云将其告上法庭。尽管有周围邻居的证词，窦×却始终不肯承认，且执意不肯做亲子鉴定。小云只得从其母与窦×的同居时间、自己的出生日期来推断自己与窦×有血缘关系。

经审理，成都市青羊区人民法院认为，根据一系列间接证据分析，能够推论出原被告间极可能存在亲生父子关系，窦×也一直未能向法庭提交证据否认这种关系。依照最高人民法院《关于适用〈中华人民共和国民事诉讼法〉若干问题的意见》第75条第3项，对根据法律规定或已知事实能推定出的另一事实，当事人无须举证，作出判决：窦×须从1999年4月起每月付给原告小云抚育费600元，直至其独立生活为止。①

法律推定与事实推定之比较 法律推定与事实推定都是为了发现事实的推定，二者之间存在的区别主要是，法律推定中前提事实是法律明文规定的，而在事实推定中前提事实未被法律规定。凡法律推定的事实，司法者必须适用，而事实推定的事实，司法者可以裁量决定是否适用。

4-3-6 经验推定

A. 经验推定不是事实推定

经验推定也称常理推定，一般将经验推定归入事实推定，本书将其分立出来，因为事实推定之事实，在本书中指《关于民事诉讼证据的若干规定》第9条所列的众所周知的事实等五种事实，以及与推定事实有必然联系的事实。而经验推定依据的是常理或经验法则，它们也以事实面貌出现，故经验推定常被归入事实推定，但常有反例。经验推定属于法官自由心证事项，自由心证实际上就是基于法官的经验。

经验法则是依据经验归纳出的关于事情常态属性以及事情之间常态联系的知识，是在长期生活实践中形成的不成文法则。经验法则的公式为"如果……则大多数情况下是"，具备高度的盖然性，可以经得起检验。例如在护栏内被汽车撞伤，可认为是受害人的过错，如果受害人不跨越护栏便不会被汽车撞伤，因为汽车一般是在护栏内行驶；医生把镊子、丝线或者药棉等遗留在伤口内，可认定为医生的责任，因为医生以外的人一般不可能把镊子等留在伤口内。

B. 经验推定的运用

常理自古就为人类所运用。《圣经》上有一故事，说两妇人争一小孩，都自称是孩子的母亲，在无法证明哪一个是真的情况下，所罗门王假意判决将孩子劈成两半，两人各分一半。在假母亲歌颂所罗门王伟大、英明的时候，真母亲急忙放弃索要孩子的请求，以成全小孩性命。舐犊之情，人皆有之，何况性命攸关，作为母亲，谁还会坚持自己的主张而置孩子于死地？真假母亲遂不辨自明。所罗门王也正是根据这一常理，判明真假。

---

① 新的《最高人民法院关于适用〈中华人民共和国民事诉讼法〉的解释》（法释〔2015〕5号）第93条第3和4项规定，根据法律规定推定的事实或根据已知的事实和日常生活经验法则推定出的另一事实，当事人无须举证证明。

误写案①

　　原告张×在经营江苏省滨海县滨海港镇××冷冻厂期间,被告曹××经常来该厂购冰块。2005年11月12日,被告出具一张欠条给原告,上写:"欠冰钱1.800元整"。后因欠款额发生诉讼,原告认为,欠条上的"1.800元"系"1,800元"的误写,意指被告欠其冰款1800元。被告则认为,欠条上的"1.800元"意思是1.8元,而非1800元。

　　江苏省滨海县人民法院经审理认为,按一般常理,被告作为原告的老客户,为欠1.8元立欠据显然不符合情理;且按照会计记账习惯,1.800元应当理解为1800元;加之被告未能提供欠1.8元的证据,故被告以欠条上所写的1.800元就是1.8元之说不能成立,不予采信。根据我国《民法通则》第4条、第108条②和最高人民法院《关于民事诉讼证据的若干规定》第9条第3项规定,判决被告曹××应于判决生效后5日内归还原告张×人民币1800元。

　　被告曹××不服一审判决,向盐城市中级人民法院提起上诉。盐城市中级人民法院审理后认为,双方仅为欠1.8元立书面欠据有违常理。倘若曹××的确欠款1.8元,按正常的书写习惯亦只会写成1.80元,而不会写成1.800元,且曹××亦无其他有效的证据证明其主张成立。据此,上诉人曹××的上诉理由不能成立,不予支持。原审法院判决正确,应予维持。

盗电案③

　　公诉机关指控:被告人任×在枣阳南城××村二组国道地段开"××酒店",并在变压器处私接乱搭照明线到该酒店,供其冰箱、空调、射灯等电器使用,经电力部门核算,从1999年12月4日至2000年12月27日,388天内任×交纳电费的电量是2422度,平均每天6.2度。本市对当地电网整改后,2001年1月6日至1月7日,任×日用电量30度。据上述事实,任×窃电天数388天,乘以日用电30度,减去交纳电费的电量2422度,任×窃电量为9218度,减去其间停电天数,任×窃电9137.4度。据湖北省物价相关规定,合计人民币6213.43元。

　　被告方辩称:从××村二组搭线到酒店,是经该村电工同意的,且搭线经过了电表,指控窃电不实,另外,以实测被告人任×一天用电30度推算每天用电均为30度并计算388天的方法,无事实和法律依据。

---

　　① 《经验法则推定事实的认定规则——江苏盐城中院判决张健诉曹志坚欠款纠纷案》,载http://www.zwmscp.com/a/gedipanli/gedipanli/2010/0709/3349.html,最后访问日期2012-03-19。
　　② 新《民法典》第5—7条、第675条。
　　③ 《事实推定在盗窃无形物犯罪中的司法适用》,载http://www.criminallawbnu.cn/criminal/Info/showpage.asp?pkID=10229,最后访问日期2012-03-19。

> 法庭审理查明:被告人任×开"××酒店",该酒店装表用电接在本市节水办变压器上,任某又从××村二组变压器处私接乱搭照明线到酒店,进行越表用电,盗窃电能。酒店内的冰箱、空调、射灯、电饭锅、电灯等电器的总容量是8.15千瓦,以180天每天窃电时间6小时计算,共窃电8802度,折合人民币5985.36元。
>
> 根据以上事实,枣阳人民法院依据我国《刑法》第264条和最高人民法院《关于审理盗窃案件具体应用法律若干问题的解释》第1条第3项、第3条第1项、第13条的规定①,判决被告人犯盗窃罪,判处有期徒刑3年,并处罚金8000元。

电脑丢失案②

> 2006年10月12日凌晨1时许,有人窜入某大厦1023房间,用载货小推车推走13个笔记本电脑外包装箱和一个黑色箱包。××计算机经销部报案称丢失93台笔记本电脑,价值75万元。公安机关于案发当日立案侦查,但至今未能侦破。××计算机经销部遂将物流港公司告上法庭,认为物流港公司存在重大过错,应承担全部赔偿责任。
>
> 法院认为,××计算机经销部除向物流港公司交纳租金外,每年还交纳6万元物业管理费,物流港公司在24小时监控、20分钟一巡查、检查出门条3个环节存在重大过失,对××计算机经销部的损失应承担赔偿责任。
>
> 但在刑案未破的情况下,如何确定被盗物品及其价值,成为双方争辩的焦点。关于被盗物品,目前能够查明的事实是:××计算机经销部从事代销笔记本电脑业务;现场照片反映出大厦1023房间杂乱堆放着大量空的笔记本电脑外包装箱、白色泡沫填充物等物品;犯罪嫌疑人用载货小推车推走13个笔记本电脑外包装箱和1个黑色箱包。
>
> 物流港公司提出几个疑问:盗窃犯用小推车推走的纸箱内是否装有物品?是否都装满了?是否都装满了同样的物品?装的物品是否就是笔记本电脑?主审法官表示,这是无视已知事实和日常生活经验法则。北京市第一中级人民法院法官根据最高人民法院《关于民事诉讼证据的若干规定》的相关规定,首先推定被盗物品是笔记本电脑,然后根据犯罪嫌疑人作案时间的长短和被盗现场有大量空纸箱、泡沫填充物等情形,推定犯罪嫌疑人将窃得的笔记本电脑运离现场的方式是:把整箱的笔记本电脑拆箱,再将笔记本电脑重新装箱,通过现场演示,一个纸箱可放置5台笔记本电脑。根据这些推定事实,法院酌定物流港公司赔偿××计算机经销部30万元。

C. 经验推定的例外

"没有无例外的规则",实际上这是因为经验有例外。经验推定基于常态,但常有例外发

---

① 新《最高人民法院、最高人民检察院关于办理盗窃刑事案件适用法律若干问题的解释》(法释〔2013〕8号)。
② 《盗窃案未破被窃物难定　法官依常理推定被盗物品》,载 http://www.ce.cn/bjnews/zonghe/200802/26/t20080226_14647542.shtml,最后访问日期2012-03-19。

生。如一般人每天吃三餐,也有人只吃一餐。北京市曾规定,房屋不许出租给违背生活作息规律、利用所租房屋进行违法犯罪活动的可疑人员。这一规定引起巨大争议,因为有人就喜欢或不得不昼伏夜出,违背生活作息规律,如夜班编辑和司机。因而,进行经验推定需特别谨慎,不可过于自信。

例外 1

> 我们已知的事实是:(1)原告有自行车一辆;(2)原告每天骑自行车回家;(3)原告在公安机关陈述自行车不见了,现场没有可疑痕迹。
> 而我们要确定被告看车人应承担责任,必须推定的事实是:有人在看车人看守的车棚里偷了原告的自行车。
> 但我们不能从已知的事实推出原告的自行车在车棚里被偷的事实,它们之间没有必然的联系。尽管我们可以一般推定出原告当晚骑车回家,但无法得出自行车在车棚里不见了及其被偷的结论,因为原告当天可能未骑车回家,自行车可能在原告买东西时在大街上被偷。

例外 2

> 一贯占有某财物的人,一般情况下都是该财物的主人,但在个别情况下,也可能不是该财物的主人,例如一辆小汽车的主人出国五年,主人的朋友一直保管和使用该小汽车。

例外 3①

> 南京一男子彭×因搀扶摔倒的老太太而被告上法庭,法院一审判决彭×赔偿45876元。判决书称"彭×自认其是第一个下车的人,从常理分析,他与老太太相撞的可能性比较大。如果不是彭×撞的老太太,他完全不用送她去医院"。法院在这里使用的"常理"是:如果不撞人,不用送人去医院。从这一常理中推出彭×撞了老太太,因为他送她去了医院。法院的推理无错,但大前提有疑。因为常理常常欺骗我们,我们要防止无条件逃向常理。

---

① 《男子自称搀扶老太反被告上法庭》,载 http://www.sina.com.cn/s/2007/09/06/142813832114.shtml,最后访问日期 2008-08-15。2012 年 1 月南京市政法委书记综合当事人陈述和法庭调查,介绍了"彭×案"的基本事实,彭×确实与老太太发生了碰撞,事后经法院调解,他对结果表示满意。参见 http://focus.news.163.com/12/0116/11/7NSSBBEV00011SM9.html,最后访问日期 2012-07-27。

类别	含义
法律推定： 　直接推定 　推论推定	根据法律规定适用逻辑规则来推定另一事实的存在 　不依赖任何前提事实就假定某一事实的存在 　依据法律从已知事实推论未知事实
事实推定	从已知(五种众所周知的)事实等推出未知事实
经验推定	依据常理或经验法则推出未知事实

图表 4-7　推定的类别和含义

4-3-7　推定的逻辑方法：演绎

A. 法律推定

只要发生大前提所规定的情况，无条件地适用。

重庆"烟灰缸伤人案"与药品过有效期案（案情参见 4-3-4）

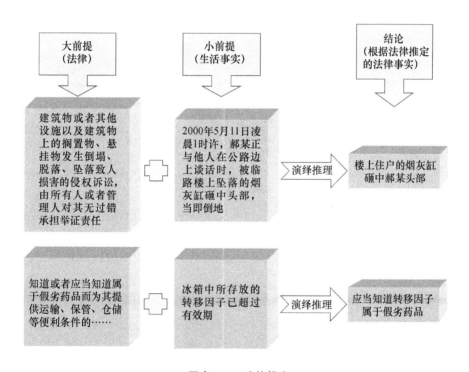

图表 4-8　法律推定

B. 事实推定和经验推定

运用事实推定和经验推定的过程就是对待证事实的逻辑判断和推理过程，这是一个从大前提、小前提到结论的三段论推理。当前提事实出现时，根据经验且没有出现反例，我们有理由相信推定事实也会出现。前提事实与推定事实之间的高盖然常态联系，为我们进行推定提供了较充分的理由，但前提事实与推定事实之间不存在着必然性的逻辑联系。

误写案与电脑丢失案（案情参见 4-3-6）

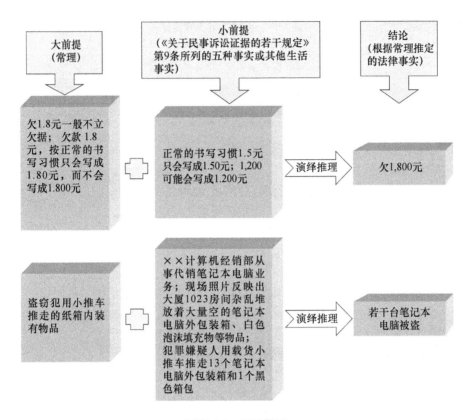

图表 4-9　经验推定

用三段论的推理方法导出的结论是否正确,最终取决于:大前提是否与小前提有高度的关联度。法律推定、事实推定和经验推定都是基于前提事实与推定事实之间的高盖然常态联系进行三段论推理,不同只在于法律推定是必须,事实推定和经验推定是可以。总之,三者都运用演绎方法。

5　求言辞之真的方法

言辞证据指以人的陈述为存在和表现形式的证据,如证人证言,刑事被害人陈述,犯罪嫌疑人、被告人的陈述与辩解,鉴定意见等都属于言辞证据。鉴定意见是一种特殊的言辞证据。此外,证人、当事人以书面形式提交的证人证言、当事人陈述等,这些虽然表现为书面形式,但实质是对证人证言、当事人陈述的固定手段,仍属于言辞证据。由于言辞证据的取得方式或程序及权限违法而导致其效力被排除,不能作为证据使用,这即非法言辞证据排除规则。言辞证据通常只能成为推理的基础,一般为间接证明方法,主要靠言辞证据定案易导致刑讯逼供。

李×刑讯逼供案①

> 2002年7月12日凌晨2时许,唐山市南堡开发区住户郭×夫妇在家中被人重伤。唐山市公安局南堡开发区分局将时任冀东监狱二支队××部主任的李×确定为犯罪嫌疑人,并在其家中搜出钢珠手枪一支。2002年7月21日上午,南堡开发区分局办案人员经唐山市刑警支队一大队大队长聂×同意,将李提至该大队三楼办公室讯问。因李×坚称此案与自己无关,聂×示意使用本队的磁性手摇电话机对李×进行电击。王×、杨×组织对李×进行刑讯逼供。李×受刑不过,承认此案系其所为。2002年8月26日晚,王×、杨×等人在两名实习民警配合下,再次提审李×并对其刑讯逼供。
>
> 2003年11月26日,唐山市中级人民法院以故意杀人罪和非法持有枪支罪判处李×死刑,缓期两年执行,附带民事赔偿10万余元。李×提出上诉。2004年8月11日,河北省高级人民法院以证据不足为由,撤销一审判决,发回重审。在此期间,温州市瓯海公安分局看守所在押人员蔡×供称自己曾在2002年7月12日凌晨闯入冀东监狱家属区郭×家中抢劫伤人的事实。蔡×的供述后被查证属实。2004年11月26日,李×被无罪释放。

5-1 认定言辞证据的工作方法

言辞证据是经过证人、被害人、犯罪嫌疑人、被告人、鉴定人等的感知、判断、记忆、检索、陈述这几个过程"加工"过的,其陈述受感受力、记忆力、判断力、表达能力、利害关系和思想感情等因素的影响,不能如实反映案件客观情况的可能性较大,甚至有的还会歪曲、伪造、隐瞒事实。因此,认定言辞证据应注意的问题有:

5-1-1 犯罪嫌疑人供述与辩解的认定

A. 审查口供的形式合法性,如讯问主体、地点的选择,讯问人数,是否个别进行,讯问时是否出示证明文件,是否告知相应的权利,讯问时间是否合法,笔录是否得到确认,内容是否齐全等。

B. 对口供内容的审查

a. 审查口供是否合理

要根据案件的具体情况从犯罪时间、地点、动机、目的、手段和结果等各个方面,分析犯罪嫌疑人或被告人是否有可能实施犯罪。

b. 审查犯罪嫌疑人、被告人供述和辩解的动机

犯罪嫌疑人供述的动机各种各样,如果是出于悔过,投案自首,或在证据面前承认自己的全部或部分犯罪事实,或者被讯问人员的教育感化,则所作的供述与辩解,一般可信程度较高,证明力较强。而在另外一些情况下,如为了掩盖重罪而承认轻罪,为了义气替人顶罪,

---

① 《要案:因证据因素引发的刑事"错案"》,载 http://www.haolawyer.com/wk-397-1.html,最后访问日期2012-03-19。

所作的供述往往是虚假的,可靠性差,证明力弱。

c. 审查犯罪嫌疑人供述是在何种情况下作出的

审查的主要内容包括:是出于自愿还是非自愿,有无刑讯逼供、诱供,是否与同案犯订立攻守同盟、串供,是否受外部环境影响。

d. 审查各同案嫌疑人、被告人供述之间以及其他证据之间有无矛盾

首先要注意同案嫌疑人之间供述有无矛盾,矛盾的具体体现和产生的原因,综合全案的其他证据进行分析、推理、判断,确定其真实可靠程度及证明效力。其次分析犯罪嫌疑人前后供述之间、供述与其他证据之间有无矛盾,分析矛盾产生的原因,翻供的理由是否成立,是否合乎逻辑。

5-1-2 对刑事被害人陈述的认定

被害人亲历案件,其控诉可信程度较高,真实性较强,但同时要注意被害人或因犯罪发生时的时间、地点、环境、条件等因素的影响,自我认识能力受限,使其认识、记忆、表述案情发生误差,或因其精神高度紧张,恐惧产生错觉导致记忆陈述失实,或因其受严惩犯罪的过激情绪支配,陈述中往往夸大犯罪事实或情节,或出于个人目的,故意夸大或缩小犯罪事实,张冠李戴,陷害他人。

5-1-3 对证人证言的认定

由于证人感知的案件事实受到各种主客观条件的制约,故其提供的证言可能是真实的,也可能真假混杂或完全虚假,要注意:

A. 证人陈述的根源

证人陈述的根据一般源于亲身经历、传闻或推测。直接经历的陈述可信度高;对听他人陈述间接得知事实的证言,应审查是在什么情况下听到的,并且在有其他证据时才予以确认;当证言是根据推测所作的陈述时,不管是直接经历还是据传闻,只有在其推测的根据得到确认,推测的方法符合常理时,才可认定。

B. 证人的立场

如果证人与当事人有亲属、近邻、朋友和从属等关系,就有可能提供虚假证明,对此失察容易发生误断。

C. 证人陈述时所处的环境

证人提供证言时会受到外界影响,主要表现为司法人员的威胁、引诱、欺骗;当事人或其他人的贿买、胁迫、指使等,均可能影响到证人证言的可信度。

D. 其他影响证人证言可信度的因素

影响证言可信度的因素还有诸如证人的能力、性格,证人的感知力、记忆力、表现力等,审查时应予以考虑。

5-2 认定言辞证据的逻辑方法

逻辑方法以其所得结论的必然性,在认定言辞证据的可靠性问题上作用重大。仅举两个假设的经改编的例子,以供体验。

谁是凶手？

一个单身富豪在其别墅被杀，警方根据别墅区门卫的证言得知，在富豪死亡的当天，他的四个朋友都单独去过一次富豪的别墅。于是，警方分别讯问了这四个人。出于不同动机，他们每个人向警方所作的两条供述都是谎言：

艾某：
（1）我们四个人谁也没有杀害富豪。
（2）我离开别墅的时候，他还活着。

步某：
（3）我是第二个去别墅的。
（4）我到达别墅的时候，他已经死了。

柯某：
（5）我是第三个去别墅的。
（6）我离开别墅的时候，他还活着。

戴某：
（7）凶手不是在我去别墅之后去的。
（8）我到达别墅的时候，他已经死了。

问：这四个人中谁是杀害富豪的凶手？

推理与答案：

一、从八条谎言供述中，等于推出以下八个真实情况：

1. 这四个人中的一个杀了富豪。
2. 艾某离开别墅的时候，富豪已经死了。
3. 步某不是第二个去别墅的。
4. 步某到达别墅的时候，富豪仍然活着。
5. 柯某不是第三个去别墅的。
6. 柯某离开别墅的时候，富豪已经死了。
7. 凶手是在戴某之后去别墅的。
8. 戴某到达别墅的时候，富豪仍然活着。

二、从以上推得的真情况中，再可推出凶手：

根据1、4、8和6，步某和戴某先去其别墅而之后到别墅的；
根据3，艾某不是第二个去别墅的；步某不是第一个去的；
根据5，艾某不是第三个去别墅的；柯某不是第四个去的；
根据8，戴某离开其到别墅时，富豪还未死，而根据2，艾某到时富豪已经死了；
根据1，艾某应是最后去其别墅，即凶手；
因此，根据7，艾某是凶手。

农民和小偷

一个乡村发生了一起盗窃案,在法庭上站着三个嫌疑人,他们要么是当地的农民,要么是逃到这里来的小偷。法官不知道他们之中谁是农民,谁是小偷。但是设定法官知道,当地农民的回答总是真的,而小偷的回答总是假的。因此,法官就依次从左向右向他们提问,以判明他们的身份,进而弄清盗窃真相。

他先向左边的人提问:你是什么人?这个人回答后,法官就转向站在中间和右边的人,向他们提问说:"他回答的是什么?"站在中间的人回答说:"他说他是农民";站在右边的人则回答说:"他说他是小偷。"

问题1 左边的人的回答是什么?如何通过推理得出?

问题2 他们三人的身份是什么?如何通过推理得出?

答案1 "我是农民。"

推理:该个结论可以通过一个标准推理得出:
如果他是农民,那么他必然说自己是农民(因为他说真话);
如果他是逃来的小偷,那么他必然说自己是农民(因为他说假话)。

答案2 站在中间的人是农民,站在右边的人是小偷,站在左边的人身份不清楚。

推理:这里要这样推理:
既然站在左边的人必然说"我是农民",那么,站在中间的人回答说"他说他是农民"是真的,这是站在中间的人说了真话的回答,即其是陈述真相,所以,站在中间的人是农民。

站在右边的人回答说"他说他是小偷",这不符合真实情况,所以,站在右边的人是小偷。

至于站在左边的人的身份,如上所述,他或者是农民,也或者是小偷,一时尚无法弄清。

附　录

一、阅读文献选

1. 张保生:《事实认定及其在法律推理中的作用》,载《浙江社会科学》2019年第6期。
2. 龙宗智:《刑民交叉案件中的事实认定与证据使用》,载《法学研究》2018年第6期。
3. 黄泽敏:《案件事实的归属论证》,载《法学研究》2017年第5期。
4. 乔光耀、刘万奇:《从分类到界线——论推定与法律拟制》,载《中国人民公安大学学报(社会科学版)》2016年第5期。
5. 刘治斌:《案件事实的形成及其法律判断》,载《法制与社会发展》2007年第2期。

二、阅读案例选

1. 广东陈传钧涉嫌抢劫杀人改判无罪案,参见徐阳:《罪疑从无的证据逻辑与表达——对广东陈传钧案二审证据不足无罪判决的文本分析》,载《法律适用》2017年第2期。
2. 聂树斌再审改判无罪案,参见胡云腾:《聂树斌案再审:由来、问题与意义》,载《中国检察官》2017年第21期。
3. 案件事实的认定,参见《三兄妹和继母打官司争遗产 遗嘱是否真实成争议焦点》,载http://xw.kunming.cn/a/2014-10/14/content_3723169.htm,最后访问日期2014-10-20。
4. 虚假借条案,参见《男子虚构20万借条到法院起诉被识破》,载《南方日报》2014年6月13日。
5. 《北京东方旭煜商贸有限公司诉海淀区劳动和社会保障局不履行送达法律文书职责案》,载最高人民法院中国应用法学研究所编:《人民法院案例选》(2008年第4辑),人民法院出版社2009年版,第404页。

严格遵守合约

一位女士打电话给宠物商店说:"立即给我送3万只蟑螂来。""您干吗要3万只蟑螂?"大吃一惊的店员问。

"是的,"女士回答,"我准备今天搬家。按照以前我与房东签订的租房合约,当我离开时,我留下的住房条件必须与我住进去时完全一样"。

第五章 理解法律行为的方法

问题与要义

1. 法律行为为什么既是事实问题,又是法律问题?
2. 法律行为仅具民法意义吗?
3. 理解意思表示的方法有哪些?
4. 格式合同如何解释?
5. 如何解释遗嘱?
6. "具体行政行为的理解"与"对具体行政行为的理解"有别吗?

Stat pro ratione voluntas.

意思代替理由。（中）
The will stands in place of a reason. (英)
Der Wille steht für eine Begründung. (德)

关键词

法律行为	意思表示的理解	遗嘱解释
法律问题	合同理解	具体行政行为的理解
事实问题	合同漏洞填补	对具体行政行为的理解

1 法律行为的双重性质

法律行为理解发生在法律适用的小前提形成的阶段,而形成小前提的阶段是一个法律适用过程。对法律行为的理解在性质上既属于法律问题,也是事实问题。所以,将此章置于小前提形成(第四章)与大前提形成(第六章)之间。

事实问题与法律问题的主要区别在于,事实问题主要属证明事项,需要以证据来证实,即通过对证据的收集、审查、判断、采纳,对举证责任进行分配,最后按一定的证明标准通过内心确认对案件的事实作出结论。法律问题属理解事项,乃人对法律的判断,不受当事人陈述的拘束,不发生举证责任问题。但在整体上,事实问题与法律问题不可分解地纠缠在一起,对事实的判断不可避免地融入了裁判者的主观因素。民法上的法律行为更是事实问题和法律问题的混合体,因为当事人的意思具有设定权利和义务的功能,如同法律一般,故属法律问题;同时,当事人的意思无论表示得清晰与否,也是一种事实,是事实就可能产生证明问题,就需要以证据来证明意思表示的客观性。既作为事实(小前提)也作为法律(大前提)的当事人的意思同时产生法律效果。

2 法律行为的不同含义

2-1 法理学上的含义

法理学上的法律行为指具有法律意义或能够引起一定法律后果的行为,如走私毒品、缔结婚姻、酒后驾车,均属法律行为,因为法律如刑法、民法、行政法调整了这些行为,所以它们具有法律意义。而法律置个人的恋爱、借书、企业的捐赠义务于不顾,它们就不具有法律意义。在这里,法律行为中的"法律"二字是用来修饰"行为"的中性定语,而不可望文生义,以为是指"正确的""合法的"。既然"法律"二字是中性的,那么,法律行为既可以是合法的,如缔结婚姻,也可以是违法的,如走私毒品。为了避免将法律行为与合法行为等同,人们又以"有法律意义的行为"或"适法行为"称之。

2-2 民法上的含义

"法律行为"原本是一民法概念,意指根据行为人意志而发生法律效果之行为。它强调的是行为人意志的自由,法律效果为行为人意志所设定,因而是实现私法自治最重要的工具,如债权契约。因为在私法之外的其他法域中,当事人如何行为并不遵行自治原则,故法律行为原为私法专有。

在中国民事立法中,如何表达以意思表示为核心的表示行为,一直存有分歧。在1986年的《民法通则》中使用了"民事行为"(第58条),只有满足了生效要件的民事行为,才可称之为"民事法律行为"（第55条）。在编纂民法典过程中，有的人认为可保留民事行为的表述，也有建议用法律行为，还有主张用民事法律行为，立法者最终采纳了第三种意见。《民法典》第133条对其定义是：民事法律行为是民事主体通过意思表示设立、变更、终止民事法律关系的行为。它包括合法行为、无效行为、可撤销行为和效力待定行为。采用"民事法律行为"概念主要是为了区别其他法域所使用的"法律行为"，如行政行为、刑事行为。

2-3 行政法上的含义

"行政行为"指国家公权力者为形成公法上的法律关系而作出的单方行为，如专利许可、行政处罚、任命公务员。但行政许可和行政协议是单方还是双方行为存疑。行政行为适用的是依法行政原则而非自治原则，行政机关的行政裁量也必须以实现公共利益为导向，行政行为具有强制执行力，因而与民法中的法律行为不同。

本书不去争辩对法律行为的理解何种为适当，而专注于在适用法律中存在着对民法中的法律行为和行政行为不同的理解，介绍理解法律行为和行政行为的方法。因为对法律行为和行政行为的不同理解大量存在，需要解释。

项目 学科	定义	分类
法理学	具有法律意义或能够引起一定法律后果的行为	合法行为、适法行为、违法行为
民法学	根据行为人意志而发生法律效果之行为	合同、条约、决议
行政法学	国家公权力者为形成公法上的法律关系而作出的单方行为	行政许可、行政确认、行政强制、行政裁决、行政处罚、行政协议

图表5-1　法律行为的不同含义

3　民法中法律行为的理解方法

法律行为的内容依形成法律行为的意思表示的内容而定，因此，"法律行为"与"意思表示"这两个概念之间的区别微乎其微，但"法律行为"一词偏向国家主义，"意思表示"一词重私人自治。大体上，法律行为的理解方法，可称为意思表示的理解方法，但严格来讲，意思表示的理解方法着重意思效果、表示行为的方法，而法律行为的理解方法还包括对该行为主体、内容、形式等多方面的方法，较意思表示的理解方法范围广。无论如何界定法律行为的理解方法的范围，意思表示的理解方法终为核心，其中合同中的意思表示关系重大，加上合同的理解方法还有特别之处，拟单独考察。当然，意思表示的理解方法的一般原理和方法也适于合同的理解方法。因准法律行为、事实行为与行为人意思表示无关，故排斥在外。

签名购书是否为法律行为（考题）[①]

> 教授甲举办学术讲座时，在礼堂外的张贴栏中公告其一部新著的书名及价格，告知有意购买者在门口的签字簿上签名。学生乙未留意该公告，以为签字簿是为签到而设，遂在上面签名。问：对乙的行为应如何认定？

---

① 2005年国家司法考试（试卷三）。

A. 乙的行为可推定为购买甲新著的意思表示
B. 乙的行为构成重大误解,在此基础上成立的买卖合同可撤销
C. 甲的行为属于要约,乙的行为属于附条件承诺,二者之间成立买卖合同,但需乙最后确认
D. 乙的行为并非意思表示,在甲乙之间并未成立买卖合同

评析

乙的行为不属于商事行为,因此,应强调行为人的真意。乙误以为签字簿是为签到而设,遂在上面签名,并没有购买新书的意思表示。故选 D 正确。

而 B 项即乙的签字是否构成重大误解,值得分析。看起来乙的行为将购买签字误认为签到,构成重大误解,但在司法实践中,重大误解是指对相对人、对标的物或对标的物的规格、质量、数量、型号、色彩等方面,对行为性质、对传达人的错误造成的误解,且该种误解必须造成较大损失。本题中乙的行为并非法律行为,不符合上述对重大误解的认定。另外还有将此法律行为误认为彼法律行为,如将悬赏广告误认为奖励。

意思表示本身也是一种行为,这种行为是指行为人把从事某一法律行为的内心效果意思,以一定的方式表达出来,如商品上的价签是出卖人以何种价格出卖某一商品的意思表示。意思表示不仅表现表意人的一定效果意思,而且通过一定的表示行为,达到与人交换意见的目的。

3-1 意思表示的理解方法的标准

先看看部分立法采取的适用方法标准。

法律名称	规定内容	特色
《法国民法典》(第1165条)	解释时,应探求当事人的意愿,而不应拘泥于合同文字的字面意思。	主观解释
《德国民法典》(第133、157条)	解释意思表示应探求其真意,不得拘泥于字面含义。第157条则规定:解释合同应按照诚实信用的原则及一般交易上的习惯解释。	修正的主观解释
中国台湾地区"民法"(第98条)	解释意思表示,应探求当事人真意,不得拘泥于所用之词句。	修正的主观解释
中国《民法典》(第466条)	当事人对合同条款的理解有争议的,应当按照合同所使用的词句、合同的有关条款、合同的目的、交易习惯以及诚实信用原则,确定该条款的真实意思。	多标准的解释

图表 5-2 意思表示的理解方法的标准

从立场上分,《法国民法典》所采用的是主观解释,即探求当事人的意志,而不应拘泥于合同文字的字面意思。《德国民法典》采用的也是主观解释,但是对之进行了修正:应按诚实信用及交易习惯进行解释,这是以某种客观标准去认定当事人的意志,意味着对当事人的意志进行限制,以维护交易安全及交易秩序。中国台湾地区"民法"实际承袭了《德国民法典》

第 133 条,但从台湾地区"最高法院"的判例来看,也运用了诚实信用、交易习惯等,因而在司法实务上采用的是折中立场。

中国《民法典》采用的是多标准解释。但这些标准并非并列,并非同等重要。第 466 条暗含的前提是,人们应首先探寻当事人的真意,在当事人意图已明的情况下,不能以客观标准来替代当事人的意思,那是干涉当事人的意思自治。在不能求得当事人真意,即理解有争议时,按文义解释、体系解释(合同的有关条款)和客观目的来理解,还可以运用交易习惯、诚实信用等方法确定合同条款的真实意思。但《民法典》并未明示使用顺序是从文义解释—体系解释—客观目的—交易习惯—诚实信用,只可从排列顺序作出这种使用顺序的推定。

3-2 意思表示的理解对象

什么是意思表示的理解对象,素存争议,学界有意思主义、表示主义和折中主义之三说。

——意思主义认为,理解对象为行为人的内在意思。意思表示的实质在于行为人的内心意思,法律行为本身不过是实现行为人意思自治的手段。因此,理解意思表示的目的仅在于探求行为人的真意。在表示与意思不一的情况下,法律行为应依据对行为人真意的理解而成立。意思主义尤其体现于对无相对人的遗嘱的理解之中。

——表示主义认为,理解对象为行为人所表示出来的意思。法律行为的本质不在行为人的内在意思,而在行为人表示出来的意思。因此,表示主义的理解原则采客观立场,在表示与意思不一时,以外部表示为准;尤其对于有相对人的意思表示的理解,如对合同的理解,应以相对人可客观了解的表示为准,以保护相对人的信赖利益。

——折中主义认为,当意思与表示不一时,或采意思主义,或采表示主义,兼容意思主义和表示主义的合理因素。我国通说以表示主义为主,意思主义为辅。一般情况下采表示主义,在当事人因欺诈、胁迫、乘人之危、错误等原因为意思表示时,应采意思主义。但《民法典》第 466 条明显采取的是意思主义,理解合同所使用的词句等不过为方法,目的在于确定该条款(主要为行为人)的真实意思。

意思表示真实与否[①]

> 事 实
>
> 张×借王×8万元,经王×多次催要,双方达成协议,张×愿以其一套90平方米的房屋抵偿借款,并写协议书一式两份。张×长期不交付房屋。两个月后,王×及其家人找到张×,要求张×履行协议遭拒绝,王×及其家人逼迫张×出具与前协议内容相同的协议书一份。后张×诉至法院,以意思表示不真实为由请求法院撤销第二份协议。

争议点:张×出具第二份协议书是否为意思表示不真实?

---

① 周登高、王雪玲:《此行为是否属意思表示不真实》,载 http://hnfy.chinacourt.org/public/detail.php? id = 33305,最后访问日期 2012-03-19。

> **争议点**
>
> 第一种观点:意思表示真实。第二份协议虽是在王×及其家人的逼迫下作出的,但从内容上看,第二份协议表达的意思是第一份协议中张×真实意思的重复,是有效协议。
>
> 第二种观点:意思表示不真实。意思表示真实是指,行为人意思的形成与表示均由自己意志决定,不存在欺诈、胁迫等干涉和妨害其形成意思和表示意思的情形。否则意思表示就不真实。张×先同意将房屋抵偿借款,表明第一份协议中张×的意思形成是自由、真实的,但如果没有王×及其家人的胁迫,张×就不愿意重复这种意思,并形成第二份书面协议。故对第二份协议应予以撤销。本案的债权人王×可以凭第一份协议实现自己的权利。这里采用了主观与客观、意思主义与表示主义兼顾的标准。

3-3 民事行为和商事行为的意思认定

对于行为人是否有该意思的认定,还因民事行为和商事行为而有所区别:在民事行为中,对行为人意思的认定,往往强调其真意;而在商事行为中,往往强调其外在表示。

错标价格案[①]

> 1998年7月底,××家电商店新进了一种新型随身听,商店将价格定为2897元,售货员张×在制作价格标签时,漏看一个"2"字,将价格抄为897元。8月初,刘×到该家电商店看到这种随身听,见价格便宜,便问售货员张×是否为假冒货。张说:"这是刚进的货,我们是独家经营,不可能是冒牌货,你可凭发票来换。"刘×仔细检查后,认为不是冒牌货后便买了两台,用信用卡付了款。8月底,该家电商店盘点时,发现少了4000元,经查是张×错标价格所致。由于刘×是用信用卡付款,商店很快找到了刘×。××家电商店提出或者补交4000元,或者退还两台随身听,商店返还刘某已付的1794元。刘某认为买卖关系已经成立,商店不能反悔,立即拒绝。张×向刘×说清了当初抄标价签时,不知真实价格是2897元,抄成了897元,刘×认为:"那是你们商店内部的事,与我无关。"商店无奈,只得向人民法院起诉刘×要求解决。
>
> 本书认为,制作价格标签是商事行为,商事行为强调外在表示,刘×可不退还两台随身听。

---

① 载 www.zhidao.baidu.com/question/29081908.html 13K 2007-6-23,最后访问日期2008-06-29。

3-4 意思表示的理解方法

据《民法典》第466条的规定:"当事人对合同条款的理解有争议的,应当按照合同所使用的词句、合同的有关条款、合同的目的、交易习惯以及诚实信用原则,确定该条款的真实意思。"用本书使用的法律方法来归纳上条表达的意思表示的理解的方法有:

A. 字义解释

解释意思表示必须先由字义解释入手。所谓字义解释,是指通过对意思表示所使用的文字词句的含义的解释,以探求当事人的真实意思。但语言文字多具多义性,而表意人运用语言的方式以及所具备的法律知识不同,言不尽意时有发生。在进行字义解释时,不应拘泥于当事人所使用的文字。

B. 体系解释

体系解释是指把表达意思表示的全部条款看做统一的整体,从各个条款的相互关联、总体地位上阐明当事人的意思。具体指,要理解其整体的意思必须准确理解各部分的意思;要理解各部分的意思,必须将各部分置于整体之中。

C. 客观目的探究

当事人为意思表示都有一定的目的,目的是当事人真意的中心,决定着意思表示内容。对意思表示的理解应符合当事人欲达成的目的。这一目的是指双方当事人共同的目的,或者至少是为对方当事人已知或应知的一方当事人的目的。

D. 习惯理解

习惯理解是指在理解意思表示时按照当事人的习惯来理解。这里的习惯指交易习惯,它是在交易中为大家普遍接受的,长期、反复实践的行为规则。交易习惯应当是客观存在的,主张交易习惯的当事人负有举证责任;如果交易习惯违反法律的强行性规定,则不能作为理解的依据;交易习惯应是当事人双方共同遵守的,如果仅为一方的习惯,除非订立合同时已将该习惯告知对方并获得对方认可,否则不应采为理解的依据。

E. 诚信理解

在对意思表示进行理解时,应遵循诚实信用原则。诚信理解功能在于,对运用前述各理解方法所得结论进行检验,如果理解结论违反诚实信用原则,则不应被采纳。

理解方法 \ 项目	定义
字义解释	通过对意思表示所使用的文字词句的含义的解释
体系解释	把表达意思表示的全部条款看做统一的整体,从各个条款的相互关联、总体地位上阐明当事人的意思
客观目的探究	根据当事人欲达成的目的进行的理解
习惯理解	在理解意思表示时应参照在交易中大家普遍接受的、长期、反复实践的习惯进行理解
诚信理解	遵循诚实信用原则进行理解

图表 5-3 意思表示的理解方法

以下借用一成例(本书有较大改写)来贯通说明前述几种方法。

集装箱超期使用费案①

> 事实

2000年9月5日,被告上海××集装箱发展有限公司将一份"进出口集装箱放箱申请(保函)"交给原告上海××国际船舶代理有限公司。该申请的打印部分为原告起草,载明"本公司(车队)前来贵处办理进出集装箱放箱手续,特别保证提箱后及时将空箱归还到贵公司指定的堆场,且在10天内结清所有费用"。

同年9月20日、9月30日和11月2日,被告在向原告提交了三张进口集装箱发放申请单和三张以1万元为限额的押箱支票后,分三次从原告处提走55只集装箱,在提箱后10天内将空箱归还给原告,并结清了修箱费。

原告认为,前述55只集装箱在被告归还空箱时,产生集装箱超期使用费人民币2,063,804元,被告未履行其在保函中主动承诺的支付义务,应向其支付集装箱超期使用费及其利息损失。被告则认为其从未承诺支付或垫付该费用,集装箱超期使用费应由收货人支付。2001年11月7日,原告以票据纠纷为由起诉。

> 判决

法院认为:

1. 原、被告签订的保函是双方就提箱、放箱及使用集装箱所达成的协议,意思表示真实,内容合法有效。

2. 从保函中的约定和全文内容上看,被告的责任期间应从"提箱后"起算,"所有费用"应当是在被告责任期间以内所产生的费用,不是被告责任期间以外的提箱前超期使用费。

3. 被告填写申请的目的只是为了从原告处取得放箱资格,并正常经营自己的公路运输业务,未涉及其责任期间以外的任何事宜,对合同条款的理解应当符合其目的。

4. 对被告填写保函这一表示行为背后所蕴涵的真实意思的理解,应当符合双方进行交易时的正常理性。被告提箱时原告接受的是三张限额为1万元的支票,与原告已知的200余万元超期使用费相去甚远,亦可反映出被告并无承诺支付提箱前超期使用费的真实意思。

5. 该保函为原告起草,理应对自身的权利尽更大的谨慎注意义务,即使对保函中的条款有不同的理解,也应当作出对原告不利的解释。在联合船代放箱协议、进口集装箱发放申请单、集装箱设备交接单等书证中,均未有被告承担提箱前产生的超期使用费的记载。要求被告承诺履行义务,必须有其明确的意思表示。本案双方未明确约定由被告承担提箱前的超期使用费,被告没有承担该费用的义务。

---

① 尚海:《探求合同条款所表示的真实意思》,载 http://news.sol.com.cn/news/20061101/62669.html,最后访问日期2012-03-19。

6. 依据联合船代放箱协议及保函,被告在本案中的真实身份仅为公路运输人;虽原告认为被告还有收货人代理人的身份,但未能举证证明;即使被告是收货人的代理人,因代理人行为所产生的法律责任也应由被代理人承担。因此,无论原告是否有资格以集装箱管理人或代理人的身份行使请求权,被告均不承担提箱前超期使用费的支付责任。

上海海事法院遂判决对原告的诉讼请求不予支持。一审判决后,双方当事人均未上诉。

> 评析

本案争议点在于,被告是否须对其提箱前已经发生的集装箱超期使用费承担付款责任。该争议点形成于双方对保函中"特别保证提箱后及时将空箱归还到贵公司指定的堆场,且在10天内结清所有费用"所表述的意思的不同理解,因此如何确定该条款内容,尤其是"所有费用"的真实意思是本案关键。

(一)关于保函文字内容的理解方法

本案中的保函是原、被告之间就被告提箱、还箱所达成的协议。双方对该协议的不同理解主要出自于"所有费用"的"所有"一词:

——原告认为该"所有"费用指集装箱自超过免费使用期之日起至被告还箱之日止所产生的超期使用费;

——被告认为仅指自被告提箱之日起至还箱之日止、在被告掌管期间所产生的超期使用费。

1. 字义解释不能解决"所有"一词的含义,原被告的争议产生于起止日,起止日决定着"所有"的真正含义。因此,要进行体系解释。

2. 审核保函的全文内容,从体系上可以看出:

2-1 被告特别保证的是"提箱后"及时将空箱归还至指定堆场,并结清"所有费用",因此,"所有费用"应当是在被告提箱后所产生的一切费用,而非被告提箱前所产生的超期使用费。

2-2 放箱协议中并未约定由被告承担提箱前的超期使用费,被告提箱时向原告提交的是三张以1万元为限额的支票,而涉案的超期使用费是人民币200余万元,这反映出被告并无承诺支付提箱前超期使用费的真实意思。

体系解释基本上可解决争议,再辅以客观目的探究、诚实信用原则和习惯理解更有利于澄清真实意思。

3. 作为公路运输人,被告填写保函的目的是为了经营自己的公路运输业务,而非提取集装箱中的货物,而达到该目的并不需要被告承诺付清其提箱前的超期使用费。

4. 依据诚实信用原则,被告经营涉案集装箱公路运输业务的利润相对微薄,其主动承诺支付200余万元人民币的超期使用费,有悖于进行交易时的正常理性,因此若作出对被告不利之解释将极大损害被告的利益。

> 5. 从交易习惯上看，虽然收货人超期提货须支付超期使用费已成为行业惯例，但并不是说谁去提货谁就要支付超期使用费。公路运输人代收货人支付超期使用费虽在实务中较为常见，但远没有成为固定的交易习惯。即便有此交易习惯，因违背诚实信用原则也无效。
>
> （二）格式条款的理解
>
> 本案系争保函内容属于格式条款。我国《合同法》规定了对格式条款按通常理解和对提供方作不利的原则。基于《合同法》的规定，法院作出了对提供方即原告不利的理解。

4 对合同的理解的特别问题

上文对意思表示的理解的原理也适用于对合同的理解，此处着重介绍合同适用的几个特别问题。

4-1 法律解释与合同理解

	法律解释	合同理解
对象	法律文本，包括制定法规、习惯和判例规则	合同文本，尤其是借助合同文本表达出的个别意思表示
目的	使法律规定可适用于具体案件	旨在求得当事人之真意

图表 5-4 法律解释与合同理解

4-2 格式条款和格式合同的理解

4-2-1 格式合同的类型

格式合同可分成两类：一是在长期商业交易中形成和固定下来的示范性合同，一是具有优势地位的一方当事人事先制定的无选择余地的定式化合同。这两类均可表现于下列常见合同中：

——房屋买卖、房屋中介、物业管理、住宅装饰装修合同；
——汽车买卖、租赁合同；
——供用电、水、气合同；
——有线电视、邮政、通信服务合同；
——经营性培训、医疗服务合同；
——消费贷款和人身、财产保险合同；
——旅游、运输合同、典当、拍卖合同；
——美容、健身、餐饮服务合同。

4-2-2 格式条款和格式合同的关系

《民法典》未严格区分格式条款与格式合同。但从《民法典》第 496 条、第 497 条和第 498 条的规定来看，格式条款是一方预先拟定的条款，在订立合同向对方出示时，还只是其单方的意思表示,只是在合同成立时才成为合同的条款。也即,格式条款在合同成立前还不是合同,而被合同所采用后才是格式合同,或者是合同的一部分。

4-2-3 格式合同理解

《民法典》第498条规定了关于格式合同的理解规则:"对格式条款的理解发生争议的,应当按照通常理解予以解释。对格式合同有两种以上解释的,应当作出不利于提供格式条款一方的解释。格式条款和非格式条款不一致的,应当采用非格式条款。"不利于提供格式条款一方的解释又可称反立约人规则,就是对合同条款的理解在或有利于立约人或有利于反立约人时,按照有利于后者的意思来理解。

房屋拆迁违约金案①

> ××房地产开发商与拆迁户达成协议,约定由房地产开发商分三次支付给拆迁户15万元,每次支付5万元。合同是由房地产开发商制定并提供。第一次为正常按时支付,后两次均迟延支付,而在双方签订的合同中有"如违约按房款额的10%支付违约金"条款。对此条款,拆迁户理解为按总房款额(15万元)的10%支付违约金,开发商理解为应按未支付房款(10万元)的10%支付违约金。
>
> 对此有两种不同的观点:
>
> 观点一认为,应按格式合同处理。适用我国《民法典》第498条关于格式条款的规定,按不利于开发商的解释进行理解,即应按房款总额15万元的10%支付1.5万元违约金。
>
> 观点二则认为,应按诚实信用、公平原则及合同的目的进行解释。房地产开发商如按房款总额的10%支付违约金,则不符合公平原则,只应按未支付房款10万元的10%支付违约金1万元。

索赔案②

> 某车主新购的一辆宝来轿车被窃,在向保险公司索赔时,保险公司要求按照示范性合同的约定交付原厂原配钥匙。由于车主先前丢失一把,所以保险公司只同意赔50%的车款。车主起诉至法院,要求保险公司赔偿除免赔额之外的80%的车款,主张"合同约定交付钥匙,但是没有注明数量是一把还是两把,属于约定不清"。法院未支持此主张,认为按照轿车生产配置惯例,轿车出厂原配钥匙两把,虽然合同条款没有明确约定数量,但依照商业惯例,判决车主败诉。

---

① 王兆利、苗宏:《从一起纠纷谈格式合同的解释》,载《消费导刊》2007年第9期。
② 王建胜:《解读合同条款冲突解释规则——黄金规则和反立约人规则》,载 http://article.chinalawinfo.com/article_print.asp?articleid=37323,最后访问日期2012-03-19。

4-3 合同漏洞的填补

据学界通说,合同漏洞的填补属广义的合同解释。填补漏洞的前提是本应约定而没有约定,如果没必要约定,就不存在漏洞,也无需进行补充。无理增加合同内容,是对当事人意思自治的干涉。

4-3-1 填补程序

当合同出现漏洞时,依据《民法典》第510条:"合同生效后,当事人就质量、价款或者报酬、履行地点等内容没有约定或者约定不明确的,可以协议补充;不能达成补充协议的,按照合同相关条款或者交易习惯确定。"首先要尊重当事人意愿进行补充,由当事人就漏洞达成补充协议。在当事人不能达成补充协议时,应根据《民法典》第511条确定当事人的权利义务。在依前两项方法仍不能确定时,就需要法官对合同漏洞进行填补。

图表5-5 合同漏洞填补程序

4-3-2 填补方法

填补合同漏洞依当事人目的、合同性质、交易习惯、诚实信用原则等方法进行。

店铺转让案[①]

> 一小镇上仅有一家摩托车维修店,店主甲将摩托车维修店设备及店铺转让给乙。乙开业不久后,发现甲又在小镇上以更好的设备开了另一家摩托车维修店。乙起诉至法院请求禁止甲营业,但在合同中没有禁止甲再在小镇经营摩托车维修业务的约定,合同存在漏洞。
>
> **存在漏洞的理由**
>
> 甲转让摩托车维修店设备及店铺的行为并非纯财产转让行为,还含有将经营摩托车维修业务转让与乙的目的。业务转让还意指,甲不得在同一区域经营同一业务,否则对乙不公。甲利用转让资金开设另一家设备更好的摩托车维修店,是违背诚实信用原则损害乙利益的行为。乙无权禁止第三人经营同一业务,但基于与甲之间的法律关系,有权禁止甲经营同一业务。
>
> 应运用诚实信用原则填补合同漏洞,推定转让合同中有禁止甲经营同一业务的约定,支持乙的诉讼请求。

---

① 陈新美:《论合同解释》,载 http://www.chinacourt.org/article/detail/id/153584.shtml,最后访问日期2012-03-19。

4-4 遗嘱的理解

遗嘱是遗嘱人为处分自己的遗产和事务而立的,源自死者的意思表示。由于遗嘱人受制于订立遗嘱时的各种主客观因素,致使真实意思得不到准确的表达,因而对遗嘱有解释的必要。《民法典》对如何解释遗嘱并无具体规定,解释方法仍为字义解释等,只不过受限于遗嘱是要式行为、死因行为、单方无相对人行为等特点,上述各解释方法在应用于遗嘱时又显出一定的特性。一般认为,遗嘱的解释应遵从意思主义,因为如上述,法律行为的解释之目的可分为形式主义与意思主义两种,前者以探求法律行为形式上的、客观的意思为目的,后者以内心的、主观上的意思为标准,遗嘱解释的目的属后者。

诗歌遗嘱案[①]

> **事 实**
>
> 翟×(男)晚年与王×(女)结婚,夫妻非常恩爱。翟×与前妻的养子郑×从未履行过赡养义务。翟×临终前,留下诗歌遗嘱:
>
> 杏坛从教数十年,含悲蘸泪立遗言;
> 莫叹我先驾鹤去,撇下贤妻实堪怜;
> 自与王氏良缘后,照顾体贴倍周全;
> 相依为命情义笃,千言万语说不完;
> 晚年生活有难处,还请组织多帮忙;
> 继子学校能安排,我的心中免挂牵;
> 儿女回家常看看,善待老人理当然;
> 房屋自当归妻住,谁想占用都无权;
> 一生清贫少积蓄,省俭攒点过河钱;
> 此款归妻去支配,留给贤妻度余年;
> 儿女不要争遗产,谁也无需道短长;
> 不盼儿女多孝敬,唯求不把麻烦添;
> 骨灰撒在湘江上,常伴家乡碧水眠;
> 此事仰仗生前友,含笑九泉也心甜。
>
> **判 决**
>
> 2002年9月翟×病逝,2002年11月郑×将王×诉至向阳区人民法院,认为翟×留下的118.58平方米的住房和银行存款应归他继承,主张:"房屋自当归妻住"是指归妻使用,而非所有;"谁想占用都无权"中的"谁"是泛指,也可以理解为特指王×及她的子女;"此款由妻去支配"中的"支配"表明使用权而非所有权。
>
> 2003年2月,法院审理后认为,被继承人翟×及前妻于1993年将所居房屋办理了私房所有权证,房屋归翟×及其前妻所有。前妻于1995年病逝后,其原享有的房

---

① 石言:《诗歌遗嘱离奇诉讼》,载《时代潮》2004年第11期。

屋 1/2 应由其夫翟×、其养子郑×各继承 1/4，即翟×享有该争议房 3/4 份额的所有权，原告郑×享有该争议房 1/4 份额的所有权。法院判决，翟×生前遗留的有限产权房屋由原告郑×继承享有 62.5% 的有限所有权，由被告王×继承享有 37.5% 的有限所有权。而原告郑×所诉其养母（翟×前妻）尚有银行存款要求继承，因无证据，不予支持。王×不服一审判决，遂向佳木斯市中级人民法院提起上诉。

佳木斯市中级人民法院审理认为，被继承人翟×虽留有遗嘱，但该遗嘱只明确上诉人的居住权，并非将所有权处分给上诉人。因此双方所继承的房屋只能按法定的继承份额进行分割，原审法院是按比例进行分割的，并无不当。因此，佳木斯市中级人民法院于 2003 年 3 月 7 日作出终审判决：驳回上诉，维持原判。2003 年 4 月末，王×再次向佳木斯市中级人民法院提起申诉。2004 年 3 月初，佳木斯市中级人民法院作出裁定：终止原判决，重新立案审理。

> **评析**
>
> 按这个诗歌遗嘱文本所使用的词句，"此款归妻去支配，留给贤妻度余年"中"支配"和"留给"显然是指将存款留给妻所有。加上体系解释的方法，可以肯定存款是给妻子所有的，"一生清贫少积蓄，省俭攒点过河钱；此款归妻去支配，留给贤妻度余年"。
>
> "房屋自当归妻住，谁想占用都无权"；其中"住"是所有还是使用，文本本身意思模糊，当考察翟×用语习惯，如果无以证明，则可以结合当地一般用语习惯来判断。本书对翟×和当地民间用语的"住"是指所有还是使用，难以辨清。但可以从下句"谁想占用都无权"中推定"住"是指所有，此句是为了否定他人占有房屋，而这个他人即"谁"是指其儿女，如指其余的他人显然无意义。

5 行政行为的解释[①]

与法律行为一样，行政行为也存在解释的需要，因为行政行为是行政机关针对特定人作出的，行政机关的意思与外在表示存有差距。当代行政法是以行政行为概念为核心建构的，但对行政行为的解释之研究尚不深入[②]，本书以探讨态度认为，与民法中法律行为的解释有所不同，对行政行为的解释包括两种，一是由行政机关作出的，称为"行政解释行为"，即行政机关对自己作出的行政行为的内容进行解释，以明确其含义的行为。这一解释既是一种从行政行为，具有附属和补充的性质，也可以是一种独立的行政行为，与成立、补正、变更、撤销等并列。二是由行政相对人和法官等作出的，称为"对行政行为的解释"。两种解释有别，主要在于行政解释行为因由行政机关作出，本身也是一种行政行为，而对行政行为的解释不是行政行为。

[①] 全国人大常委会于 2014 年 11 月 1 日对《行政诉讼法》作出修改，以"行政行为"替代"具体行政行为"，且该法第 2 条第 2 款界定的行政行为包括法律、法规、规章授权的组织作出的行政行为。

[②] 参见王学辉：《行政法意思表示理论的建构》，载《当代法学》2018 年第 5 期。

5-1 行政行为的解释立场与方法

行政行为是行政机关单方意思表示的结果,那么,借用民法中对法律行为理解的立场,行政行为的解释应当采取意思主义还是表示主义?抑或介于两者之间?有人认为应当以表示主义为主,以意思主义为补充。解释方法也无立法标准,可在与上述解释的比较中逐步建构。法律解释对象是文本,探求立法者意志,而非个别当事人的意志;合同理解探寻合同双方当事人的意图,而不是一方当事人的意图;遗嘱理解往往遗嘱人的真意不能由本人来澄清,而只能由他人进行判断。比较之下,行政行为的解释的立场和方法应有所不同于其他的解释。因为行政行为是公法行为,行政机关具有主动性,受政治(政策)影响,也存在裁量余地,在行政解释行为中不以第三人的理解取代行政机关的解释,在对行政行为的解释中,可综合法律解释与合同解释的方法运用之。另外,解释不涉及判断行政行为的合法性。

5-2 行政解释行为举例

答复是否属于具体行政行为?①

> 四川省自贡市刘××等人在行政复议申请中要求撤销"四川省建设厅关于对自贡市房地产管理局《关于对自贡市高新技术产业开发区房屋拆迁如何执行法规政策的请示》的答复"。建设部办公厅认为,该答复是对《土地管理法》和《城市拆迁管理条例》适用问题的答复,并不是针对行政相对人、就特定的具体事项作出的有关行政相对人权利义务的单方行政行为,因此不属于具体行政行为。国务院法制办公室在对建设部办公厅《关于对房屋拆迁政策法规的答复是否属于具体行政行为的请示》的复函中称"没有不同意见"。
>
> 但也可认为,四川省建设厅的答复是对《土地管理法》和《城市拆迁管理条例》适用问题的解释,属行政解释行为,行政解释行为是基于原行政行为中存在"意思表示瑕疵"而发生的一种具体行政行为。

5-3 对行政行为的解释举例

通知是否属于具体行政行为?②

1998年2月10日,因重庆市垫江县桂溪镇北苑小区进行旧城改造,重庆市垫江县人民政府作出垫府发(1998)2号文件《关于认真做好北苑小区旧城改造房屋拆迁

---

① 《国务院法制办公室关于对建设部办公厅〈关于对房屋拆迁政策法规的答复是否属于具体行政行为的请示〉的复函》,载 http://liuhaibo0421.bokee.com/viewdiary.20078988.html,最后访问日期2012-03-19。因是旧例,仍用具体行政行为一词,但原理一样。
② 最高人民法院行政审判庭主编:《最高人民法院行政裁判汇编》,人民法院出版社2007年版,第468页及以下。参见王旭:《从意义澄清到政治价值的建构》,中国政法大学2008年博士论文,第88页。

补偿安置工作的通知》,该文件详细规定了拆迁时限及奖惩办法,拆迁房屋面积的计算办法、优惠政策、拆迁组织管理等内容。被拆迁户认为该文件所规定的补偿安置标准过低,不断向垫江县政府反映、申诉。

2000年7月7日,垫江县政府作出《行政复议告知书》,告知被拆迁户向重庆市人民政府申请复议。同年7月22日,被拆迁户向重庆市人民政府申请复议,重庆市人民政府于8月7日作出渝府复裁(2000)15号行政复议裁定书,认为垫江县政府发布文件的行为是一种抽象行政行为,裁定不予受理。

> 一审判决

被拆迁户又诉至重庆市高级人民法院。重庆市高级人民法院认为通知不属于具体行政行为。其解释要点是:

——"通知"并没有特指小区内的某个被拆迁单位或被拆迁户,而是泛指位于小区内的全部被拆迁单位和被拆迁户。

——其效力因北苑小区的拆迁而产生,也将因拆迁结束而终止,在拆迁期间,对小区内的不同单位和个人均可反复适用,且只对被拆迁人将来的行为有拘束力。

——从内容上看,虽然对限期搬迁、补偿标准、奖惩手段等作了规定,但并不具有强制力,依据该文件不能直接进入执行程序,作为强制执行的依据;只能是行政机关针对具体的人和事所作的具有个别性质的行政裁决或决定,而不能是一种对象不明的原则规定的规范性文件。[1]

总之,这里的解释完全符合最高人民法院总结的具体行政行为的三要素:看该行为针对的对象是否特定;看该行为效力能否反复适用;看该行为能否直接进入执行程序。[2]

但这种解释明显不利于保护作为弱者的相对人权利。

> 二审判决

在二审中,最高人民法院同样运用以上三个要素,推翻了一审的解释,作出了完全相反的解释,关键的是,最高人民法院提出了第四个解释具体行政行为的准则——看一个抽象行政行为是否可分,进而分解的部分可否构成一个独立的具体行政行为,具体内容是:

——"通知"针对的对象是特定的,即北苑小区的全部被拆迁单位和被拆迁户。

——效力只适用于北苑小区旧城改造范围的被拆迁单位和被拆迁户,不能反复使用。

——该通知第2条第1款规定,对个别超过拆迁公告规定的拆迁期限,并经拆迁动员单位督促后,仍拒不拆、搬的,在给予一定经济惩罚的基础上,依法实施强制拆除。该规定不仅为相对人设定了义务,而且规定一旦相对人未履行义务,将直接承担被强制拆除的法律后果。

---

[1] 最高人民法院行政审判庭主编:《最高人民法院行政裁判汇编》,人民法院出版社2007年版,第489页。
[2] 李国光主编:《行政执法与行政审判参考》2000年第1辑,法律出版社2000年版,第178页。

综上,"通知"中含有具体行政行为的内容,根据我国《行政复议法》第 2 条、第 6 条的规定,属于申请复议的范围。重庆市人民政府认为该通知属于抽象行政行为、不属行政复议的范围的理由不能成立,作出的渝府复裁(2000)15 号行政复议裁定书主要证据不足,适用法律错误,应予撤销。①

> **评析**
>
> 最高人民法院作出这种创造性解释,从充分保障行政相对人权利救济的角度,尽量扩大了"具体行政行为"的范围,避免因成文法律的刚性而造成的非正义,实现了法律正义。②

---

① 最高人民法院行政审判庭主编:《最高人民法院行政裁判汇编》,人民法院出版社 2007 年版,第 489 页。
② 甘雯:《行政诉讼法司法解释之评论:理由与观点》,中国法制出版社 2002 年版,第 30 页。

附 录

一、阅读文献选

1. 成协中：《行政行为概念生成的价值争论与路径选择》，载《法制与社会发展》2020年第1期。
2. 易军：《法律行为为"合法行为"之再审思》，载《环球法律评论》2019年第5期。
3. 薛军：《法律行为理论在欧洲私法史上的产生及术语表达问题研究》，载《环球法律评论》2007年第1期。
4. 田士永：《中国民法中法律行为概念的学说发展》，载郑永流主编：《法哲学与法社会学论丛》2006年第2期，北京大学出版社2007年版。
5. 黄金荣：《法理学中的"法律行为"》，载郑永流主编：《法哲学与法社会学论丛》2006年第2期，北京大学出版社2007年版。
6. 李洪雷：《行政法上的意思表示与法律行为》，载郑永流主编：《法哲学与法社会学论丛》2006年第2期，北京大学出版社2007年版。

二、阅读案例选

1. 杭州中升之星奔驰"退一赔三"合同赔偿案，参见搜狐网，载https://www.sohu.com/a/308409463_120059909。
2. 周显治、俞美芳与余姚众安房地产开发有限公司商品房销售合同纠纷案，参见《最高人民法院公报》2016年第11期。
3. 法律行为的认定，参见《意思表示不一致将导致合同不成立》，载http://cqfy.chinacourt.org/article/detail/2014/04/id/1267217.shtml，最后访问日期2014-10-04。
4. 德国特里尔葡萄酒拍卖案，参见梁上上：《利益衡量的界碑》，载《政法论坛》2006年第5期。

下午好，约翰逊夫人

约翰逊夫人告一个男子毁坏名誉罪。她指控说，这个男子称她为猪。在法庭上，男子被判坐牢和罚款。

在判决宣布后，他问法官："这是否意味着，我不能称约翰逊夫人为猪？"

法官作了肯定的回答。

"这是否也意味着，我不能称一头猪为'约翰逊夫人'？"他又问。法官回答，他真的可以把一头猪称为"约翰逊夫人"，而不用害怕法律条文。

男子听后看着约翰逊夫人，说："下午好，约翰逊夫人。"

第六章

大前提的建构及方法(一)
——有法律规定的情形

问题与要义

1. 法律解释的发生条件是什么?
2. 为何法律解释一般以字义为始?
3. 体系解释的效力等级标准有多少?
4. 如何进行历史解释?
5. 是主观目的解释,还是客观目的探究?
6. 发生法律修正的条件是什么?
7. 法官可否正当地违背法律?

Nigrum nunquam excedere debet rubrum.

拘泥文字者拘泥树皮。(中)
He who adheres to the letter adheres to the bark. (英)

关键词

字义解释	历史解释	主观目的解释	释法
体系解释	客观目的探究	正当违背法律	续造法

从第一章事实与规范的关系(1-1)中可见,除在情形 1-1-1 中可找到明确的法律规范,可直接通过演绎应用法律外,从 1-1-2 到 1-1-5 都存在事实与规范关系不同程度的不对称情形,这便是要进行大前提建构,即法律发现的理由。大前提建构的核心是使规范具体化。这四种不对称情形又可分为两类,一是有法律规定的情形,二是无法律规定的情形(法律漏洞),解决这些不对称的具体方法和过程也各有不同。

有法律规定	无法律规定(法律漏洞)
事实与规范相对适应 1-1-2	事实缺乏规范 1-1-4
事实与规范适应 1-1-3	
事实与规范形式上适应但实质上不适应 1-1-5	

图表 6-1　四种不对称情形与法律状态

本章要回答有法律规定的情形,这又分为两种情况:在多数情况(1-1-2、1-1-3)中,虽有法律规定,但不明确,不能直接获得具体规范,具体规范的获得要借助法律解释方法;在少数情况(1-1-5)中,虽有法律规定,但不合理,应对这类情况的方法分别为客观目的探究、法律修正和正当违背法律。法律解释是释法,而客观目的探究、法律修正和正当违背法律则属于续造法。释法与续造法的性质不能混同,因而法律解释不同于后三种方法。

有法律规定	具体方法	性质
法律规定不明确	法律解释:字义解释 体系解释 历史解释 主观目的解释	释法
法律规定不合理	客观目的探究 法律修正 正当违背法律	续造法

图表 6-2　有法律规定的具体方法

1　法律规定不明确——法律解释

在存在大体适合事实的法律规范,但对具体规范能否适用于某一事实因语词含义有怀疑(1-1-2、1-1-3 情形)时,先通过解释来确定法律规范的语词含义。学界广泛存在着"泛法律解释"倾向,即把改变法律内容、填补法律漏洞等造法活动均视为法律解释,致使法律解释几乎成了法律方法的代名词,且法律解释的分类也有些不当,甚至混乱。因此应当对法律解释的基本问题予以规整。

1-1　法律解释的对象——法律文本

法律解释的对象又称法律解释的标的,学界对此存有争议。有的认为法律解释的对象为法律文本,即制定法规范及习惯和判例法。有的认为是法律规范的"条文"和它的附随情况,附随情况指立法过程中的一切记录、文件、立法理由书等资料。有的则认为包括法律文本和法律事实。这里将法律解释的对象限于法律文本,在解释者不能确定法律文本的含义时,必然需借助文本外的东西。因此,对"附随情况"的考察只是为了寻找解释的依据,使解释更可信,而不能称之为解释的对象。法律事实,严格讲指事实,也不属法律解释而是事实解释。至于法律行为如合同,因兼具法律与事实两重属性,对法律行为的解释既是法律解释也是事实解释,这在上一章中已作介绍。

1-2　法律解释的目的——确定立法者的原意

为何解释,目的是要结合事实确定法律规范的语词含义。含义与意义有别,含义是语词本身的意思,而意义则是语词以外的东西,它与使用者的目的、使用场合相关。例如住宅的含义为:人日常休养生息的封闭场所;其意义在人权视角下是"风能进,雨能进,国王不能进"的个人堡垒;而在受父母虐待的孩子看来无异于牢笼。意义的指向正可以"感时花溅泪,恨别鸟惊心""情人眼里出西施"来理解。什么是法律规范的语词含义,当首问立法者的原意。

1-3　确定立法者原意的方法——法律解释及体系构成

立法者的原意首先可通过字义解释、体系解释、历史解释方法来获得,在它们不能时,采取主观目的解释,因此,法律解释方法的范围仅限于这四种。这四种方法首先是解释学说,而后才成为法律解释的应用惯例,鲜有制定法对它们予以规定。在法律解释的体系构成上,如果将解释的含义限定在追寻立法者原意上,流行的客观目的解释则不属解释。比较法解释也并不构成单独一类且并非解释,人们在运用其他方法中均可采用比较方式,如中西"司法解释"的字面含义比较,中美产品责任法的客观目的比较,比较的目的是增强说服力或寻找根据。同理,社会学解释不是法律解释,而是从社会事实角度论证结论的合理性,服务于客观目的探究,如一些前店后舍的两用房屋、船民用作打鱼并生活的渔船,习惯上被理解成住宅,而这种理解与立法者原意无关。

2　字义解释

法谚云:"字义除非不明确,即应严守";"无需解释的事项不许解释"。法律解释一般以字义为始,因为立法者无不力图将其原意反映在字义上。字义即文字所具有的含义,同"字意"。字义解释发生于文字所具有的含义不明确,文字不能恰当地应用于事实,因为法律多以文字表征,立法者也会词不达意,言尽意犹未尽。字义有所谓明确的"核心地带"和模糊的"边缘区域"之分,在语义学中称中心义项和边缘义项。例如,森林一词的"核心地带"是指一大片树木,林荫大道至多是"森林"的"边缘区域",但家门口的三五棵树无论如何不成森林。这就存在字义的核心—边缘—域外三领域,对某个词语的字义解释实际上是排除域外,确定核心,判断是否延伸到边缘。字义解释包括对字义的限制和扩张两种,如何选取决于字义是小于还是大于立法者的原意。

2-1　限制解释

当法律条文的含义过于宽泛,不符合立法者原意时,应限制法律条文的文义,使其局限于核心含义。最高人民法院的许多司法解释运用了这一方法。

行政诉讼受案范围历存争议,实践中,法院对《行政诉讼法》第 13 条不能受案的规定作出了限制解释,例如,把适用《兵役法》而作出的行政行为排除在"国防、外交等国家行为"之外,把行政机关针对为数众多但为特定的人群作出的摊派决定排除在"具有普遍约束力的决定、命令"之外。

终局确认案[①]

> 江山市××商场与上海市××空调厂签订一份购买空调合同,商场以意思表示不真实为由,请求江山市××区工商局确认该合同无效。区工商局于 2002 年 8 月 1 日作出决定,确认该合同为无效合同。空调厂不服,向江山市工商局申请复议,江山市工商局经复议,于 2002 年 9 月 3 日作出决定,维持原确认。空调厂又于 2002 年 9 月 25 日向人民法院提起行政诉讼。法院受理后,被告提出如下答辩:根据国家工商行政管理总局《关于确认和处理无效经济合同的暂行规定》的规定,上一级工商局对经济合同无效的确认为终局确认,因此该市工商局的确认属于我国《行政诉讼法》第 12 条规定的终局行政行为,法院不应受理,并表示如法院继续审理,它将拒绝出庭应诉。后经法院两次合法传唤,被告均未出庭。
>
> 〔评析〕
>
> 最高人民法院《关于执行〈中华人民共和国行政诉讼法〉若干问题的解释》[②]第 5 条规定:《行政诉讼法》第 12 条第 4 项规定"法律规定由行政机关最终裁决的具体行政行为"中的法律,是指全国人民代表大会及其常务委员会制定、通过的规范性文件。法规或规章规定行政机关对某些事项可以作出"最终裁决",而公民、法人或者其他组织不服行政机关根据这些法规或规章作出的"最终裁决",向人民法院提起诉讼的,人民法院应予受理。
>
> 国家工商行政管理总局《关于确认和处理无效经济合同的暂行规定》只是规章,不是《行政诉讼法》第 12 条第 4 项所指法律;关于上一级工商局对无效经济合同的确认为终局确认的规定无效。人民法院审理行政案件,可参照国务院部门规章以及政府规章,原国家工商行政管理总局的暂行规定属部门规章,只能参照,不能适用。

子女

《民法典》第 1067 条第 2 款规定:"成年子女不履行赡养义务的,缺乏劳动能力或者生活困难的父母,有要求成年子女给付赡养费的权利。"这里的"成年子女"应作限制解释,指具

[①] 《行政法案例学习 1——南珠微光》,载 http://tanzhao.bokee.com/3351535.html,最后访问日期 2012-03-19。
[②] 现行《最高人民法院关于适用〈中华人民共和国行政诉讼法〉的解释》(2018 年 2 月 6 日发布,2018 年 2 月 8 日实施)。

有生活能力的子女。

法律

《民法典》第153条规定了"违反法律、行政法规的强制性规定"的民事法律行为无效。由于该条文涵盖的"法律、法规"的范围过于广泛,可能导致例如合同动辄被归于无效,有悖于促进交易、繁荣市场经济的立法目的。因此,最高人民法院在原《关于适用〈中华人民共和国合同法〉若干问题的解释(一)》第4条规定中,就将该条文限缩解释为:"合同法实施以后,人民法院确认合同无效,应当以全国人大及其常委会制定的法律和国务院制定的行政法规为依据,不得以地方性法规、行政规章为依据。"虽然民法典一统天下,这个解释的原理仍适用。

何为"入户"抢劫

"入户抢劫,是指为实施抢劫行为而进入他人生活的与外界相对隔离的住所,包括封闭的院落、牧民的帐篷、渔民作为家庭生活场所的渔船、为生活租用的房屋等进行抢劫的行为",这是最高人民法院在《关于审理抢劫案件具体应用法律若干问题的解释》(法释[2000]35号)中对《刑法》第263条第1项"入户抢劫"所作的解释,它把"户"——准确说是"室"——限制在上述几类空间,这意味着进入体育馆或音乐厅内抢劫不属于入户抢劫,不可加重处罚。

2-2 扩张解释

扩张解释是超出法律条文的核心含义所进行的解释,"扩张"必须有一定的合理限度,这一范围以文字核心含义为起点,辐射到一定区域而告终。易言之,扩张解释可以逾越文字明确的"核心地带",进入文字模糊的"边缘区域"。为何要扩张,关键在于法律条文的文字未涵盖立法者的原意。

"得"的不当扩张

"没收违法所得"是行政处罚的一种基本类型,如我国《药品管理法》第116条规定:生产、销售假药的,没收违法生产、销售的药品和违法所得。但如何界定违法所"得"?各法律未作明确规定,立法解释、行政解释和司法解释也各有不同:"获利数额""全部营业收入(成本+利润)""营业获利(扣除成本)"。实践中,违法者将"得"解释为违法产生的"利润",而处罚者倾向于将"得"扩张解释为全部违法收入(成本+利润),即"得"包括投入和产出两个部分。显然,这一扩张解释超出"得"的可能文义的范围,无论如何解释,"得"总是产出,投入非"得",而是"失",将"失"也释为"得"实为不当。

护照是"照"、结婚证是"证"

《行政诉讼法》第12条具体列出了人民法院受理的各种行政案件,其中第1款第1项规定,人民法院受理对行政拘留、暂扣或者吊销许可证和执照、责令停产停业、没收违法所得、没收非法财物、罚款、警告等行政处罚不服而提起的诉讼。按通常的字面含义,"许可证和执照"指进口许可证、营业执照、驾驶执照等,但护照、结婚证等其他各种证照也属于行政许可,如果行政机关拒绝颁发或不予答复,公民也可提起行政诉讼。

受害人过错扩张到监护人过错

在第二章中曾引小孩眼睛被公鸡啄瞎引发诉讼案。作为动物伤人案,当时应适用原《民法通则》第127条:"饲养的动物造成他人损害的,动物饲养人或管理人应当承担民事责任,由于受害人的过错造成损害的,动物饲养人或管理人不承担民事责任;由于第三人的过错造成损害的,第三人应当承担民事责任。"①由于本案受害人只有3岁,无认知能力,应由公鸡饲养人承担全部民事责任,而法院判决原、被告各承担一部分责任,其根据是《民法通则》第131条规定:"受害人对于损害的发生也有过错的,可以减轻侵害人的民事责任。"(参见本书第37页注①)因为受害人虽无过失,但受害人的母亲没有履行监护职责,放任孩子去逗那只公鸡而造成伤害,显然具有过失。又据过失相抵原则,将"受害人过错"扩张至受害人一方的过错,即监护人过错,减轻了被告的责任。而受害人一方还在"受害人"的文义范围内。

最高人民法院也在《关于赵×与尹×人身损害赔偿案如何适用法律政策的函》中认为:"赵×的父母对赵×监护不周,亦有过失,应当减轻尹×的民事责任。"这就是用扩张解释的方法,将"受害人过失"扩张到监护人的过失。

> 代为打印也属"亲笔书写"

在办公现代化、自动化的今天,文稿的形式已大多表现为以打印件为主,"亲笔书写"日益少见,而《民法典》第1134条规定:自书遗嘱由遗嘱人亲笔书写,签名,注明年、月、日。第1135条规定:代书遗嘱应当有两个以上见证人在场见证,由其中一人代书,注明年、月、日,并由遗嘱人、代书人和其他见证人签名,注明年、月、日。显然,"亲笔书写"的原有文义过于狭窄,不足以体现立法者原意,应扩张"亲笔书写"的文义,即遗嘱人口述并委托他人打印,然后在打印好的遗嘱上亲笔签名这种情况,也应属于法律规定的"亲笔书写"。

> 共同生活的"同居者"

2016年的《反家庭暴力法》是一部集实体法规范与程序法规范,民事法规范、行政法规范与刑事法规范于一体的法律,暂定性为社会法,其第37条规定,"家庭成员以外共同生活的人之间实施的暴力行为,参照本法规定执行"。这意味着发生在同居期间的同居者的暴力行为也被认为是家庭暴力,所谓共同生活的"同居者"被视为"家庭成员",也就是将"家庭成员"扩张至共同生活的"同居者"。当然,曾有共同生活关系的"前配偶""前同居者"之间发生的暴力理应被排除在外。

2-3 字义解释的疑难

字义解释看山是山,看水是水,似无难处。但在确定字义时判断者常困顿于下列选择:

2-3-1 日常的字义还是法律的字义

在法律文本所使用的语词中,多数情形是日常的字义与法律的字义相一致,也即法律文本采用的语言是日常语言,只是因写入法律文本之中而成为法律语言。多数法律条文中的概念、术语及其他词句直接源于社会生活,人们应以日常之含义来解释,如住宅、劳动权、欺诈、乘人之危、追认等。这就是日常含义解释方法,即如果法律规定使用的是日常语言,而且在日常语言中是明白的,那么,除非有充分理由作出其他的解释,应当以说话者的理解

---

① 《民法典》第1245条:饲养的动物造成他人损害的,动物饲养人或者管理人应当承担侵权责任;但是,能够证明损害是因被侵权人故意或者重大过失造成的,可以不承担或者减轻责任。第1250条:因第三人的过错致使动物造成他人损害的,被侵权人可以向动物饲养人或者管理人请求赔偿,也可以向第三人请求赔偿。动物饲养人或者管理人赔偿后,有权向第三人追偿。

为标准;如果可供选择的日常含义不止一个,应该优先考虑和采用相对比较明显的日常含义。

"荒诞"广告案①

事 实

宁德市××影院预定于1989年4月5日至6日上映影片《寡妇村》。上映前,在影院前厅设立一个宣传牌说明:"郑重声明,儿童不宜";"本片通过三位女主人公的夫妻生活,正面触及在文艺领域长期被视为禁区的性生活问题,反映落后的风俗与传统观念给予妇女的精神重负。该片被一些报刊宣传为我国第一部性电影,第一部儿童不宜的电影,在京上映场场爆满,黑市票价一张卖10元,广州卖到27元,是目前电影市场上一部看好的片子"。在宣传橱窗上标明内容为:"寡妇村,国内首部性电影,儿童不宜""5日上映,票价6角"。

行政处罚和复议

4月7日,宁德市工商局以××影院未经工商行政管理部门同意,擅自设立广告,恣意夸张内容,欺骗消费者为由,根据《广告管理条例施行细则》第22条、第23条之规定,对××影院作出行政处罚:(1)责成××影院写出深刻的书面检查;(2)处以2000元罚款;(3)通报有关单位。

××影院不服,向宁德地区工商局申请复议。5月5日,宁德地区工商局作出复议决定,认定××影院为了招揽观众,进行营业性的电影宣传,属于广告。有关部门根本没有确认《寡妇村》影片为我国首部性电影和儿童不宜的影片,而××影院却把各抒己见的看法作为广告宣传的依据,内容荒诞;同时公然宣传黑市票价,其行为违反《广告管理条例》第3条和第8条第4、5项的规定,并根据《广告管理条例施行细则》第23条之规定,维持宁德市工商局对××影院的处理决定。××影院不服,向宁德地区中级人民法院提起诉讼。

一审判决

宁德地区中级人民法院审理认为:××影院为了宣传《寡妇村》影片特定的需要,通过活动宣传牌、橱窗等形式向社会传递影片信息,应当认定是广告;广告将影片认定为"我国首部性电影",言过其实,内容确属荒诞,其行为直接违反了广告内容必须真实的原则要求,应当承担法律责任。但是,被告"责成该影院写出深刻的书面检查",于法无据,应当予以撤销;"通报有关单位",没有依法使用规范的法律用语,易发生歧义,应当予以变更。依照《广告管理条例》及其施行细则的有关规定②,该院于1989年8月25日作出判决:(1)撤销复议决定第一项即责成原告写出深刻的书面检查;(2)维持复议决定的第二项即罚款2000元;(3)变更复议决定的第三项即通报有关单位为通报批评。××影院不服一审判决,于1989年9月4日提出上诉。

---

① 载 http://www.lawyee.org/Case/Case_Display.asp?RID=5069,最后访问日期2012-03-19。
② 已于2016年4月29日被废止。

> **二审判决**
>
> 福建省高级人民法院审理认为：××影院对《寡妇村》影片的宣传形式属于文化广告，在此之前，我国未曾拍过这一类影片。因此，××影院宣传影片为"我国首部性电影""儿童不宜"的电影广告，不能认为是违法的。它不属于《广告管理条例》第8条第4项"有反动、淫秽、迷信、荒诞内容"之规定的调整范畴。一审法院判决不当。但是，××影院在广告中宣传黑市票价，违反了《广告管理条例》第3条关于广告内容必须健康的规定，应当予以处罚。鉴于××影院违法情节较轻，可免予罚款。因此，二审法院于1990年5月17日作出终审判决：维持一审判决中的(1)、(3)；撤销(2)即罚款2000元，变更为免予罚款。
>
> **评析**
>
> ××影院对《寡妇村》影片的广告内容是否荒诞，是本案行政处罚争议的焦点，它关系到工商行政处罚决定是否合法、正确的问题。据《新华字典》等，荒诞的含义是指"毫无根据""毫无事实""凭空捏造"。影片反映三个女主人公的夫妻性生活的压抑，在此之前未曾拍过这一类电影，所以认为它是性电影，或者是国内首部性电影，不能认为是错误的或违法的。为了保护少儿的身心健康，某电影发行公司在发行影片中标明"儿童不宜"，也是适当的。因此，××影院对该影片的宣传内容不能认为是荒诞的。工商行政管理机关在电影主管部门未对该影片定性的情况下，认定××影院的广告内容荒诞，是不当的，其行政处罚决定也是不正确的。

字义多为约定而成。吕叔湘在《字义约定俗成》①中说，一个字为什么是这个意思，不是那个意思？为什么这个意思用这个字而不用那个字，例如为什么管某种动物叫"马"，不管它叫"牛"？"预报"和"预告"意思一样，为何广播中只有"天气预报"，不说"天气预告"，出版社的通告里只有"新书预告"，不说"新书预报"？回答就是所谓"约定俗成"。用两千多年前荀子的说法即："名无固宜，约之以命，约定俗成谓之宜，异于约则谓之不宜"（《荀子·正名》）。

但法律文本中日常的字义与法律的字义也有不一致的情形，此时，须采用法律的字义，所谓法律的字义是解释者赋予的不同于日常字义的字义。

我国《刑法》第20条第3款规定："对正在进行行凶、杀人、抢劫、强奸、绑架以及其他严重危及人身安全的暴力犯罪，采取防卫行为，造成不法侵害人伤亡的，不属于防卫过当，不负刑事责任。"如何理解"行凶"，存在极大争议，而对"行凶"的理解直接关系到防卫过当与否的定性。"行凶"是一个日常语言，内涵不明确、外延模糊，一般指打人或杀人。但在此"行凶"只能作法律用语来理解，指故意实施足以对他人致命或严重威胁到他人人身权利的暴力犯罪行为。至少轻微的打人行为应被排斥在"行凶"之外。

当然，也存在日常语言不常用甚至没有的法言法语，如"当事人"是指被害人、自诉人、犯

---

① 吕叔湘：《字义约定俗成》，载《语文漫谈》，辽宁教育出版社2005年版，第86—88页。

罪嫌疑人、被告人、附带民事诉讼的原告人和被告人;"诉讼"包括反诉、反请求、债务抵销、衡平诉讼以及其他任何确定权利的法律程序。这些法言法语内涵虽并不十分明确,但得到了法律共同体的认可。有时法律本身对专门的概念、术语也会作出解释,如我国《刑法》第357条第1款规定:"本法所称的毒品,是指鸦片、海洛因、甲基苯丙胺(冰毒)、吗啡、大麻、可卡因以及国家规定管制的其他能够使人形成瘾癖的麻醉药品和精神药品。"

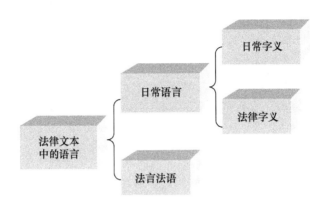

图表6-3 法律文本采用的语言

今人使用的法言法语既有沿用旧的,如"诉讼""原告""被告"等;也有新的创造,如"户口""劳动教养""管制""正当防卫"等;还有对外国术语的引用,如"公民""仲裁""破产""专利""法人"等。对法言法语不可望文生义,王泽鉴曾举例:在某次考试中,有考生将"简易交付"解释为:"以简单方式交付其物,不必订立书面合同或登记";将"从物"解释为:"非主物之成分,常助主物之效用,而同属一人者,例如耳朵"。①

当然,日常语言可以转化为法律语言,日常语言转化为法律语言后会发生三种变化:
——字义范围的缩小,如上述"行凶"。
——字义范围的扩大,如"死亡"作为日常语言指自然死亡;而作为法律概念不仅包括自然死亡,也包括"宣告死亡",这是一种法律意义上的推定死亡。再如,在日常生活中,"使用"一般是指使物发挥其功能。但我国《商品检验法》及其实施条例中"使用"的含义却较广,包括对进口商品的加工、装配、组装、调运等多种形式。禁止擅自"使用"未报检或者未经检验的法检商品,可以被理解为破坏原始检验状态的一切行为。
——字义发生根本转变,如"善意",作为日常语言指慈善心肠、好意;而法律语言专指不知情的主观心理状态。"善意"尤其是一民法概念,指不知情、不了解具有法律意义的事实的真相。

2-3-2 立法时的和今天的理解

时代本身就是立法者。前文提到"小姐"一词在中国由褒义、中义兼具发展到另有贬义,如三陪小姐有时还是妓女的代名词,这是因时代变迁、人们使用习惯改变使然。200年前,美国宪法第一修正案中的"新闻界"一词专指"报业",但随着时代的发展,"新闻界"的外延随之扩大,今天包括广播台、电视台及至互联网,如果加上个人博客,依笔者说,也无妨。如何对待,一般应以现下的理解为准,因为法律规制的是今人的行为,如果涉及特别专业的含

---

① 王泽鉴:《法律思维与民法实例——请求权基础理论体系》,中国政法大学出版社2001年版,第9页。

义,才遵循历史之意。

男子同性"卖淫"案①

> 2003年1月至8月,34岁的李×以营利为目的,先后伙同刘×、冷×等人经预谋后采取张贴广告、登报的方式招聘"公关先生"并制定制度进行管理,在其经营的"金麒麟""廊桥"及"正麒"酒吧内将"公关先生"介绍给同性嫖客,由同性嫖客带至南京市"新富城"大酒店等处从事同性卖淫活动。2004年2月6日,南京市秦淮区人民法院依法不公开审理了这起江苏省首例组织同性卖淫案。
>
> 对"卖淫"一词,我国刑法界的学理解释是:以与他人发生不正当性关系,以出卖肉体为代价,换取各种物质或非物质利益的行为,通常表现为妇女向男子卖淫,有时也可以是男子向妇女卖淫。同时,大众对"卖淫"一词的通常理解是:妇女出卖肉体。无论是学理解释,还是大众的理解,都是以立法时的字义为准,未把"同性向同性提供性服务的行为"理解为组织卖淫罪中的"卖淫"行为。"卖淫"的内涵依旧,"卖"是指出卖,必以获取金钱或者其他报酬为目的;"淫",是指违反道德规则的性行为;"卖淫"则是出卖肉体获取金钱。"性行为"主要是性交行为,因而卖淫主要存在于异性之间。在今天其字义的外延发生了变化,"卖淫"也可以发生于同性之间,包括组织男性向男性以及组织女性向女性卖淫的情形。

2-3-3 不同语言的理解

被禁止以某种语言来使用的符号或口号,可否以另一种语言来使用? 法院的理解也不一致。②

用英语写纳粹口号是否为犯罪?

> 据《德国刑法典》第86条,使用与纳粹党等违宪组织有关的符号或口号是一种犯罪行为,最高可被判处3年有期徒刑。2005年9月16日,德国一名新纳粹分子分发印有"鲜血与荣誉"英文字样(Blood and Honor)的衣物和商品,后被一州法院处以4200欧元的罚金。2009年8月13日德国联邦最高法院推翻了这一判决,理由为:纳粹口号不仅体现在含义上,同时也体现在使用德语上。这意指,虽然"鲜血与荣誉"让人联想到希特勒青年团的座右铭"Blut und Ehre"(英文为"Blood and Honor"),但翻译成另一种语言之后,这个纳粹口号的意义已发生了改变,只有懂德语的人才能理解德语纳粹口号的政治含义。但有舆论指出,德国联邦最高法院的裁决赋予新纳粹捣鬼的空间。

---

① 参见吴学安:《同性卖淫法无明文规定也定罪》,载《法制日报》2006年6月3日。
② 见德国联邦最高法院网站,BGH 3 StR 228/09,载 http://juris.bundesgerichtshof.de/cgi-bin/rechtsprechung/document.py? Gericht = bgh&Art = en&Datum = 2009-8-13&nr = 49285&pos = 4&anz = 19,最后访问日期 2014-10-05。

3 体系解释

3-1 体系解释的根据

在字义解释不能释疑时,便寻求体系解释。体系解释指根据法律条文在整个法律中的地位阐明其含义的方法,具体包括两义:一是在此文字中不能确定含义便在其他条款或其他法律文件的彼文字中寻找答案,此时仍用到字义解释,二是用整体来解释部分或个别。体系解释存在的根据在于,法律应是一个内在统一的体系,各具体规范是体系的组成部分,它们具有意义和含义上的相互关联性。所以,法哲学家施塔姆勒说:"一旦有人适用一部法典的一个条文,其就是在适用整个法典。"

刑法总则与分则之关联

例如,强奸罪中奸淫幼女的从重情节是否必须以明知(为幼女)为前提呢?2003年1月24日最高人民法院关于奸淫幼女的解释,要求行为人"明知"。用体系解释也可得出相同结论。我国《刑法》第236条中关于奸淫幼女的规定,虽未以明知幼女不满14周岁为犯罪的主观要件,但站在体系的立场上看,总则中的犯罪故意包含了明知自己的行为会造成危害社会结果,如果行为人对幼女年龄不知,就不具有对自己行为是奸淫幼女的认知,也就缺乏奸淫幼女的故意。

如何理解"和"[①]

> **事实**
>
> 某年12月10日夜,被告人郑×伙同王×等四人共同谋划后,由被告人于×带路并望风,郑×等人使用钢钎等作案工具,对省级文物保护单位三庄汉墓群内的一座汉墓实施盗掘。约半小时后,他们发觉打出的泥土成色不对,认为这个墓被盗过了,于是返回,后被缉拿归案。
>
> 我国《刑法》第328条规定:……有下列情形之一的,处10年以上有期徒刑或者无期徒刑,并处罚金或者没收财产:……盗掘确定为全国重点文物保护单位和省级文物保护单位的古文化遗址、古墓葬的。
>
> **评析**
>
> 应如何理解这项规定中的"和"?"和"在汉语中是连词,用来连接两个句子或词语,表示并列关系。那么,在"盗掘确定为全国重点文物保护单位和省级文物保护单位的古文化遗址、古墓葬的"这一规定中,如按照文义解释就是,所盗掘的文化遗址、古墓葬既被确定为全国重点文物保护单位,又被确定为省级文物保护单位,对盗掘只确定为全国重点文物保护单位的古文化遗址、古墓葬,或盗掘只是省级文物保护单位的古文化遗址、古墓葬不予以特别保护,这令人不解。

---

① 马宝林、赵春秀:《从一案看体系解释在法律适用中的应用》,载 http://www.chinacourt.org/article/detail/id/73222.shtml,最后访问日期 2012-03-19。

如果将该项规定放在整个《刑法》中,我们便看到,我国《刑法》第 324 条第 1 款规定:"故意损毁国家保护的珍贵文物或者被确定为全国重点文物保护单位、省级文物保护单位的文物的,处 3 年以下有期徒刑或者拘役,并处或者单处罚金;情节严重的,处 3 年以上 10 年以下有期徒刑,并处罚金。"法律对国家保护的珍贵文物、全国重点文物保护单位、省级文物保护单位的文物三者均予以重点保护,对侵犯这三类珍贵文物的盗掘行为加重处罚,因此,对"盗掘确定为全国重点文物保护单位和省级文物保护单位的古文化遗址、古墓葬的"的正确理解应是:

A. 盗掘确定为全国重点文物保护单位的古文化遗址、古墓葬;

B. 盗掘确定为省级文物保护单位的古文化遗址、古墓葬;

C. 盗掘既是全国重点文物保护单位也是省级文物保护单位的古文化遗址、古墓葬。

均属于 10 年以上的量刑情形。

"同居伙伴"是否属"近亲属"

"同居"是西方日益普遍的社会现象,也引发了相应的法律问题。比如,在一对"同居伙伴"间发生严重伤害同伴的行为是否属于《德国民法典》第 1579 条第 2 项里的"近亲属"之间的严重违法行为?法律并没有给出明确的定义。显然,"近亲属"一词通常的字面含义不包括"同居伙伴",但在该法第 1579 条第 2 项到第 6 项存在一项"相互注意"的法律原则,它是由以前的司法判例发展而来的,源自民法的最基本原则——公平原则。法院根据这一原则得出:被告方应当对其严重伤害原告(同居伙伴)的行为负责,故应减少原告对其扶养费的给付。

店面开业与否案①

> 事　实
>
> 1999 年 2 月 24 日,被告甲方汤×明、汤×柱与汤雪×、林聘×、林光×及原告莫××签订一份租店合同,约定将大吉新市场东面四间店面分别承租给乙方莫××、汤雪×、林聘×、林光×。主要内容为:
>
> 第 3 条:乙方预付给甲方 3000 元用于租用店面的装修费用,店面开始营业后,按店面开始营业时,抵扣月店租费,扣完后,再交完合同期满的剩余店租费。
>
> 第 9 条:本合同书从市场店面开始营业起,计算每月店租费用,至公元 2000 年农历 12 月 30 日即除夕 12 点为止。
>
> 第 11 条:本合同一式二份,双方各持一份,本合同自店面开业时生效。

---

① 陈庆林:《合同解释的若干问题》,载 http://www.chinacourt.org/article/detail/id/119279.shtml,最后访问日期 2012-03-19。

> 合同签订后，原告按约于1999年2月24日预付给被告汤×明3000元，其他承租人也同时按约各自预付给店主3000元。1999年5月1日市场开业时，汤雪×等其他三人承租的店面营业几天后，因市场萧条很快就停止营业，而原告承租的店面从未营业过。为此，原告要求被告归还已付的预付款3000元，被告不允。双方为此发生纠纷。
>
> 原告向法院起诉，认为根据双方签订的合同，原告承租的店面从未营业过，因此，租店合同没有生效，被告应如数返还预付款。被告则提出，原、被告合同中约定合同自大吉农贸市场开始营业时生效，而大吉农贸市场已于1995年5月1日正式开业一星期，后因种种原因市场萧条下来。原告承租的店面虽然没有营业过，但并不妨碍合同的生效。因此，原告应支付被告租金。
>
> 【评析】
>
> 双方当事人争议的是合同中"店面开业"。那么，店面开业是指大吉农贸市场开始营业（第9条），还是原告的店面开业（第3条、第11条）？合同各条表述有矛盾。从体系原则来解释，第3条规定原告预付3000元用于租用店面的装修费用，店面开始营业后抵扣月店租费，第11条规定"店面开业"后合同才生效，可以推断出，店面开业时合同生效，应是指原告的店面开业时合同生效。现原告的店面未开业，故该合同没有生效。因此原告享有要求被告返还3000元预付款的请求权。

3-2 体系解释的规则

在进行体系解释时，必须考虑法律体系内部的效力等级。效力等级有两重关系，在水平关系上，即在同位阶法律上，解释准则是：在时间上看，后法优于前法或新法优于旧法；在内容确定性上看，特别法优于一般法。在垂直关系上，即在异位阶法律上，解释准则是：上位法优于下位法，一切法要合乎宪法。其中，合宪解释是为了保证法律体系的精神一致性，因此为体系解释之主要内容，不可与体系解释并立。但在上位法与下位法内容一致且同时适用于同一事实行为时，下位法居优。在此，特别法优于一般法的准则同样适用，因为下位法一般是特别法。采用上位法的情况为，下位法的内容与上位法抵触。另外，如对下位法存有多种解释之可能，选择的方法是看哪个更接近上位法，上位法在此起着选择标准的作用。

3-2-1 同位阶法律效力的解释规则

决定同位阶法律的效力有两个维度：时间和内容确定性，如何按这两个维度决定同位阶法律的效力，在长期的历史实践中形成如下规则（见图表6-4）。

时间	后法优于前法、新法优于旧法
内容确定性	特别法优于一般法
时间与内容确定性	新的一般规定优于旧的特别规定

图表6-4 同位阶法律的效力的解释规则

A. 时间：后法优于前法、新法优于旧法

这项规则也适用于同一机关制定的规范性文件不一致的情形。所有法律规范都是根据当时社会关系的情况制定的,随着社会的变迁,法律规范也存在"不识时务"的问题,需要不断地修改。法的修改和更新有多种形式,有的是修改旧法,有的是在新法中重新规定并明确宣布废止旧法,这两种情况都不会出现冲突问题。但有的新法虽然修改了旧法,却没有指明就是对旧法所作的修改,也没有明文废止旧法,这时新法和旧法同时有效,就会产生冲突。在此一情况下,就必须按照新法优于旧法的原则来确定适用问题。因为修改后的新法更加符合变化了的新情况,体现了立法机关面对新情况所作的新的调整,应当优先适用。

如根据《行政复议法》第9条规定,公民、法人或者其他组织对具体行政行为不服的,申请复议的期限是60日,但在此前颁布的涉及行政管理的法律多数规定的是15日,还有的规定为7日或5日。依后法优于前法规则,当适用《行政复议法》60日之规定。

B. 内容确定性:特别法优于一般法

根据某种特殊情况和需要所制定的专门调整某种特殊社会关系的法律是所谓特别法,而所谓一般法就是为调整某一类社会关系而制定的法律。如一般法:《土地管理法》;特别法:《农村土地承包法》。《土地管理法》是调整所有土地管理行为的一般法,《农村土地承包法》是专门调整农村土地承包行为的特别法。在调整农村土地承包法律关系时,如果这两个法之间的规定有冲突的,应当适用《农村土地承包法》。确立特别法优于一般法这一规则,是因为特别法考虑了具体社会关系的特殊需要,更接近它所要调整的社会关系,所以具有优先适用的效力。故《立法法》第92条规定,特别规定与一般规定不一致的,适用特别规定。

尤要注意的是,在刑法中,如果特别法规定的刑罚轻于一般法的规定,例如《刑法》第345条的盗伐林木罪的立案标准和最高法定刑比第264条的普通盗窃罪的低,也应适用特别法,而不能用所谓"重法优于轻法"来替代特别法优于一般法。这也是罪刑法定原则的要求。当然,立法者设定特别法,原因是所涉及的行为本身侵害多种法益,理应为重刑,但法律却可能规定为轻刑,即便如此,这不可通过适用而当经由立法来调整。

交通行政处罚案①

> **事 实**
>
> 2005年1月5日原告朱××驾驶汽车违章驶入公交专用车道,由被告交警一大队值勤民警当场查获。依据我国《道路交通安全法》第90条之规定,拟作出罚款100元的行政处罚,原告无申辩意见,被告值勤民警制作《公安交通管理简易程序处罚决定书》交原告签名,并当场将《处罚决定书》送达原告。
>
> **判 决**
>
> 原告起诉认为,被告适用简易程序当场对其作出行政处罚程序违法,适用法律错误,请求人民法院撤销被告作出的《处罚决定书》。官渡区法院一审认为:我国《道路交通安全法》中关于道路交通安全违法行为的行政处罚规定相对于《行政处罚法》的规定属特别法,依据法律冲突的适用规则,一般法与特别法相冲突时,应适用特别法。

---

① 2006年度昆明法院17件精品案例,载 http://www.yn.xinhuanet.com/topic/2007/2006jpal/,最后访问日期2008-06-29。

遂判决维持被告作出的《处罚决定书》。

原告以一审判决适用法律的审查认定错误为由提起上诉。二审法院审理认为，全国人大与全国人大常委会均为行使最高立法权的国家立法机构，全国人大常委会是全国人大的常设机关，在全国人大闭会期间，可以经常性地行使最高立法权，两个国家最高立法机构所制定的法律不存在位阶上的"层级冲突"，即不会产生"上位法"与"下位法"之间冲突的问题，故上诉人朱××在该案中认为全国人大制定的《行政处罚法》系"上位法"、全国人大常委会制定的《道路交通安全法》系"下位法"的诉讼理由是不成立的。

其次，全国人大制定的《行政处罚法》是对所有行政处罚作出的较原则的规范性规定，属于一般法规范，而全国人大常委会制定的《道路交通安全法》则是对道路交通安全管理的有关事项作具体规定，属特别法规范，按照《立法法》第83条的规定，"特别规定与一般规定不一致的，适用特别规定"。① 故本案应当适用特别规定。一审法院对该行政处罚决定予以维持无误，遂判决维持原判。

评析

本案争议点是应适用我国《行政处罚法》还是《道路交通安全法》，因为二者对行政处罚适用简易程序的条件有不同的规定，两级法院均将这一不同规定定位于"同一立法机关制定的法律规范发生冲突"，因此可依"特别法优于一般法"的规则，认定公安机关所作的行政处罚决定书符合法定程序。

C. 时间与内容确定性：新的一般规定优于旧的特别规定

在时间与内容确定性两个标准之间也会产生谁优先的问题，如一般法是新的而特别法是旧的，适用不同规则会产生不同结果：

——按新法优于旧法规则，新的一般法优先；

——按特别法优于一般法规则，特别法优先。

在此状况下，应优先考虑时间标准还是内容确定性标准？通常以时间优于内容确定性为标准，因为新的一般法颁布，旧的特别法应据新法加以修订。据《立法法》第94条规定"法律之间对同一事项的新的一般规定与旧的特别规定不一致，不能确定如何适用时，由全国人民代表大会常务委员会裁决"，但这一安排操作性不强。最高人民法院《关于审理行政案件适用法律规范问题的座谈会纪要》规定，法律之间、行政法规之间，对同一事项的新的一般规定与旧的特别规定不一致的，应按照下列情形适用(见图表6-5)。

新的一般规定允许旧的特别规定继续适用	适用旧的特别规定
新的一般规定废止旧的特别规定	适用新的一般规定
不能确定新的一般规定是否允许适用旧的特别规定	逐级上报上级法院

图表6-5 新的一般规定与旧的特别规定

但还存在同一位阶的法律规则发生冲突而不能适用新法与旧法、特别法与一般法关系

---

① 现行《立法法》第92条。

规定的情况,如医生在处方中使用患者无法理解的代号,这便产生《消费者权益保护法》第8条(消费者享有知悉其购买、使用的商品或者接受的服务的真实情况的权利——患者对医生处方内容的知情权)与《反不正当竞争法》第9条(本条所称的商业秘密,是指不为公众所知悉、具有商业价值并经权利人采取相应保密措施的技术信息、经营信息等商业信息,如医生对处方享有的商业秘密上的知识产权)的冲突,如何选择规则,更多的是结合个案考虑各冲突规则背后原则的价值分量。(详见第八章)

3-2-2 异位阶法律的效力的解释规则

决定异位阶法律的效力主要涉及内容的一致性,也有新的上位法与旧的下位法谁具有优先性的问题。如何处理,有如下规则(见图表6-6)。

内容不一致	上位法优于下位法、一切法要合乎宪法
内容一致	下位法优于上位法、特别法优于一般法
时间与异位	新的上位法优于旧的下位法

图表6-6 异位阶法律的效力的解释规则

A. 内容不一致:上位法优于下位法、一切法要合乎宪法

根据我国《立法法》第78—80条、第88条等的规定,上位法优于下位法具体指以下几个方面:

——宪法具有最高的法律效力;

——法律高于行政法规、地方性法规、部委规章和地方性规章,全国人大制定的法律高于全国人大常委会制定的法律;

——行政法规高于各部委制定的规章、地方性法规和地方性规章;

——地方性法规高于本级和下级地方政府规章;

——上级政府规章高于下级政府规章。

法律高于地方性法规:河南洛阳种子案

2001年5月22日,汝阳公司与伊川公司签订合同,约定由伊川公司为其繁殖玉米种子。2003年初,汝阳公司以伊川公司没有履约为由将其起诉到洛阳市中级人民法院,请求赔偿。双方的分歧主要在赔偿损失的计算方法上。原告主张适用《种子法》,以"市场价"计算赔偿数额;被告则要求适用《河南省农作物种子管理条例》,以"政府指导价"计算。

2003年5月27日,洛阳市中级人民法院支持了原告的主张,判令伊川公司按市场价格进行赔偿。判决书中写道:"《种子法》实施后,玉米种子的价格已由市场调节,《河南省农作物种子管理条例》作为法律位阶较低的地方性法规,其与《种子法》相抵触的条(款)自然无效。"后双方都提出了上诉。

同年10月18日,河南省人大常委会办公厅下发《关于洛阳市中级人民法院在民事审判中违法宣告省人大常委会通过的地方性法规有关内容无效问题的通报》,要求河南省高院对洛阳市中院的"严重违法行为作出认真、严肃的处理,对直接责任人和

主管领导依法作出处理"。通报认为,主审法官李慧娟无权以法官身份宣布地方性法规无效,洛阳市中院的判决违反了《宪法》;人大是立法机关,法院是执法机关,法律的修改和废止是人大职权范围的事情,所以不管是否冲突,法院都无权去宣布法规有效还是无效。

随后,洛阳市中院党组作出决定,撤销判决书签发人——民事庭副庭长的职务和李慧娟的审判长职务,免去李慧娟的助理审判员。

2004年3月30日,最高人民法院在《关于河南省汝阳县种子公司与河南省伊川县种子公司玉米种子代繁合同纠纷一案请示的答复》中指明:根据《立法法》第79条规定:"法律的效力高于行政法规、地方性法规、规章,行政性法规的效力高于地方性法规、规章"[①];2004年4月1日,河南省人大常委会通过《河南省实施〈中华人民共和国种子法〉实施办法》,办法自7月1日起施行。《河南省农作物种子管理条例》同时废止。

然而,在这类情况中存在例外,即"变通法优于被变通法"。《立法法》第90条规定:"自治条例和单行条例依法对法律、行政法规、地方性法规作变通规定的,在本自治地方适用自治条例和单行条例的规定。经济特区法规根据授权对法律、行政法规、地方性法规作变通规定的,在本经济特区适用经济特区法规的规定。"虽然这些变通规定是下位法,且与上位法不一致,但由于变通规定是依法制定的,优于上位法的效力。变通法在其效力范围内优先适用。

B. 内容一致:下位法优于上位法、特别法优于一般法

依上述规则可回答《劳动合同法》与《劳动法》的关系。前者是下位法、特别法,后者是上位法、一般法。《劳动法》规范的内容除了劳动合同以外,还包括就业、工作时间和报酬、劳动保护、职业培训、社会保险和福利、劳动争议处理和劳动监察等。在两者关于劳动合同内容一致时,适用《劳动合同法》。

超标排放大气污染物

针对这种违法行为,《大气污染防治法》第99条规定,由县级以上人民政府生态环境主管部门责令改正或者限制生产、停产整治,并处十万元以上一百万元以下的罚款;情节严重的,报经有批准权的人民政府批准,责令停业、关闭。

河北省为贯彻执行《大气污染防治法》,就此作出了更具体的规定,《河北省大气污染防治条例》第78条规定,由县级以上人民政府环境保护主管部门责令停止排污或者限制生产、停产整治,并处十万元以上三十万元以下罚款;情节较重的,并处三十万元以上一百万元以下罚款;情节严重的,报经有批准权的人民政府批准,责令停业、关闭。受到罚款处罚,被责令改正但拒不改正的,可以自责令改正之日的次日起,按照原处罚数额按日连续处罚。该条例应在河北省优先适用。

---

① 现行《立法法》第88条。原《〈中华人民共和国合同法〉解释(一)》第4条规定:"合同法实施以后,人民法院确认合同无效应当以全国人大及其常委会制定的法律和国务院制定的行政性法规为依据,不得以地方性法规和行政规章为依据",人民法院在审理案件过程中,认为地方性法规与法律、行政法规的规定不一致,应当适用法律、行政法规的相关规定。

3-2-3　合宪性解释

合宪性解释其实是体系解释中的一种特别情形,而不是独立的解释方法。与上述几种解释不同的是,合宪性解释是对法律解释的结果作合宪性考量,这一合宪性考量会产生正反两种结果:

其一,解释不违宪。如果对一项法律条文有多种解释结果(例如A、B、C),只要其中一种(例如C)可以避免宣告该法律条文违宪时,便应选择这一解释结果,而不采纳其他可能导致违宪的解释结果。或者说,只有对一项法律规定无法作出合宪性解释时,方能认为其违宪并因此无效,即对一规范有数种解释的可能性时,应排除不符合宪法的解释,这又称为消极的合宪性解释。

其二,解释合宪。意指解释者应采取最能实现宪法要求的解释结果,例如在A、B、C中,A最能实现宪法保障的某一人权,则应舍B、C而取A,即对一规范有数种解释的可能性时,应选择最符合宪法的解释,这又称为积极的合宪性解释。

由于法律解释的结果总是解释方法的产物,因而合宪性解释也是对解释方法的考量。

也不可把合宪性解释与宪法解释混淆,前者解释的对象是法律等规范,后者解释的对象是宪法本身。当然,由于合宪性解释是运用宪法规范及其精神来解释法律等,进行合宪性解释,不得不首先解释宪法,然后才运用解释宪法所获得的东西去解释法律。因此可以说,宪法解释是合宪性解释的第一步。但合宪性解释的方法不是宪法解释的方法,合宪性解释的方法是比较,即比较哪一种解释结果(方法)最不违宪或最合宪法,而宪法解释在方法上与法律解释(如字义解释)无甚不同,只是由于宪法与法律本身的差别,导致运用这些方法时有所不同(见第一章)。

难民收留法案(德国)[①]

合宪性解释最早见于德国巴登州宪法法院在1950年1月23日作出的判决,德国联邦宪法法院在1953年的难民收留法案件中,采用了合宪性解释的方法。该案涉及《难民收留法》第1条"由苏俄占领区逃难到联邦德国的人民,需向当地警察局申请居留证,如果能够证明离开该苏区的理由是为了避免生命和生活遭遇危难,则不得拒绝发给居留证",是否违反了《基本法》第11条第2款对人民迁徙自由的限制,即"此项权利唯在因缺乏充分生存基础而致公众遭受特别负担时,或为防止对联邦或各邦之存在或自由民主基本原则所构成之危险,或为防止疫疾、天然灾害或重大不幸事件,或为保护少年免受遗弃,或为预防犯罪而有必要时,始得依法律限制之"。

从《难民收留法》来看,对于那些衣食环境并不一定匮乏,而只是为了逃离苏俄统治的人予以收留就不符合规定。因此,联邦宪法法院作出合宪的解释,认为,警察即使依据《难民收留法》第1条审核申请居留人是否符合条件,仍应一并考虑《基本法》第11条第2款的规定。法院特别指出,如果一个法律可能通过解释而符合宪法的观念,且不失其意义时,就不违宪。

[①] 胡锦光主编:《宪法学原理与案例教程》,中国人民大学出版社2006年版,第100—101页。

在中国,严格说来,上述意义上的合宪性解释尚未出现,一些被称作合宪性解释的案例,准确而言,是用宪法作为解释法律或断案的根据。有学者研究,至少有六十个案件适用了宪法①,例如2001年山东"受教育权案"。②

受教育权案

> **事　实**
>
> 齐××和陈××均系山东滕州八中90届初中毕业生。1990年齐××通过了中专预考并取得委培的资格,被济宁商校录取,通知书由滕州八中转交,但被陈××领走,陈××冒用齐××的名义到济宁商校就读。毕业后,陈××到委培单位中国银行滕州支行工作,并继续使用"齐××"的姓名。1999年齐××得知被冒名后,以陈××和陈克×(陈××之父)及滕州八中、济宁商校、滕州教委侵害其姓名权和受教育权为由诉至法院,请求判令各被告停止侵害、赔礼道歉,并给原告赔偿经济损失16万元,赔偿精神损失40万元。
>
> **一审判决**
>
> 枣庄市中级人民法院认为:陈××冒用齐××姓名上学,构成了对齐××姓名的盗用和假冒,是侵害姓名权的一种特殊形式。齐××主张的受教育权,属于公民一般人格权范畴,本案证据表明,齐××已实际放弃了这一权利,即放弃了上委培的机会,因此主张侵犯受教育权的证据不足,不能成立。齐××基于这一主张请求赔偿的各项物质损失,除律师代理费外,均与被告陈××的侵权行为无因果关系,故不予支持。齐××的考试成绩及姓名被盗用,为其带来一定程度的精神痛苦。对此,除有关责任人应承担停止侵害、赔礼道歉的责任外,各被告均应对齐××的精神损害承担给予相应物质赔偿的民事责任。
>
> 齐××不服,向山东省高级人民法院提起上诉。
>
> **二审判决**
>
> 山东省高级人民法院认为,上诉人齐××所诉被上诉人陈××、陈克×、济宁商校、滕州八中、滕州教委侵犯姓名权、受教育权一案,存在着适用法律方面的疑难,因此报请最高人民法院进行解释。
>
> 最高人民法院认为:当事人齐××主张的受教育权,源于我国《宪法》第46条第1款。根据本案事实,陈××等以侵犯姓名权的手段,侵犯了齐××依据宪法规定所享有的受教育的基本权利,并造成了具体的损害后果,应承担相应的民事责任。据此,最高人民法院以法释〔2001〕25号司法解释批复了山东省高级人民法院的请示。
>
> 山东省高级人民法院最后判决:侵权行为是由陈××、陈克×、滕州八中、滕州教委的故意和济宁商校的过失造成的。这种行为从形式上表现为侵犯齐××的姓名权,

---

① 上官丕亮:《当下中国宪法司法化的路径与方法——以湖北钟祥石巷村的调查为基础》,载《现代法学》2008年第2期。
② 《最高人民法院公报》2001年第5期,本书有删节。

> 其实质是侵犯齐××依照《宪法》所享有的公民受教育的基本权利。各被上诉人对该侵权行为所造成的后果,应当承担民事责任。原审判决认定被上诉人陈××等侵犯了上诉人齐××的姓名权,判决其承担相应的民事责任,是正确的。但原审判决认定齐××放弃接受委培教育,缺乏事实根据。齐××要求各被上诉人承担侵犯其受教育权的责任,理由正当,应当支持。

4 历史解释

在体系解释也不能给出规范的具体含义时,历史解释便出场了——它力图从历史资料、历史背景和演变中获得立法者的原意。因此,历史解释不同于史学中对历史进行研究的方法:以史料为基础的描述性研究和以理论预设为导向的诠释性研究。

对法律作历史解释的方法是使用立法资料,以获得立法者的原意,在我国,立法资料主要有:

关于法案的说明

这是提案人在提出法案时,在人大会议或政府工作会议上对法案所作的说明。它一般包括对制定该法的目的、指导思想、草案的主要内容及其理由等内容的说明,是理解立法者原意最重要的资料。

审议结果报告

它包括审议意见汇报和审查报告。这是人大法律委员会、法制工作委员会或者政府法制机构统一审议(查)后,在向人大会议或政府工作会议提出法案修改稿的同时,对法案修改的理由所作的说明,以及对为什么没有接受各方面提出的修改意见所作的解释。这三种文献对有关法律条文含义的说明,实际上就是一种法律解释。

人大的审议意见或者有关部门的意见

法案在审议、讨论过程中,会议成员和有关专门委员会或者有关部门发表的意见,代表着立法者对法律条文含义的理解,尽管这些意见可能不一致,但可以帮助我们理解法律条文。

起草、审议、审查、讨论法案过程中各方面的意见

在法案起草和审议、审查过程中,会广泛征求各个方面的意见,这些意见有些被吸收,有些没有被吸收,但对理解法律条文仍可提供帮助。

什么是"行政行为"

2014年11月1日修订的《行政诉讼法》以"行政行为"替代"具体行政行为",且该法第2条第2款规定:"前款所称行政行为,包括法律、法规、规章授权的组织作出的行政行为。"但此款仍未明确告诉人们什么是"行政行为",而王汉斌当时对"具体行政行为"所作说明有助于理解"行政行为"的内涵。1989年3月,王汉斌在七届全国人大二次会议上所作的《关于〈中华人民共和国行政诉讼法(草案)〉的说明》中指出,"具体行政行为"这个概念的含义为:"抽象行政行为与具体行政行为的区别有三点,一是'效果':抽象行政行为是对将来发生的事项进行的管理,具体行政行为是对现在发生的事项进行的管理;二是'适用范围',抽象行政行为适用于不特定人,有普遍约束力,而具体行政行为适用于特定的人,没有普遍约束力;三是'形式',抽象行政行为往往以条文、规范的形式出现,而具体行政行为则是一种较为具体的处理方式。"①

"两户"何意

《民法典》规定了"个体工商户、农村承包经营户",第54条:自然人从事工商业经营,经依法登记,为个体工商户。个体工商户可以起字号。第55条:农村集体经济组织的成员,依法取得农村土地承包经营权,从事家庭承包经营的,为农村承包经营户。但对"两户"到底享有哪些民事权利、对外债务如何承担、如何确定以个人财产经营抑或以家庭财产经营等,非常概括,常生疑义。此须考究《民法典》的前身《民法通则》制定当时的历史背景:我国改革开放始于20世纪80年代,在农村,刚刚推行家庭联产承包责任制;在城市,刚刚允许居民自谋职业,这才有了"两户"这一特殊民事主体。

借记卡是不是信用卡

《刑法》第196条规定了信用卡诈骗罪,在1997年修订该法时,金融机构所称信用卡既包括具有透支功能的银行卡,也包括具有借记功能的银行卡。当时金融管理法规未对信用卡作这种两分,刑法中与金融法规中信用卡的概念是一致的。此后金融法规将具有透支功能的称为信用卡,其他的则称为借记卡。这便出现了争议:是否应按金融法规后来的信用卡含义去解释刑法中的信用卡?站在历史解释的立场上,2004年12月24日全国人大常委会对《刑法》中的信用卡解释为:由商业银行或者其他金融机构发行的具有消费支付、信用贷款、转账结算、存取现金等全部功能或者部分功能的电子支付卡。即对信用卡作了符合历史的广义的解释。

合议庭为几人

1991年,最高人民法院研究室收到了云南省高级人民法院《关于中级人民法院审判第一审刑事案件能否由审判员3人、特邀陪审员2人组成合议庭问题的请示》。请示称,为审理一起重大案件,昆明市中级人民法院拟由审判员3人、特邀陪审员2人组成合议庭。这不符合1979年《刑事诉讼法》第105条"审判员1人,人民陪审员2人组成合议庭"的规定。该院认为:第105条的规定是根据基层和中级法院的情况而定的,其立法原意是要求合议庭组成人员不得少于3人,目的在于保证正确审判。现根据该案件的疑难程度,由5人组成合议庭,目的也是为了正确审判该案,与第105条的立法精神相一致,且1983年的《人民法院组织法》对此未作限定。

1979年《刑事诉讼法》规定合议庭的组成人员为3人,但1983年的《人民法院组织法》只允许由审判员组成合议庭,且没有规定人数。《人民法院组织法》是否取消了合议庭的人数限制呢?最高人民法院研究室从立法史角度,作出了"合议庭为3人"的解释。

最高人民法院研究室在"关于中级人民法院审判第一审刑事案件能否由审判员3人、陪审员2人组成合议庭问题的电话答复"中称:"中级人民法院审判第一审刑事案件,应严格按照《刑事诉讼法》第105条第1款和《人民法院组织法》第10条第2款的规定组成合议庭,即由审判员1人、人民陪审员2人或者由审判员3人组成合议庭。"这一解释在1996年修订的《刑事诉讼法》中得到确认,该法第178条规定,"基层人民法院、中级人民法院审判第一审案件,应当由审判员3人或者由审判员和人民陪审员共3人组成合议庭进行"。

---

① 王汉斌:《〈中华人民共和国行政诉讼法〉讲话》,中国民主法制出版社1989年版,第34页。

5 主观目的解释

5-1 主观目的与客观目的及其冲突

"法律目的是全部法律的创造者",这是耶林的传世名言,他认为"每条法律规则的产生都源于一种目的,即一种实际的动机"。的确,人生活在一个意义世界,为一定行为或不为某种行为不可能不求目的性。人创制了法律,总是有目的的,在寻找大前提时,也要作法律目的之询问。但人们对所追寻的目的存在着分歧:

一个是法律产生时法律的目的,即立法者的主观意志,小到立法者如何理解某个概念,大到立法者如何设定法律的目的,无不体现立法者的意图,这里所追寻的目的被称为主观目的。所谓主观解释就是对立法者的意图的解释。

另一个是适用法律时法律的目的,即法律本身的意志,法律一旦诞生,便可独立于立法者的主观意志,有自身的意志,这是所谓客观解释所追寻的目的,是为客观目的。

这两种目的时而一致,此时按照立法者的意志即可,但也常常冲突,尤其是存在久远的法律,如1804年的《法国民法典》,立法者当时不可能十分顾及百年之后的局面。在当代,客观解释占上风,当然也有中间立场。①

谁主沉浮?

> 1952年,瑞士女律师、妇女选举权协会主席安托瓦内特·昆什(Antoinette Quinche)和她所在社区的其他1414名持异议者要求将自己纳入选民名册。由于当时州的架构并未明确排除妇女的投票权,她们向联邦法院提出了请求,但遭联邦法院拒绝,理由是,沃州《宪法》第23条中"所有瑞士人",据历史上立法者的原意,是指男性瑞士人。与此相反,30年后,联邦法院站在客观、合乎时代和合宪的立场上,将内阿彭策尔州《宪法》第16条中的"国民"和"瑞士人"解释为包括妇女。② 目的是主观的抑或是客观的,结果大相径庭。

5-2 如何获得主观目的

主观目的解释是指理解立法者设定此规范的目的。主观目的的解释的发生是在前三种解释方法或者不能确定规范的含义,或者能确定含义但适用后结果不当的情形下。前者例如刑法仅仅规定了破坏电力设备罪,而没有规定破坏电力设施罪。有人窃得居民楼正在使用的电表箱内的接地铜线,不论从字义解释(电力设备与电力附属设施有别),还是在刑法体系中(只有破坏交通工具罪和破坏交通设施罪)都难以得出明确的结论。立法者设置破坏电力设备的目的是维护电力安全,供电的附属设施承担着保障输电、供电的功能,故可以认定为电力设备,破坏电力附属设施的行为,应以破坏电力设备罪论处。

后者例如,《刑法》第213条规定了假冒注册商标罪:未经注册商标所有人许可,在同一

---

① 参见魏德士:《法理学》,丁小春、吴越译,法律出版社2013年版,第332—341页。
② 参见克莱默:《法律方法论》,周万里译,法律出版社2019年版,第87—88页。

种商品、服务上使用与其注册商标相同的商标,情节严重的,处三年以下有期徒刑,并处或者单处罚金。"相同的商标"是主要事实构成,但那些"非常相似的商标"受不受其规制?按字义,"相同"与"非常相似"有别,但如果不惩罚使用"非常相似的商标"的行为,不符合立法者设置假冒注册商标罪的目的:一方面是为了保护消费者的利益,另一方面是为了维护商标所有者的产品声誉。

一部法律的目的是什么,在许多国家的法律中并未明示,而中国的法律常在头几条明确标出本法目的(立法目的),也就是主观目的(见图表6-7);与之相对,许多法条有自己的目的,因此,主观目的可分为本法目的(或法典目的)和法条目的。难题常常不是对一部法律的第1、2条中明示的不同层面的目的,而是每一具体条款的目的,因为在每一具体条款中,立法者没有也不可能写明其具体目的,如何解读?例如,《刑法》第316条规定了脱逃罪,犯罪主体是"依法被关押的罪犯、被告人、犯罪嫌疑人"。但被依法关押而事实上无罪的人能否成为该罪的犯罪主体,回答不一。肯定者认为,只要是被司法机关依法关押的被告人、犯罪嫌疑人,即使实际上无罪,也是本罪的主体。否定者认为,即使被司法机关依法关押,但实际上无罪的人不能成为本罪的主体。这一争议涉及该条立法目的。显然,对于立法目的,肯定者的理解是维护司法秩序,禁止依法被关押的人脱逃;否定者的理解是保障自由。

如何发现立法者设置某条文的目的?途径大体有:从立法的相关资料中寻找;通过相关条文对比;分析条文在该法体系中的位置。这些识别条文目的之方法可单独适用,也可综合适用。

类别	立法目的
《刑法》	第1条 为了惩罚犯罪,保护人民,根据宪法,结合我国同犯罪作斗争的具体经验及实际情况,制定本法。 第2条 中华人民共和国刑法的任务,是用刑罚同一切犯罪行为作斗争,以保卫国家安全,保卫人民民主专政的政权和社会主义制度,保护国有财产和劳动群众集体所有的财产,保护公民私人所有的财产,保护公民的人身权利、民主权利和其他权利,维护社会秩序、经济秩序,保障社会主义建设事业的顺利进行。
《高等教育法》	第1条 为了发展高等教育事业,实施科教兴国战略,促进社会主义物质文明和精神文明建设,根据宪法和教育法,制定本法。
《劳动法》	第1条 为了保护劳动者的合法权益,调整劳动关系,建立和维护适应社会主义市场经济的劳动制度,促进经济发展和社会进步,根据宪法,制定本法。
《消费者权益保护法》	第1条 为保护消费者的合法权益,维护社会经济秩序,促进社会主义市场经济健康发展,制定本法。

图表6-7 "本法目的"条款

"没收较大数额财产"可否听证?

2005年,成都市金堂县工商局依法对黄××等人无照且无许可经营的网吧作出"没收从事违法经营活动的电脑主机32台"的处罚决定,数额财产较大。金堂县工商局在作出处罚决定前只按照行政处罚一般程序告知黄××等三人有陈述、申辩的权利,而没有告知听证权利,《行政处罚法》第42条明确规定,行政机关作出责令停产停业、吊销许可证或者执照、较大数额罚款等行政处罚决定之前,应当告知当事人有要求

> 举行听证的权利。但没收较大数额的财产,包不包括在"等"字内,存有争议。这就是通常所说的"等内等"还是"等外等"难题。从文义解释上看,两种理解均可,难题仍存。在法律体系和立法资料中也无法明确,此时要探寻该条立法目的。设立行政听证程序的目的是维护相对人的权利,行政机关的有些决定有可能对相对人的权利义务产生重大影响,行政机关应当举行听证,听取行政机关和相对人的陈述、申辩和质证,再作出行政决定。被没收电脑主机32台价值10余万元,超过多数较大数额罚款,对黄××等人的财产利益影响重大,理应告知其有要求举行听证的权利。

5-3 主观目的解释的结果

主观目的解释的结果是限缩或扩张法律规范的适用范围。

5-3-1 主观目的论扩张

主观目的论扩张指为贯彻法律规范意旨,将不为该法条文义所涵盖的案型,包括于该法条的适用范围之内,这里的"目的"指法律的目的。主观目的论扩张与前述字义扩大解释的区别在于依据不同,前者在字义解释等不及之处,依据法律的主观目的扩大法律规范的适用范围,后者依据立法者的原意将字义扩张至边缘区域。

"他"包括"她"

法律中在指第三人称单数时常常用代词"他",未能涵盖女性公民,不符法律意旨。因为法律绝不只对"他"而不对"她"适用,所以应作主观目的性扩张至女性公民及中性公民。同理,他人、其他人用语一般也应作这种扩张。

德文 Im Zweifel für den Angeklagten(有疑则有利被告)中 Angeklagten(被告)用的阳性名词,指男性,但是在古代就有女性被告,所以,"有利被告"应扩张到包括全部的被告,而不论性别。

国家安全机关可限制人身自由

《行政处罚法》第16条规定,限制人身自由的行政处罚权只能由公安机关行使。那么,国家安全机关可否行使这一行政处罚权呢?《反间谍法》第29条规定,对明知他人有间谍犯罪行为,在国家安全机关向其调查有关情况、收集有关证据时,拒绝提供的行为人,可由国家安全机关处15日以下行政拘留。这符合《行政处罚法》第9条限制人身自由的行政处罚,只能由"法律"设定,因为《反间谍法》是2014年11月1日第十二届全国人民代表大会常务委员会通过的"法律"。从职能上看,国家安全机关与公安机关相似,一主外,一主内,共负保安之责,赋予公安机关行使限制人身自由的行政处罚权的目的在此,国家安全机关行使这一行政处罚权也符合保安之需,因此可将《行政处罚法》第16条"公安机关"扩张解释至"国家安全机关"。

"归个人使用"

对《刑法》第384条挪用公款罪中"挪用公款归个人使用"如何理解,司法解释一直对"个人"的含义持扩张立场,从包括他人、私有公司、私有企业扩张到其他单位。2002年4月28日全国人大常委会将挪用公款"归个人使用"的含义问题解释为:(1)将公款供本人、亲友或者其他自然人使用的;(2)以个人名义将公款供其他单位使用的;(3)个人决定以单位名义将公款供其他单位使用,谋取个人利益的。

简言之,这里的"个人"指自然人和单位。这是基于《刑法》第 384 条的立法目的在于保护公款的正常、安全使用的法益,打击擅自"挪"的行为,无论"用"的主体是个人还是单位都对公款的安全性造成了侵害,所以刑法应介入。

5-3-2 主观目的论限缩

当条文的文义过于宽泛或规定的事项过于笼统,有违法律的主观目的时,便缩小其适用范围,这就是主观目的论限缩。它是指为贯彻法律规范意旨,将某些为该法条文义所涵盖的案型,排斥于该法条的适用范围之外。主观目的论限缩与字义限制解释的不同在于依据不一,字义限制解释是依据立法者的意图和不同情况不同对待之原则,将字义限制在含义的核心领域。主观目的论限缩的依据是立法者的目的。

《民法典》第 168 条禁止自己代理和双方代理:代理人不得以被代理人的名义与自己实施民事法律行为,但是被代理人同意或者追认的除外。代理人不得以被代理人的名义与自己同时代理的其他人实施民事法律行为,但是被代理的双方同意或者追认的除外。但如果自己代理和双方代理使被代理人获利,就当将本条目的限缩到只禁止损害被代理人的利益上。

《刑法》第 4 条规定:"对任何人犯罪,在适用法律上一律平等。不允许任何人有超越法律的特权。"在这里,应作目的论限缩,"人"是指有刑事责任能力的人。无刑事责任能力的精神病人、14 周岁以下的儿童不负刑事责任,不完全刑事责任能力的间歇性精神病人、14 周岁至 16 周岁的人在一定条件下不负刑事责任。这里的限缩是根据法律的主观目的而作的。

6 解释方法的位阶关系

不同的解释方法会导致不同的解释结果,是否有一定的优先次序可循?然而,不可有严格、确定的优先性,而只有推定的、初步的优先性。它们在法律应用中惯常的运用次序按"字义—体系—历史—主观目的"排列,但这并非像财产继承顺序一样,不可逾越。优先运用哪一种,也绝非任意的,取决于各种解释在实体领域的重要性,并要对优先性作出论证。解释方法的位阶关系影响到解释结论的合理性。①

字义解释最为优先是基于法的安定性的要求,具体理由有二:直接的字义比上下文的脉络(体系解释)具有更高的可信赖性;成文法律比立法理由(历史解释)更为公开;主观目的通常由字义所反映。

图表 6-8　解释方法的位阶

6-1　法院的意见

最高人民法院在《关于审理行政案件适用法律规范问题的座谈会纪要》(四)中对法律解释方法的运用次序问题作出如下指导性意见:在裁判案件中解释法律规范,是人民法院适

---

① 拉伦茨:《德国民法通论》(上),王晓晔等译,法律出版社 2003 年版,第 105 页。

用法律的重要组成部分。人民法院对于所适用的法律规范,一般按照其通常语义进行解释;有专业上的特殊含义的,该含义优先;语义不清楚或者有歧义的,可以根据上下文和立法宗旨、目的和原则等确定其含义。

《上海市高级人民法院民事办案要件指南》[①]第 8 条更是明确了法律解释方法的一般运用顺序:法律规定需经过解释才能明确其含义以便适用时,法官应首先对其进行文义解释;依文义解释将得出有分歧的复数解释结论时,须进一步为论理解释;依论理解释将得出复数的不同结论时,须依社会学解释方法确定最终的解释结论。

对"遗弃罪"的理解

> 我国现行《刑法》第 261 条规定的遗弃罪,以有扶养义务为前提。但这里的扶养义务是仅指亲属间的,还是也包括非亲属间的,如社会养老机构承担的义务,并不清楚。从字义上解释,似可以包含这种非亲属间的扶养义务,但不确定,这时应寻求历史解释。从遗弃罪规定的历史演变来看,1979 年《刑法》将它规定在妨害婚姻、家庭罪中,其扶养义务当然只能是亲属间的。而在 1997 年修订的《刑法》中,遗弃罪被纳入侵犯公民人身权利、民主权利罪,扶养义务明显扩展至非亲属间。此时,历史解释尽管与文义解释的结论之一相同,但它消除了文义解释导致的不确定和歧义,具有优先地位。

6-2 立法解释与立法、司法解释之间的位阶关系

与解释方法的位阶关系相连的有立法解释与立法、司法解释之间的位阶关系。

6-2-1 立法解释与立法之间的位阶

立法解释是对法律条文的阐明和解释,依《立法法》第 50 条规定:"全国人民代表大会常务委员会制定的法律解释与法律具有同等效力。"但在立法解释与立法规定相矛盾时,立法解释无效。这是因为法律的制定机关是全国人大,立法解释的制定机关是全国人大常委会,制定机关全国人大高于解释机关全国人大常委会;立法解释作为对法律的阐明,若与法律相矛盾,当然要遵从法律。

6-2-2 立法解释与司法解释的位阶

立法解释由最高国家权力机关的常设机关制定,司法解释由最高司法机关制定。全国人大及其常委会既是最高国家权力机关又是立法机关,其地位高于最高司法机关。因此,立法解释的效力高于司法解释。实践中,有时最高人民法院先制定了司法解释,全国人大常委会的立法解释在后,且立法解释与司法解释之间存在差异,如有关《刑法》中"黑社会性质组织"的特征、"挪用公款归个人使用"的解释等。按照法律位阶原理,立法解释高于司法解释,司法解释自然失效。但最高人民法院、最高人民检察院《关于适用刑事司法解释时间效力问题的规定》却认为:"司法解释的效力适用于法律的施行期间。"此一解释值得商榷。

---

① 载《上海审判实践》2003 年第 7 期。

7 客观目的探究

7-1 客观目的探究的发生条件

正如拉德布鲁赫所形象比喻的,法律似船,虽由领航者引导出港,但在海上则由船长操控,循其航线而行驶,不再受领航者支配,否则将无以应付随时可能出现的惊涛骇浪,风云变幻。客观目的探究的发生有其社会条件,一是生活事实的改变,当下克隆技术、人工智能等改变着人们的生活,在新的立法未及行动时,既有的法律面临如何迎接这种挑战的问题;二是主流的社会伦理观念在改变或社会伦理观念的多元化,形成新的财富观,人格权可以合理地商品化,尤其在婚姻家庭领域,如新的不婚不育态度、同性性取向、代孕出现。法律对这些变化不得不愈加重视就意味着愈是远离当初的立法目的。要求马车时代的法律的目的能顾及信息时代的事实,是超人穿越之想。德国联邦宪法法院在一裁判中如是解说:

> 一条法律规范的解释不能总是停留在其产生当时被赋予的意义之上。其在适用之时可能具有哪些合理功能的问题也应当得到考虑。法律规范总是处于特定社会关系以及社会—政治观念的环境之中,并在这样的环境当中发挥其作用。其内容可以,也必须根据具体情况与这些社会关系以及社会—政治观念的变迁一起变迁。这一点尤其适用于法律规范产生之初到适用之时的期间内生活关系以及法律观念已经发生了深刻变化的情况,如20世纪的情形。①

总括种种主张客观目的理由,核心思想有三:A. 立法者的原意并不存在或不清楚。法律从起草到颁布历经各种程序,参与立法者的意见并不一致,因此很难确定到底谁是立法者以及立法者的意思。B. 法律一经制定,就与立法者脱离了关系,成为一种客观存在。立法者在制定时赋予的含义并不具有永久的约束力,独立存在的法律内部的各种目的才是合理的。C. 法律适用不是理解过去,进行法律考古,而是解决当下的案件。因此,必须着眼现实,面向未来,适应变化着的社会。

在方法上,客观目的探究始于法律规定的字义明确包括事实但违背法律的客观目的时,不仅字义解释而且体系解释和历史解释都不适用,这便发生客观目的探究。这里的"客观目的探究",按流行说法是"客观目的解释",又称"意义解释",它探求的是法律的客观目的和意义。由于许多法律虽有目的之规定,但因时过境迁,更多为适用者根据现在的情势加以评判和理解,所以,客观目的探究是适用者的"主观解释",同时带有法官造法的性质,已越过了传统的以追寻立法者原意为内容的解释的边界,本书遂用"探究"一词代替"解释"用语。

7-2 什么是客观目的和如何论证

客观目的是法律本身的目的,并不易寻见,所以要去探究。在上例中,瑞士联邦法院后来将州宪法中"瑞士人"解释为包括妇女,它是如何言说这一宪法的客观目的?法院只是列出了客观、合乎时代和合宪,实际上除此以外,人们在探究客观目的时最常援引还有正义、公平、事情的本性、公共利益、共同的善这几个论点。这些大词内容空乏,解释空间很大,适用者负有论证义务,但论证不是去说明它们本身的正当性,而是为自己所主张的某种客观目的在个案中的正当性作辩护。因此,如何进行个案论证至为重要,这种论证的重要性也因客观

---

① 齐佩利乌斯:《法学方法论》,金振豹译,法律出版社2009年版,第38页。

目的探究赋予适用法律者尤其是法官相当大的自由裁量权而加强。从这种论证义务反向推断主观目的与客观目的的关系就是,在通过法律解释方法获得的主观目的可以解决现有案件时,客观目的应保持沉默。通常,个案论证采取如下方式进行:

选择或创造某种理论作为论证的依据。世界上绝大多数国家的宪法规定了法律面前人人平等或权利平等原则,中国《宪法》第33条第2款:中华人民共和国公民在法律面前一律平等。第48条:中华人民共和国妇女在政治的、经济的、文化的、社会的和家庭的生活等各方面享有同男子平等的权利。但如何具体去理解或论证男女平等,尤其是与文化和宗教传统的关系,有多种学说可资利用。康德的理性法理论:平等对待的普适规范优于文化和宗教的特殊性;功利主义:给女性平权的整体效益大;经验社会学:排除女性平权已过时了;法律现实主义:女性解放是事实,平权实际存在;法律的经济分析:如能证明可减少成本,女性平权就是正当的;卢曼的系统法学:女性平权有利于政治系统的稳定;德沃金的原则论:平权是公平律令;罗尔斯的正义论:排除女性平权侵害了社会契约;哈贝马斯的商谈论:男女不平等损害了商谈,从而危及国家的合法性。从中也可见,为学界广泛推崇的所谓利益衡量,不是一种独立的方法,只是以功利主义为理论基础的一种论证。

经验事实的证明。法律总是要面对不停变化着的特定社会关系以及社会—政治观念的环境,如何反映这种变化,社会科学或社会学方法可提供经验事实的证据,在1954年美国的布朗案中这种方法被成功运用,可视为典范。且需指明,在许多法律方法论文献中,社会学解释被作为独立的方法,准确地讲,它主要是服务于客观目的之探究,不具有适用法律中方法的自主性。

种族隔离式教育违宪

> 布朗案是一系列有关种族隔离教育案的统称。诸原告(之一是布朗)都要求废止"隔离但平等"的法律原则,案件需要法官论证的核心是,学校对白人学生与其他有色人种学生进行隔离是否会给后者造成不利的心理影响?最高法院在判决中引用了7份心理学试验报告和社会研究报告,其中有《强制隔离的心理影响:一份关于社会科学意见的调查》(1948年),该报告显示,在849名被调查的社会科学家中90%的人认为,强制隔离会对被隔离者造成心理的不利影响。最高法院最终判决种族隔离式教育违宪,极大地促成了种族融合学校的兴起。[①]

7-3 客观目的探究的结果

客观目的探究的结果也同样限缩或扩张法律规范的适用范围,那与主观目的解释的限缩或扩张有何区别呢?客观目的论限缩或扩张是在法律的客观目的与立法者的意图不一致或解释无能为力,且法律的客观目的得以清楚解释之后发生的,但目的论限缩另外还源于对不同情况实行不同对待之理由。因此,客观目的探究改正着法律,而主观目的解释只是使法律明确。

7-3-1 客观目的论扩张

客观目的论扩张指为贯彻法律规范意旨,将不为该法条文义所涵盖的案型,包括于该法

---

① 参见[美]约翰·莫纳什、劳伦斯·沃克:《法律中的社会科学》(第6版),何美欢等译,法律出版社2007年版,第184—187页。

条的适用范围之内,这里的"目的"指法律的客观目的。客观目的论扩张与前述字义扩大解释和主观目的论扩张的区别在于依据的法律目的不同,一是客观目的,一是主观目的,以不同目的去扩大法律规范的涵盖范围。

为索赔而购买假冒伪劣商品是"消费作为"

> 这"目的"和那"意图"两者有时一致,有时相左。例如《消费者权益保护法》立法者的意图原是保护消费者在"生活消费"中的权益(第1、2条),而此法律的客观目的应解释成:使消费者在所有"消费"行为中的权益受到保护,如工厂为生产而购买原料,商家为销售而购买产品,患病者在医院接受治疗,甚至个人为索赔而购买假冒伪劣商品。依据目的论扩张的方法,为索赔而购买假冒伪劣商品的人是"消费者",其购买行为是"消费"。

7-3-2 客观目的论限缩

当条文的文义过于宽泛或规定的事项过于笼统,有违法律的客观目的时,便缩小其适用范围,这就是客观目的论限缩。它是指为贯彻法律规范意旨,将某些为该法条文义所涵盖的案型,排斥于该法条的适用范围之外。客观目的论限缩与字义限制解释和主观目的论限缩的原理同上,同时限制依据的目的不同。例如"子女"一词,若将其限制至含义的核心"亲生子女",为限制解释;若将已婚子女排除于外,立法者的无此意图,便为客观目的论限缩,因为这是对"子女"的字义范围附加了额外的限制,已非解释,而系基于法律的客观目的之含义变更。

德国现行的法律并非完全禁止堕胎,但妇女要实施堕胎有诸多阻碍。依据德国联邦宪法法院的观点,堕胎的正当理由仅可能存在于以避免孕妇生命危险或健康严重受损。而德国早期刑法严格禁止堕胎,连为了挽救母亲的生命而实施的堕胎也是可处刑罚的。这显然不是刑法所应追求的目的,尽管立法者的目的明确:为胎儿生命,处罚一切堕胎行为。应该对禁止堕胎的规范进行客观目的论限缩,允许为了挽救母亲的生命而实施的堕胎。

《民法典》第143条规定民事法律行为有效的条件之一是"不违反法律、行政法规的强制性规定,不违背公序良俗"。但法律、行政法规中强制性规定的类型多样,数目繁复,包括很多纯粹属于政府管理手段的强制性规定,也有效力性强制性规定。如果将一切违反法律、行政法规的强制性规定的民事法律行为认定无效,有损民事主体的意思自治。此时必须对"强制性规定"作出客观目的限缩,将其限缩在极少数关系社会公共利益的效力性强制性规定上。例如,某村签订合同,将集体所有的三亩耕地租赁给某公司3年用于拓展训练,违反了下列效力性强制性规定而无效:《土地管理法》第37条"禁止占用耕地建窑、建坟或者擅自在耕地上建房、挖砂、采石、采矿、取土等",从而确保当事人的意思自治这个民事法律的客观目的。

8 法律修正及方法

法律修正也适用于情形1-1-5。发生法律修正的条件有二:法律中存在明显的内容错误;条文编排疏忽,且不可能进行目的论限缩或扩张。当然立法者应当及时修法,但在修法前,法官可在裁判中根据立法者本来的意图加以修正。

8-1 明显的内容错误

我国《立法法》规定:地方性法规的效力高于本级和下级地方政府规章(第 89 条第 1 款),部门规章与地方政府规章具有同等效力(第 91 条)。据此,在效力等级上,地方性法规应高于部门规章。但依该法又说,地方性法规与部门规章不一致时,由国务院或全国人大常委会裁决(第 95 条),似乎二者效力同等。

一些行政法中常有"情节严重构成犯罪的,依法追究刑事责任"的规定,但我国《刑法》中却并没有相应罪名和刑事责任的规定。

8-2 条文编排疏忽

条文编排疏忽也称编纂错误,是说法律编纂者或选择了一个与他的意图不一样的用语,或原本要修改而漏掉未修改。前者为积极的编纂错误,后者为消极的编纂错误。①

积极的编纂错误如我国台湾地区"民法典"物权编第 942 条原规定,"占有辅助人为雇用人"等,这里"雇用人"明显应该是"受雇人"之误,后修正。有更离谱的如:

美国法律有漏洞　婴儿也能结婚②

> 新华社 8 月 19 日电　美国阿肯色州最近颁布的一项法律出现错误。按照错误的文义,任何年龄的居民,即使是婴儿,只要获得父母的同意都可以结婚。立法部门已意识到这一错误,将开会修改。
>
> 美联社 18 日报道说,阿肯色州立法者本来的意图是,未满 18 岁但怀孕的少女,在得到父母允许的情况下可以结婚。但由于文中多写了一个"没有",导致错误。
>
> 写错的法律条文表述如下:"年龄在 18 岁以下,并且没有怀孕的人如果要领取结婚证明,必须出示父母同意的证明。"其中,文字中的"没有"为误写。
>
> "立法的意图显然不是允许 10 岁或 11 岁的居民结婚",参与立法的众议员威尔·邦德说。
>
> 当地的一个负责更正印刷或技术错误的法律修改委员会已经着手修改这个失误。但部分议员认为,修改委员会的行为属于越权。
>
> 阿肯色州参议员戴夫·比斯比说:"'怀孕'和'没有怀孕',这是很罕见的印刷错误。"
>
> 一些议员表示,应当召开一个特别会议,讨论错误的修改问题。州参议员休·麦迪逊说:"我们要开一个特别会议更改错误。我担心会有恋童癖者来到阿肯色州,寻找愿意签署协议出卖小孩的父母。"

消极的编纂错误例如:

《刑法》第 423 条:在战场上贪生怕死,自动放下武器投降敌人的,处 3 年以上 10 年以下有期徒刑。立法者在此条中的原意可以理解,但"投降"不是及物动词,"投降敌人的"本应

---

① 另参见吴从周等:《法学方法论上之"编辑错误"》,载 http://www.swupl.edu.cn/fzl/web/content.asp?cid=857732641&id=863861578,最后访问日期 2012-03-19。

② 载《大连日报》2007 年 8 月 20 日,载 www.daliandaily.com.cn/gb/daliandaily/2007-08/20/content_1985128.htm,最后访问日期 2007-08-20。

表达为"向敌人投降的"。

"交通事故车辆"还是"交通事故责任者的车辆"

1991年9月22日国务院发布《道路交通事故处理办法》(已废止)第13条规定："交通事故造成人身伤害需要抢救治疗的,交通事故的当事人及其所在单位或者机动车的所有人应当预付医疗费,也可以由公安机关指定的一方预付,结案后按照交通事故责任承担。交通事故责任者拒绝预付或者暂时无法预付的,公安机关可以暂时扣留交通事故车辆。"

根据《道路交通事故处理办法》和有关法律、法规,1992年8月10日公安部发布《道路交通事故处理程序规定》(已废止)第28条第1款规定："预付抢救治疗费直接向医院交纳;凭据由预付的当事人保存。对不预付或无力预付的,公安交通管理部门可以暂扣交通事故责任者的车辆,暂扣的期限由各省、自治区、直辖市公安厅、局规定。"

对暂时扣留的车辆两者分别用了"交通事故车辆"与"交通事故责任者的车辆",后者的含义大于前者,交通事故责任者的车辆既包括交通事故车辆,还指交通事故责任者的其他车辆。既然《道路交通事故处理程序规定》是根据《道路交通事故处理办法》制定的,这一不一致是立法者疏忽所致,所以应以上位法的"交通事故车辆"为准。

9　正当违背法律

最后,当法律的不公达到了不可忍受的程度时,法官可正当地违背法律。这源于所谓"拉德布鲁赫公式":只有在实证法和正义之间的矛盾达到了如此不可忍受的程度,即该法律被认为是"错误的法"(不正确的法,unrichtiges Recht)时才应当让位于正义。或更简洁地表述为:极端不正义是不法。① 有争议之处在于何谓"不可忍受的程度",判定的标准为何? 尽管如此,赋予法官正当地违背法律的权力将有助于遏制立法者的恣意妄为。

德国国籍案②

> 一位德国犹太人律师在第二次世界大战前夕移居阿姆斯特丹,1942年被驱逐出阿姆斯特丹,之后再也没有他的消息,被认为丧生于集中营中。但他移居后还是否拥有德国国籍,却关系到一件继承案件。
>
> 因为1941年11月25日的关于《帝国国籍法》的第11号令第2条称:
>
> "犹太人在以下情形丧失德国国籍:
>
> a. 在本法令生效时其经常居住地在外国的,自本法令生效时起;
>
> b. 在本法令生效日后选择外国作为经常居住地的,自其将经常居住地迁往外国时起。"
>
> 1968年联邦宪法法院判决该律师未丧失德国国籍,理由是关于《帝国国籍法》的第11号令自始无效:

---

① 引自阿列克西:《为拉德布鲁赫公式辩护》,林海译,载《法哲学与法社会学论丛》总第11期,北京大学出版社2007年版,第185页。阿列克西在上文中将之概括为:经过适当的制定程序和具有社会实效的规范,在其极端不公正时,丧失其法律特性和法律效力。拉德布鲁赫(1878—1949),德国著名法哲学家。

② 引自阿列克西:《为拉德布鲁赫公式辩护》,林海译,载《法哲学与法社会学论丛》总第11期,北京大学出版社2007年版,第187页。

> "联邦宪法法院由此确认剥夺纳粹'法'令之法律效力的可能性,盖因其明显违背诸正义之基本原则,以至适用其规定或承认其法律后果之法官,将宣示不正义而非法律。
>
> 第11号令违反诸基本原则。它与正义之矛盾已达如此不可忍受之程度,以至它当被视为自始无效。"

联邦宪法法院的这一判决理由几乎就是"拉德布鲁赫公式"的重述。

"撞了白撞"的交通规章[①]

> 沈阳市政府1999年9月10日颁布《沈阳市行人与机动车道路交通事故处理办法》第9条明确规定:行人横穿马路不走人行横道线,与机动车发生交通事故,如果机动车无违章,行人负全部责任。随后,全国二十多个大中城市作出相似规定。
>
> 2001年12月24日,第九届全国人大常委会第二十五次会议审议《道路交通安全法》(草案),其中第48条规定:机动车交通事故造成人身伤亡的损失……超过第三者责任强制保险金额的部分,由有过错的一方承担;双方都有过错的,按照各自过错的比例分担。这一规定根据过错原则进行责任划分,彻底否定"撞了白撞"。
>
> 《道路交通安全法》于2004年5月1日正式开始实施(2007年12月29日修订),第76条第2项明确规定:"机动车与非机动车驾驶人、行人之间发生交通事故的,由机动车一方承担责任。"2004年6月,沈阳市政府法制办废止了上述办法。

造成人身伤害反而处罚更轻

> 《刑法》第333条规定的是非法组织卖血罪和强迫卖血罪:非法组织他人出卖血液的,处五年以下有期徒刑,并处罚金;以暴力、威胁方法强迫他人出卖血液的,处五年以上十年以下有期徒刑,并处罚金。有前款行为,对他人造成伤害的,依照本法第234条的规定定罪处罚。《刑法》第234条:故意伤害他人身体的,处三年以下有期徒刑、拘役或者管制。犯前款罪,致人重伤的,处三年以上十年以下有期徒刑;致人死亡或者以特别残忍手段致人重伤造成严重残疾的,处十年以上有期徒刑、无期徒刑或者死刑。本法另有规定的,依照规定。
>
> 第333条第2款是个加重情节条款,意在对犯第1款罪且造成人身伤害的行为加重处罚。然而,按第333条,非法组织卖血未造成人身伤害的,处五年以下有期徒刑,并处罚金;非法组织卖血且造成人身伤害的,反而适用了更轻的刑罚,只处三年以下有期徒刑、拘役或者管制。此规定严重不公。

---

① 关凤祥:《沈阳拟废除现行交管条例 撞了白撞条文已废止》,载 http://news.sina.com.cn/s/2005-09-27/08567045316s.shtml,最后访问日期 2012-03-19。

附 录

一、阅读文献选

1. 王云清:《制定法中的目的解释——以英美国家为中心》,载《法制与社会发展》2020年第1期。
2. 叶小琴:《公民就业权视域下劳动者前科报告义务的体系解释——以美国雇员案犯罪记录争议为切入》,载《法学评论》2019年第2期。
3. 杨铜铜:《论不确定法律概念的体系解释——以"北雁云依案"为素材》,载《法学评论》2018年第6期。
4. 刘艳红:《网络时代刑法客观解释新塑造:"主观的客观解释论"》,载《法律科学》2017年第3期。
5. 孙光宁:《反思法律解释方法的位阶问题——兼论法律方法论的实践走向》,载《政治与法律》2013年第2期。
6. 刘翀:《论目的主义的制定法解释方法——以美国法律过程学派的目的主义版本为中心的分析》,载《法律科学》2013年第2期。

二、阅读案例选

1. 仿真枪获刑系列案,参见熊德禄:《刑事司法裁量的边际均衡——从枪支认定标准与赵春华案切入》,载《环球法律评论》2020年第1期。
2. 正当防卫系列案,参见陈兴良:《正当防卫如何才能避免沦为僵尸条款——以于欢故意伤害案一审判决为例的刑法教义学分析》,载《法学家》2017年第5期。
3. 河南大学生"掏鸟窝"获刑案,参见叶良芳:《刑法司法解释的能与不能——基于网购仿真枪案和掏鸟窝案判决的思考》,载《政法论丛》2016年第6期。
4. 仿真枪案,参见叶良芳:《刑法司法解释的能与不能——基于网购仿真枪案和掏鸟窝案判决的思考》,载《政法论丛》2016年第6期。

这次还了相思债

苏轼在杭州做官时,曾遇到这么一桩案子:杭州灵隐寺有个和尚叫了然,常出入烟花之地,和一名娼妓李秀奴相好。了然为此花光了积蓄,甚至典当了衣钵。一天,了然喝醉了酒,又去找李秀奴。李秀奴认钱不认人,不愿接待。了然十分气愤,举手就打,一下竟把她打死。

苏轼审理这一命案时,见了然臂上刺有两句诗:"但愿同生极乐国,免教今世苦相思。"原来,了然陷入情网,抱定必死信念,想追寻李秀奴而去。苏轼见状,触动诗兴,就着这两句诗,填了一阕《踏莎行》作为判决书,词道:

这个秃奴,修行忒煞。云山顶上持斋戒。一从迷恋玉楼人,鹑衣百结浑无奈。毒手伤人,花容粉碎。空空色色今何在?臂间刺道苦相思,这次还了相思债。

第七章

大前提的建构及方法(二)
——无法律规定的情形

问题与要义

1. 法官可否造法?
2. 法律漏洞与法外空间、法律不评价之领域有何区别?
3. 适用类比的条件有哪些?
4. 举重明轻和举轻明重的根据何在?
5. 可资补充法律漏洞的东西是什么?
6. 反向推论的根据何在?

Nullum simile est idem.

类似并非同一。(中)
A thing which is similar to another is not the same as that other. (英)

关键词

法律漏洞　　　　　举重明轻　　　　　法外空间　　　　　举轻明重
法律不评价之领域　法律补充　　　　　类比　　　　　　　反向推论

老子说："天网恢恢，疏而不漏"，意指作恶之人终逃脱不了惩罚。然而，这只是依自然天道的推定，是理想状态；法律属于"人算"，不可能疏而不漏，相反，哪里有法律哪里就有漏洞。1789 年，德国人制定了一部洋洋一万九千余条的《普鲁士一般邦法》，力图将社会生活的细枝末节一一道来。立法者有意舍弃了抽象概括的立法方式，采用了列举式，比如对民法中的从物，立法者不惜笔墨，用了 60 条来举例，如第 58 条规定"普通之鸡、鹅、鸭、鸽子及火鸡是农庄之从物"，连拉伦茨也感到滑稽可笑，且认为列举得越细，就越会漏洞百出。①

在展开实质性介绍之前，我们需要先明确，在中国，法律是否明文禁止填补法律漏洞或法官造法？中国的法官又是否在造法？假如填补漏洞、价值补充不在法官合法权力范围之内，那么此章就没有书写的意义。事实给出了何种答案呢？

黄×诉××公司交通事故损害赔偿案②

> 1992 年 10 月 27 日，××公司驾驶员胡×驾驶该公司汽车将叶××撞伤致死。叶××死亡时，其妻黄××已怀孕，且从小患小儿麻痹症、痴呆症，丧失劳动能力。在交警部门调解下，××公司同意承担黄××的生活费但拒不承担胎儿未来的抚养费。1992 年 12 月黄××产一女，取名黄×。1993 年 3 月，黄××以黄×的名义向新津县人民法院提起诉讼，请求××公司承担其抚养费。
>
> 双方争议的焦点是黄×是否具有损害赔偿请求权。按我国《民法通则》第 9 条，"公民从出生时起到死亡时止，具有民事权利能力，依法享有民事权利，承担民事义务"。黄×在其父死亡时尚未出生，没有民事权利能力，也就没有损害赔偿请求权。但其父已死，其母又丧失劳动能力，如果××公司不承担抚养费，那么，她从出生时就面临抚养问题。因此对胎儿的民事权利能力，法律存有漏洞。于是，新津县人民法院根据我国《民法通则》第 4 条的公平原则判决被告一次性赔偿原告经济损失 2.36 万元。③

在出现法律漏洞时，法官应该选择一种方法来填补，而绝不能简单地用"原告的诉讼请求于法无据"一概予以驳回。法官拒绝裁判案件，这有悖于"禁止拒绝裁判"或"禁止法律沉默"的原则。

---

① 拉伦茨：《德国民法通论》（上），王晓晔等译，法律出版社 2003 年版，第 33—34 页。
② 《黄××、黄×诉××公司交通事故致人死亡损害赔偿并负担死者生前扶养的人及遗腹子生活费纠纷案》，载 http://www.gsfzb.gov.cn/FLFG/ShowArticle.asp? ArticleID = 27726，最后访问日期 2012-03-19。
③ 《民法典》第 13 条：自然人从出生时起到死亡时止，具有民事权利能力，依法享有民事权利，承担民事义务。第 6 条：民事主体从事民事活动，应当遵循公平原则，合理确定各方的权利和义务。

1 何谓法律漏洞

1-1 含义

漏洞是一个整体内部令人不满意的不完整性,就像密封舱透气、锅底有洞、水瓶有裂口。应用到法律上,是指法律整体内部一个令人不满意的不完整性,具体说就是,法律条文的字义不包括事实,即存在法律应规定却未规定的情况,这便是法律漏洞。认定法律是否有漏洞,还有几点需先明了。

1-1-1 制定法还是法

这里要作目的论限缩:有漏洞之法律的范围专指制定法,如果将自然法及习惯法等都包括进来,那几乎无漏洞可言,因为法律漏洞要靠它们来填补。有漏洞是指应规定而未规定,但并非法律未规定之处就是漏洞之所在,漏洞存在于法律应规定却未规定的地方。当然,何为法律应规定,何为法律不应规定,是一个判断问题。既是判断问题就不免见仁见智,但这并非意指可任意说漏洞有无,而仍有一定之规。判断应规定而未规定,

——可看立法规划,如依据2018年第十三届全国人大常委会立法规划,各类立法项目共116件。其中,第一类项目(条件比较成熟,任期内拟提请审议)有69件,包括新制定不动产登记法、房地产税法、个人信息保护法等35件。第二类项目(需要抓紧工作、条件成熟时提请审议)有47件,13件为新法,如海洋基本法、监察官法、期货法。而农村集体经济组织、社会信用、人工智能、湿地保护、家庭教育等方面的立法被纳入第三类项目,它们是立法条件尚不完全具备,需要继续研究论证的。

——可比照已规定的情形,如依据《失业保险条例》,城镇企业事业单位职工可享受失业保险待遇。所谓城镇企业是指国有企业、城镇集体企业、外商投资企业、城镇私营企业以及其他城镇企业(第2条),而同为劳动者的农民也可能失业,但却不享受失业保险待遇。

再如学生对学校依校规作出的处分不服提起的诉讼,是适用《行政诉讼法》还是《民事诉讼法》,学校勒令学生退学是内部管理行为还是行政行为,法律都未规定。而法律规定了合同及合同纠纷适用《民事诉讼法》,类比之,则学生告学校的无程序规定,属法律明显有漏洞。

因怀孕退学案

> 2002年西南××高校女学生因未婚怀孕被学校勒令与其男友一道退学,两学生以学校侵犯自己的受教育权和隐私权为由提起行政诉讼,但法院以学校勒令学生退学是内部管理行为,不属行政诉讼和法院管辖为由驳回起诉。而2008年在英国[①],一女大学生以相同的原因告倒了开除自己的原中学,学校对她给予了赔偿,并表示道歉,还准备修改有关处理女生怀孕的校规。

1-1-2 法律漏洞与法外空间、法律不评价之领域

法律漏洞、法外空间、法律不评价之领域这三个概念尤其是后两者不易辨清。法律应规

---

① 此案见《楚天都市报》2003年1月27日。

定而未规定是法律漏洞,法律不应规定的情况则属法外空间,也称"法律上的空缺",公的事项如信仰、思想;私的事项如爱情、友谊、问候等,它们不宜由法律规定,或没有必要由法律规定,不产生如何寻找法律规范的问题。但有时则不好说什么是法外空间或不应规定的事项,如关于同性恋,澳大利亚、丹麦、荷兰、瑞典、瑞士、比利时、奥地利、挪威等国先后制定了承认同性婚姻或同性伴侣关系的法律,但多数国家不置可否。

情谊行为?

> 一天,林×到舒×家做客,舒×邀几个朋友作陪,林×饮酒过量导致心肌梗塞抢救无效死亡。舒×是否应当赔偿医疗费和丧葬费呢?有人认为,请吃是一种情谊行为,我国民法无相应规定,两人之间没有法律关系,死者亲属不能获得赔偿。但如果出于道义舒×和其他作陪的人愿赞助一些费用,法律也并不禁止。法官也可判决适当给予一些补偿。
>
> 但这不无争议。舒×与林×在这件事上虽没有法律上的权利义务关系,且席间大家劝酒,尽管为善意,林×自己也贪杯,但林×饮酒过量导致心肌梗塞而死,舒×未尽合理注意义务,放任林×饮酒过量,作为主人,对林×之死应承担一定的民事责任。

法律不评价之领域并非指"法律未规定",而是指"法律不能评价"。它所涉及的行为,系与法律相关,且由法律所规范,然而既不能适当地评价为合法的,亦不能评价为违法的。如由于医疗设施或条件有限,医生救活了甲,而乙因未被及时医治而死亡,对医生未救治乙的行为便是"法律不能评价"的。当然,基于义务冲突,医生的行为也不具有违法性。在刑法学中这被称为违法性阻却,其构成要件为:同时存在至少两项法律义务;行为人穷尽履行这些法律义务的可能性,而不能同时作为。

1-2　为何有法律漏洞

人非圣贤,纵是智者,也有失处。立法者造法不可避免留下漏洞,原因大体有三:

1-2-1　客观不能说

立法者不能事先避免事实与规范关系不对称,而使二者之间相适应,不让司法者去进行法律发现。人们常说的人的理性是有限的,社会生活变幻无常,法律的调整也不可能毫无疏漏,所以要发现法律,这是一种客观不能说。

窃电是否构成盗窃罪

> 1871年德国《刑法典》颁布,当时电没有应用于日常生活,刑法规定盗窃罪的对象是"财物"(Sache),"财物"不包括电力。后有一被告私自从屋外引入电线偷电。这是否构成盗窃罪,为难了司法者,当时没有给出答案。后德国《刑法典》修订,在第248条C规定了何为盗用电力:意图不法获取电力,以不符合规定的导线,从电力设备中盗用他人电力的。

假离婚真逃债①

> 为处理假离婚真逃债案,2003年12月,最高人民法院发布《关于适用〈中华人民共和国婚姻法〉若干问题的司法解释》中规定:债权人就婚姻关系存续期间夫妻一方以个人名义所负债务主张权利的,应当按夫妻共同债务处理,除非夫妻一方能够证明,债权人与债务人明确约定为个人债务。还规定:一方就共同债务承担连带清偿责任后,基于离婚协议或者人民法院的法律文书向另一方主张追偿的,人民法院应当支持。但这一司法解释还是遗漏了夫妻一方和第三方串通,用债务的形式把家产转走的情形。②
>
> 杭州市滨江区法院曾审理过这类案子。周×和王×于1994年结婚,后丈夫周×有外遇,王×认为感情破裂,提起离婚诉讼。但周×认为关系可以修复,法院据此驳回了离婚请求。不久,周×从相识的黄×那里借了20万元,用于支付他所买按揭房屋的房款,约定3个月内还款。由于逾期未还,黄×向法院起诉。经法院调解,周×被要求把房产抵押给债权人黄×。之后,周×主动提起离婚诉讼,在法庭上出具已生效的民事调解书。最后,法院判决平分家产,王×大呼不公。周×和黄×里应外合,转移了20万元财产,王某少拿了10万元。

1-2-2 疏忽说

有些遗漏是立法者本来可以避免的,但由于如技术等原因造成了遗漏。

偷税9万元可定罪,偷税15万元反不能③

> 某公安机关查实一犯罪嫌疑人偷税数额约9万元,占应纳税额的12%。根据我国《刑法》第201条第1款,偷税数额占应纳税额的10%以上不满30%并且偷税数额在1万元以上不满10万元的,处3年以下有期徒刑或者拘役,并处偷税数额1倍以上5倍以下罚金。检察院最终查实,偷税数额共计15万元,占同期应纳税额近20%。
>
> 按该条规定,如果依公安机关认定的偷税数额和比重,构成偷税罪,而依检察院认定的偷税数额和比重,反而无法定罪。因为《刑法》中偷税罪的两个量刑标准没有一个可适用于本案:

---

① 董捷:《离婚夫妻制造借贷纠纷转移家产凸显法律漏洞》,载 www.chinalawedu.com/news/1000/2/2004/2/zh10436734122400227462_81915.htm,最后访问日期2008-06-29。

② 《民法典》对夫妻共同债务有专门规定,第1064条:夫妻双方共同签名或者夫妻一方事后追认等共同意思表示所负的债务,以及夫妻一方在婚姻关系存续期间以个人名义为家庭日常生活需要所负的债务,属于夫妻共同债务。夫妻一方在婚姻关系存续期间以个人名义超出家庭日常生活需要所负的债务,不属于夫妻共同债务;但是,债权人能够证明该债务用于夫妻共同生活、共同生产经营或者基于夫妻双方共同意思表示的除外。

③ 佚名:《法律漏洞与司法适用》,载 www.lunwentianxia.com/product.free.8997947.1/-30k,最后访问日期2008-06-29。此漏洞在2009年2月28日《中华人民共和国刑法修正案(七)》中得以填补,《刑法》第201条修改为:纳税人采取欺骗、隐瞒手段进行虚假纳税申报或者不申报,逃避缴纳税款数额较大并且占应纳税额10%以上的,处3年以下有期徒刑或者拘役,并处罚金;数额巨大并且占应纳税额30%以上的,处3年以上7年以下有期徒刑,并处罚金。

> 第一个标准即 3 年以下的适用条件是：偷税数额占应纳税数额 10% 以上不满 30%，且偷税数额在 1 万元以上不满 10 万元。本案中偷税比重为 20%，但偷税数额达 15 万元，超过了 10 万元上限。
>
> 第二个标准即 3 至 7 年的适用条件是：偷税数额占应纳税数额的比重为 30% 以上，且偷税数额在 10 万元以上。本案中虽然数额为 15 万元，但未达到 30% 这一定罪下限。
>
> 我国《刑法》考虑到了比例和数额的衔接，但当数额和比例同属于定罪的必要要件时，必然造成漏洞，即偷税数额占应纳税数额的比例 10% 以上不满 30%，且偷税数额在 10 万元以上的行为，不可定罪。

1-2-3 主观故意说

此外，有人还以为，法律的不完善不是什么缺陷，相反，它是先天的和必然的。法律可能和允许不被明确地表达，因为法律是为案件创立的，而案件的多样性是无限的。一个自身封闭的、完结的、无懈可击的、清楚明了的法律（如果可能的话），也许会导致法律停滞不前。这种说法带有主观故意的色彩。立法者对于认识不成熟的问题不作规范，而有意让司法机关和学术界来逐步完成。

其他严重的暴力犯罪

> 立法者往往在刑法中留下一些空缺结构，使条文能应对将来可能出现的新情况，如我国《刑法》第 20 条第 3 款规定，"对正在进行行凶、杀人、抢劫、强奸、绑架以及其他严重危及人身安全的暴力犯罪，采取防卫行为，造成不法侵害人伤亡的，不属于防卫过当，不负刑事责任"。其中，"其他严重危及人身安全的暴力犯罪"就是一种空缺结构。

好意同乘[①]

> 2003 年 8 月 10 日晚，张×驾 POLO 车由淮安返回南京。晚 8 时 25 分左右，在安徽与一辆东风卡车相撞，张×及车上三名同乘人员全部死亡。几日后，东风卡车车主王×向交警部门自首。经法院一审，王×犯交通肇事罪，被判有期徒刑 5 年。2003 年 12 月，POLO 车上三名乘客的家人向张×家人、王×及其挂靠的××市运输公司提起民事损害赔偿诉讼。

此案属于好意同乘的侵权案。所谓好意同乘的侵权行为，是指无偿搭载他人乘自己的

---

① 曹峰峻：《车祸频发交通厅该不该免责》，载《民主与法制》2004 年第 17 期。

机动车,且在该机动车交通事故中致无偿乘坐人遭受损害的行为。同乘出事如何定责？在我国法律上尚属空白,有待总结司法机关的经验。学界对无偿的同乘人遭受交通事故损害,车主当补偿还是赔偿存在争议。如果是赔偿,那么其标准就相对明确。但如果只是补偿,就是一种道义责任,补偿多少没有可以适用的法律条文,只能依靠当事双方的协商或法官的自由裁量。

2 法律漏洞的类型

依不同标准,可将法律漏洞分为：

2-1 原初漏洞与继发漏洞

以存在的时间先后为标准可分为原初漏洞与继发漏洞,原初漏洞是指漏洞在法律制定时业已存在。

拍卖伪品

> 北京故宫博物院 2003 年 8 月 24 日至 29 日正式展出《出师颂》。《出师颂》是 1500 多年前晋代书法名家索靖唯一存世墨迹,不久前由故宫出资 2200 万元人民币购得。但这件国宝的真伪问题引起海内外有关人士的关注。我国《拍卖法》第 61 条第 1 款中规定：拍卖人、委托人在拍卖前声明不能保证拍卖标的的真伪或者品质的,不承担瑕疵担保责任。这一规定的漏洞使得一些拍卖行敢拍卖伪品且可逃脱责任。①

所谓继发漏洞是指在法律制定和实施后,因社会的变化而产生了新问题,这些新问题未被立法者所预见而没有被纳入法律的调控范围。如原《民法通则》只规定了姓名权等人身权,而隐私权问题逐步显现;胎儿的民事权利主体地位也是新问题,这些漏洞已为《民法典》所填补。动物能否成为权利主体,如动物的肖像受不受保护,仍为空白。在《刑法》中,"卖淫"以往仅指女性向男性卖淫,而今天出现了男性向女性、同性间提供性服务,如组织男性为男性提供性服务,构不构成组织卖淫罪,也有疑问。

2-1-1 明知的漏洞与不明知的漏洞

原初漏洞又可分为明知的漏洞与不明知的漏洞。这是以立法者在立法时是否认知为标准。

A. 明知的漏洞

明知的漏洞是指立法者在制定法律时已意识到法律存在缺漏,但将这一问题留给其他机关或部门,通过解释或补充细则等其他途径来解决。

---

① 佚名：《法律漏洞引发拍卖制度思考》,载 http://news.xinhuanet.com/collection/2003/08/28/...18K 2003-8-28,最后访问日期 2008-06-29。

劫持火车

> 《刑法》第121条和第122条只规定了以暴力、胁迫或者其他方法劫持航空器和船只、汽车，可处5年以上有期徒刑至死刑，而未考虑劫持火车，原因是极少发生劫持火车的行为。

劳动关系

> 《劳动合同法》虽规定建立劳动关系应订立书面劳动合同，但无"劳动关系"的定义。劳动关系的主体是用人单位与劳动者，《劳动合同法》对用人单位有明确规定，但未明确何者享有劳动者的主体资格，如保险营销人员与保险公司，律师与律师事务所，大学教师与大学之间是否能形成劳动关系？

B. 不明知的漏洞

不明知的漏洞是指立法者在制定法律时没有意识到法律存在欠缺，或对应予规定的事项误认为已予规定。

按月支付工资

> 《劳动法》第50条规定：工资应当以货币形式按月支付给劳动者本人；不得克扣或者无故拖欠劳动者的工资。但很多用人单位都是在次月发放上月的工资，有的是次月1日或5日，还有的甚至是次月29日，延后近一个月，从而变相拖欠劳动者的工资。由于用人单位又是按月发放工资，似乎很难认定用人单位违法，而具体到次月的哪一天发放才算违法，法律并无明确规定。

2-1-2 明显漏洞与隐藏漏洞

继发漏洞又分为明显漏洞与隐藏漏洞。

A. 明显漏洞

明显漏洞是法律应对某问题明文规定却未加规定而致。

"两罚"

> 对法人或其他组织违法的处罚，应与对公民的惩处有所区别。各国对法人或其他组织违法往往作出了"两罚"，既处罚法人或其他组织本身，同时又处罚有关的个人，但我国《行政处罚法》对法人违法的"两罚"问题未作规范。

B. 隐藏漏洞

隐藏漏洞指法律对某一问题虽有一般规定,但缺少对该问题的特殊情形的规定,以致消极地呈现为一定的欠缺,这种情况实指有一般规范而无个别规范。

劳动争议案件受理

> 劳动仲裁机构受理争议的范围是《劳动法》以及相关的条例列举出的,如因执行国家有关工资、奖金、保险、福利、培训、劳动保护的规定发生的争议;不在列举范围内的争议一般不会被纳入仲裁,不能进入仲裁也就不能进入诉讼。为此,我国最高人民法院于2001年颁布《关于审理劳动争议案件适用法律若干问题的解释》第2条规定:"劳动争议仲裁委员会以当事人申请仲裁的事项不属于劳动争议为由,作出不予受理的书面裁决、决定或通知,当事人不服,依法向人民法院起诉的,人民法院应当分别情况予以处理:(一)属于劳动争议案件的,应当受理……。"但如果劳动仲裁机构未作出不予受理的书面裁决、决定或通知,即便人民法院认为属于劳动争议案件,也不能受理。

2-2　私法漏洞与公法漏洞

以法域为标准,分公法、私法的漏洞,这一区分的意义在于公法、私法的调整对象和调整方法差异极大,各自奉行不同的原则,因而填补法律漏洞的方式也不同。

首先私法有否漏洞,颇值商议。因私法中有"诚信原则"这一帝王条款,权利可以推定产生,故法无明文,仍可救济,不能"法无明文则不理",如有名合同纠纷应当受理,无名合同纠纷亦应受理,因而似乎私法不存在漏洞。但私法中仍然存在着法律应规定而未规定的事项,或者虽有规定,但不完善,因此漏洞还是存在的。

在公法中,正面看,"公权法定"为原则,行政要有明文依据;负面看,法无明文规定不为罪,法无明文规定不违法,法无明文规定不处罚,似乎公法也不存在漏洞,但其实不然,公法中同样存在着法律应规定而未规定的事项。前述行政法、刑法上的漏洞诸例充分证明了这一点。

填补公法、私法的漏洞的方式主要有:类比、法律补充和反向推论。这些方法具有造法性质,它们适用于事实缺乏规范标准情形。当公法出现漏洞时,一般而言,作有利于被告人或者相对人的理解,以体现法律限制公权力的法治原则,而私法漏洞的填补则无此偏重。

3　有类似的规范参照——类比

类比发生于待决案件没有明确的大前提,要借用应然的或实然的他案的大前提,其功效作用于大前提问题。在不同法律形式中,类比的重要性有所不同。在判例法制度中,类比是作出判决的普遍的和最有效的方法,其原理是:如果甲原则适用于乙案件,而手头的丙案件在主要方面与乙案件相似,那么甲原则也适用于手头的丙案件(参见第3章6-1)。在制定法制度中适用类比的条件有三:

——确认有法律漏洞；

——系争案件不属于禁止类比的领域，如刑法禁止类比，私法中物权法定等情形；

——在现行法律中，有能够予以援用的相类似的规定。

类比秉承相同情况相同对待的旨意，其具体的形式有三种：个别类比、整体类比和轻重相举。

3-1 个别类比

这种类比指从某一条文出发，并从这个规范中抽取出一个可适用到相似案件上的基本思想。类比被广泛运用于民法、行政法，如我国《民法典》第467条指明，本法或者其他法律没有明文规定的合同，适用本编通则的规定，并可以参照适用本编或者其他法律最相类似合同的规定。

3-1-1 民法上的类比

罗马驼鸟案

> 根据罗马十二铜表法(第8表，第6条)，"四足动物"(quadrupes)的所有者对它引起的损害负有赔偿责任。但对两足动物，如非洲驼鸟所造成的损害有无责任呢？罗马法学家认为："这一控告是成立的，尽管不是四足动物而是其他动物造成了危害"(haec actio utilis competit et si non quadrupes, sed aliud animal pauperiem fecit. 保鲁斯，D 9,1,4)。理由为，根据相似性，这是类比的基石，适用四足动物的，也必定适于同样危险的两足动物。①

贞操权②

> 24岁女子张×与男友同居怀孕，当她准备与男友结婚时，却发现男友已有家室并育有两子，于是以侵犯贞操权为由将其告上法庭。东莞市中级人民法院认为，贞操权是一项男女共享的独立人格权，男方以欺骗方式侵害女方的贞操权，属于人身损害赔偿性质，因此应付给张×精神损害抚慰金两万元。
>
> 但民法所规定的公民权利毕竟是有限的，贞操权并不是一项法律中明确表述的权利，法院的判决没有明文法律的根据。因此民法中没有规定的权利并不等于公民并不拥有。这可类比适用《民法典》第1024条关于名誉权的规定。

3-1-2 刑法上的类比

刑法禁止类比，但禁止类比的界限是，不能创立事实构成中不包括的新犯罪类型，也就是说，刑法中进行类比的边界是事实构成中而不是事实构成外的犯罪类型，禁止类比就是禁

---

① 见恩吉施：《法律思维导论》(修订版)，郑永流译，法律出版社2014年版，第181页。
② 《已婚男骗下属同居怀孕，侵害贞操权被判赔偿两万》，载 www.china.com.cn/city/txt/2007/04/17/content_8128275.htm-20k，最后访问日期2008-06-29。

止比照类似犯罪类型推出一个未规定的犯罪类型。但在一个已规定的犯罪类型中,并不应禁止从一个已知的具体犯罪种类类比出另一个未知的具体犯罪种类,因为立法者无法预知具体犯罪种类的全部形式和数量。另外,刑法上并不禁止有利于被告人的类比。①

携土制手枪和硫酸参加集会案

> 第三章硫酸案中曾设甲乙各带一把土制手枪和一瓶(1000毫升)硫酸参加被批准的室外集会,他们的行为是否构成我国《刑法》第297条规定的非法携带武器、管制刀具、爆炸物参加集会、游行、示威罪?虽然我国尚未有专门的武器法,但按字面解释,土制手枪是枪支,而枪支属于武器,同时据体系解释,土制手枪属公安部有关规定的武器范围和我国枪支管理法上的枪支,甲的行为满足了法律的事实构成。问题是如何认定乙带一瓶硫酸的行为呢?如果按第297条对乙携带一瓶硫酸行为定罪,是否违反禁止类推原则?
>
> 如上述,禁止类推是禁止比照类似犯罪类型推出一个未规定的犯罪类型,如我国1989年的《集会游行示威法》第29条规定,携带武器、管制刀具、爆炸物参加集会,比照1979年《刑法》第163条私藏枪支弹药罪追究刑事责任。这便推出了一个未规定的犯罪类型——非法携带武器、管制刀具、爆炸物集会罪,而此罪只是在我国1997年修订的《刑法》中确定,这当然不妥。但在一个已规定的犯罪类型中,可以从一个已知的具体犯罪种类推出(解释出)另一个未知的具体犯罪种类,这样便可按《刑法》第297条对乙携带一瓶硫酸参加集会定罪。当然,更为妥当的方式是在此条中增加携带危险品等事实构成,而这又恰恰是一种同类立法处理。

3-1-3 行政法上的类比

行政法为公法,但在类比上介于刑法与私法之间,也即要视不同的行政法规范性质,决定行政法能否适用类比。如果是对行政相对人课以义务的规范,如《行政处罚法》中对公民的处罚事项,按照法定原则,必须明确设定,对主体、内容、程序及后果,应像刑法一样,不能随意类比,以免加重行政相对人的负担。然而,对于保障公民权利的规范,如果规范目的相同,某一规范可类比适用于另一个具体的事实上。

行政法有漏洞也可跨部门类比适用私法,即用私法来填补行政法漏洞。这是基于公平的考虑,如不加以填补,将构成不公平,也会妨碍行政的效率。如可将民法上的诚实信用原则类比适用于不动产登记的具体行政行为。凡是基于政府的权威性、公益性和专业性使公民对政府产生信赖的,政府应对其公共管理行为所导致的损失予以补偿。不动产登记制度是法律规定的不动产公示方法,行政机关进行不动产登记,如发生错误登记或涂销,公民可依诚实信用原则要求对其损失加以补偿。另外,在行政程序法未制定前,有关日期、行政行为能力等可类比援引民法。

---

① 详见张明楷:《罪刑法定与刑法解释》,北京大学出版社2009年版,第113—118页。

3-2 整体类比

整体类比是从一系列具体法律规定出发,通过归纳推理建立一般原则,并将之适用到制定法未规定的案件上,因而又称整体类比或法律拟制。整体类比与个别类比不同在于,它没有现成规范可抽取;与法律的"准用性"规范也有不同之处,在准用的场合,法律已经规定了特定情形可以适用被准用的规范。因这两者极似,下文当详述之。

本章前述黄×诉××公司交通事故损害赔偿一案,新津县人民法院判决被告一次性赔偿原告经济损失2.36万元。此一判决补充了我国《民法通则》在保护胎儿利益方面所存在的漏洞。从方法上看,此判决更符合法的类比,因为在我国找不到一个相似的条文可适用,而是从一系列具体法律规定出发,如《民法通则》第4条规定的公平原则,《继承法》第28条规定"遗产分割时,应当保留胎儿的继承份额",通过归纳推理建立起一个原则:在侵权领域也应当保护胎儿的权益及至胎儿的民事权利主体地位。[①]

事实上,《瑞士民法典》第31条早就对此有确认:"子女,只要其出生时尚生存,出生前即具有权利能力。"《日本民法》第721条也规定:"关于胎儿的赔偿损失请求权可视作与已出生儿童的一样。"在司法实践上,普通法系国家为我们提供了不少保护胎儿的民事权益的案件,将对公民民事权益的保护延伸至公民的胎儿期,如在美国的"DES保胎药案"、加拿大的"蒙特利尔电车公司诉列维尔案"中,对公民在胎儿期间身体受损、出生后请求损害赔偿的,法院都给予了支持。

3-2-1 整体类比与准用性规范

准用性规范是指没有直接规定某一行为规则的内容,但指明这一行为规则准许引用某项规定的法律规范。准用性规范体现了一种立法技术,以避免条文重复,它分为两种,一是准用性规范所指向的被准用法律规范是明确的,如《刑法》第386条是对受贿罪的处罚规定:对犯受贿罪的,根据受贿所得数额及情节,依照本法第383条的规定处罚。第383条规定的是贪污罪。二是准用性规范所指向的被准用法律规范只是一个大致范围,需要法律适用时具体斟酌,也有人称之为"授权式类比",如《民法典》第556条规定:合同的权利和义务一并转让的,适用债权转让、债务转移的有关规定。

3-2-2 刑法的"类比"

1997年《刑法》修改后,类比问题仍存在。除前述《刑法》在司法中并不应禁止从一个已知的具体犯罪种类类比出另一个未知的具体犯罪种类外,还有其他形式的"类比",如2013年3月8日最高人民法院、最高人民检察院《关于办理盗窃刑事案件适用法律若干问题的解释》第10条规定,偷开机动车,导致车辆丢失的,以盗窃罪定罪处罚。盗窃是以非法占有为目的,与以练习开车、游乐为目的偷开机动车行为截然不同;偷开机动车造成车辆丢失的行为不具有非法占有目的,将这一行为以盗窃罪定罪处罚,是将盗用类比为盗窃,显然是类比性质的做法,而不属于上述的准用性规范或"授权式类比"。[②] 这是否是对罪刑法定原则的

[①] 上述规定在《民法典》中分别是:第6条:民事主体从事民事活动,应当遵循公平原则,合理确定各方的权利和义务。第16条:涉及遗产继承、接受赠与等胎儿利益保护的,胎儿视为具有民事权利能力。第1155条:遗产分割时,应当保留胎儿的继承份额。

[②] 张建中:《罪刑法定原则下的类推问题》,载 http://www.chinalawlib.com/105754818.html-31k,最后访问日期2008-06-29。

突破,值得讨论。

3-3 轻重相举

秉承相同情况相同对待的旨意,轻重相举也属类比。学界常常将之看作独立的方法,称之为"当然解释""比较性推论"或"当然推论"(argumentum a fortiori),在刑法学中,"当然解释"用语受到青睐,是因其可规避禁止类比之戒律。但因被比较的两种情况可确定轻重程度,故本书采用轻重相举用法,并在类比中单独论述之。

轻重相举在中国形成于唐朝,成熟于明清。《唐律疏义》规定:"诸断罪而无正条,其应出罪者,则举重以明轻;其应入罪者,则举轻以明重。"所谓"入罪举轻以明重",是指一个行为在刑法中没有规定,但比它轻的行为在刑法中有规定,可以采取"举轻明重"的方法来适用法律。所谓"出罪举重以明轻",是指一个行为在刑法中没有明文规定不是犯罪,但连比它重的行为在刑法中都没有规定,就可以采取"举重明轻"的方法来将之不作为犯罪处理。后轻重相举从刑法拓展至其他法律领域。

轻重相举的含义为,某一条文的法律结果,较条文明确涵盖的行为,更可适用于条文未明确涵盖的行为,即没有相应条文的行为,其可适用性(实现程度)有轻重或大小之分。不过,轻重二者的发生相向而行,所以,轻重相举分为举重明轻和举轻明重。对于轻重相举的机理,素有不同意见。① 本书认为,轻重相举也是对两种行为的特征比较,这里拟通过一例描述其方式和步骤:

某大学规定,若考生参加课堂考试携带手机,则作不及格处理。有学生在课堂考试中使用手机,如何处理?

A. 在条文的事实构成中找到影响适用法律结果的决定性要素,这个要素的价值依据是通过规范宗旨解释出来的;同时,这个要素必须含在事理上的层级升降关系,如轻重、强弱、大小等。事实构成——参加课堂考试,携带手机;依据规范宗旨——学术诚信,携带手机是决定性要素。携带含有升级关系,在携带之上还有出借、使用等。

B. 考察条文未明确涵盖的行为是否包含在事理上相通的要素;使用与携带在事理上相通。

C. 对两个要素进行比较,确定它们之间的层级升降关系;使用比携带对于法律结果具有更强的可适用性。

D. 将条文的法律结果适用于条文未明确涵盖的行为。

有学生在参加课堂考试中使用手机,作不及格处理。

轻重相举的方法在事理的层级升降关系上给人以在解决某个问题时非同意不可的、不可辩驳的力量。由此也可见轻重相举与上述类比的本质区别在于:关键特征在事理上是否相通,且其内容程度有无层级升降关系,而不是纯规范宗旨,尽管两者对被比较的关键特征的选择都依赖于它。当然,这是对轻重相举的机理进行的一般讨论,在将轻重相举运用于刑法时,更多是出罪,在其他情况中需在遵循罪刑法定原则前提下谨慎处理。

3-3-1 举重明轻

举重明轻可适用于义务和权利两类条文未明确涵盖的事实。

---

① 参见魏治勋:《当然解释的思维机理及操作规则》,载《法商研究》2018年第3期。

行政惯例应受司法审查

> 据《行政诉讼法》，行政诉讼受案范围不包括对规范性文件的审查，在诉讼过程中，如果行政机关将规范性文件作为证据提交时，法院必然要审查该行政规范，也就是如果允许对行政规章进行审查，依据"举重明轻"原则，那么对于效力低于它的行政规范性文件就更可以审查，进而行政惯例同样应接受司法审查。

"买卖不破租赁"，转租更不破租赁

> 有房主在合同未到期之前欲将出租屋转租他人，这当然违约，也可据"举重明轻"来否定之。《民法典》第725条规定："租赁物在承租人按照租赁合同占有期限内发生所有权变动的，不影响租赁合同的效力"；最高人民法院《关于贯彻执行〈中华人民共和国民法通则〉若干问题的意见(试行)》第119条第2款规定："私有房屋在租赁期内，因买卖、赠与或者继承发生房屋产权转移的，原租赁合同对承租人和新房主继续有效"。这些规定都明确体现了"买卖不破租赁"之原则。买卖尚且不破租赁，与"买卖"之重相比，转租可谓"轻"，终止原出租合同而转租他人当然也不可破租赁。

过失帮助自杀更不为犯罪

> 刑法禁止不利于被告的类比，言外之意，并不禁止有利于被告的类比。易言之，罪刑法定原则并不限制"出罪举重以明轻"。例如依有的国家法律，故意帮助自杀行为不为犯罪，那么未规定的过失帮助自杀行为更不为犯罪，因为这种帮助行为对自杀的结果的支配程度更低。

3-3-2 举轻明重

举轻明重仅用于义务类条文。生活中常用到举轻明重，如不许在公共汽车站抽烟，在公共汽车上抽烟更不允许；禁止机动车进公园，火车更不许进；禁止践踏草坪，更不许挖走草皮。

罪刑法定原则限制对法无明文规定的行为入罪，即不可"入罪举轻以明重"；即便刑法有漏洞，但有漏洞的后果不应由被告来承担，例如，尽管性骚扰现象已呈蔓延之势，也不能因其具有更大的社会危害性而比照侮辱罪来定罪。举轻明重的关键在于如何把握轻重的比较点，如以社会危害性为比较点，那么将一些社会危害性大但法无明文规定的行为入罪，罪刑法定原则将被彻底颠覆，而罪刑法定原则恰是拒绝对法无明文规定的行为入罪。举轻明重用于刑法的结果是量刑更重，而轻重的比较点为手段、递进关系等。

手段加重:少年先绑架后又杀害他人

《刑法》第17条第2款规定:"已满14周岁不满16周岁的人,犯故意杀人、故意伤害致人重伤或者死亡、强奸、抢劫、贩卖毒品、放火、爆炸、投毒罪的,应当负刑事责任。"—不满16周岁的少年先绑架后又杀害他人的行为如何定罪量刑?根据罪刑法定原则,这一年龄段的人只对上述八种犯罪负刑事责任,并不包括绑架罪,对其不能定绑架罪。但在量刑上,据举轻明重的方法,既然已满14周岁不满16周岁的少年杀人的行为构成故意杀人罪应予处罚,那么已满14周岁不满16周岁的少年绑架他人又杀害的行为也构成故意杀人罪,且应该加重处罚,因为绑架又杀害他人的行为要比直接杀人的行为在手段上更严重。

递进加重:真军警实施抢劫

《刑法》第263条规定了抢劫罪的八种加重情节,其中第6项规定冒充军警人员抢劫比一般人抢劫量刑要重,但未规定真军警实施抢劫行为如何量刑。对于真军警实施抢劫行为如何量刑,通常认为,不仅应比一般人,还应比冒充军警人员更重,因为这是对军警人员形象的一种严重破坏,具有更大的社会危害性。虽然量刑应更重这一结论无错,但径直说具有更大的社会危害性的理由,却不大合适。

真正的理由是,冒充军警人员抢劫比一般人抢劫量刑要重,是以军警人员抢劫为前提的,无军警人员抢劫便无冒充者抢劫,冒充军警人员抢劫是从军警人员抢劫发展而来,只有军警人员抢劫是犯罪,冒充军警人员抢劫才是犯罪,二者先在犯罪上具有递进关系;既然对冒充者抢劫量刑要重,对被冒充者抢劫量刑要更重,这又在量刑上形成递进关系,递进引起加重。

为孩子复归支付酬金①

湖南××市的周××夫妇因儿子走失,在当地的媒体上发布广告悬赏寻子:只要能够提供准确信息或者帮助找回其子,愿意支付10万元酬金。一位市民帮助找回其子后,要求周××夫妇兑现诺言,但他们无力支付巨额酬金。该市民要求支付,是否合法?

根据《物权法》第109条规定,拾得遗失物,应当返还权利人。那么举轻明重,找到他人的孩子,更应当交还给其父母。同样,举轻明重,我国《物权法》第112条第2款规定,权利人悬赏寻找遗失物的,领取遗失物时应当按照承诺履行义务。周××夫

---

① 参见《经视新闻》2007年6月9日报道。

妇应兑现诺言,该市民的支付要求为合法。当然,本着促进社会的诚信度,又考虑实际情况,可以减少周××夫妇支付报酬的金额,具体数额参照当地的生活水平以及当事人的经济能力来决定。①

专门委员会组成人员能否担任行政机关、司法机关的职务

依《宪法》第65条,全国人大常委会的组成人员不得担任国家行政机关、审判机关和检察机关的职务,但宪法没有明文禁止专门委员会组成人员担任这些职务以及兼任政府副部长。据立法意图,《宪法》规定常委会组成人员不得担任行政机关、审判机关和检察机关职务,一是有利加强常委会对这些机关的监督,如果一身二任,无法监督;二是有利于常委会组成人员专职化,集中精力从事人大工作。专门委员会是人大闭会期间的常设专门工作机构,协助常委会从事立法、监督工作。因而,常委会组成人员不得担任行政机关、司法机关的职务,专门委员会成员更不能担任。

"撤销"可否适用听证程序

《行政处罚法》第42条规定,行政机关作出责令停产停业、吊销许可证或者执照、较大数额罚款等行政处罚决定之前,应当告知当事人有要求举行听证的权利。那么"撤销"职业介绍所可否适用"听证程序"?

撤销职业介绍所案②

1998年5月30日,被告南平市劳动局认定南平市××职业介绍所存在自行发布虚假广告、乱收费行为等问题,违反了福建省人民政府的有关规定,损害了部分求职者利益,虽经限期整顿,但仍达不到中介机构所应具备的基本要求。南平市劳动局决定,于1998年5月30日起撤销南平市××职业介绍所。

南平市××职业介绍所不服该处罚决定,于1998年7月14日向南平市延平区人民法院提起行政诉讼,请求人民法院撤销被告南平市劳动局作出的撤销决定。南平市延平区人民法院受理了本案。1998年7月27日,被告南平市劳动局作出了《关于收回〈关于撤销南平市××职业介绍所的通知〉的通知》。原告南平市××职业介绍所收到上述《通知》后,于7月28日向人民法院提出申请撤回起诉。该院于1998年7月28日裁定准予原告撤回起诉。

---

① 《民法典》的相应条文是第314条:拾得遗失物,应当返还权利人。第317条:权利人悬赏寻找遗失物的,领取遗失物时应当按照承诺履行义务。
② 最高人民法院中国应用法学研究所:《人民法院案例选》(行政卷),中国法制出版社2000年版,第630—632页。

> 《行政处罚法》第42条只规定停产停业、吊销许可证或者执照、较大数额罚款等三种行政处罚,才需告知当事人可以要求举行听证,撤销之处罚,不属上列三种处罚,可否适用听证程序?本书认为,举轻明重,轻的如罚款可听证,"撤销"比上列三种处罚更为严厉,更应适用"听证程序"。

3-4 扩张解释与类比

据上一章,扩张解释是超出法律条文通常的字面含义所进行的解释,但"扩张"不允许超出法律规定可能文义的范围。扩张解释与类比的界限不易分割,是因为两者都扩张了效力范围,但扩张解释是发生在有法律规定的情形下,且在可能的文义的范围,类比的前提是无法律规定,但有能予以援用的相类似的规定,而与字面含义无关。

例如,有人非法制造钢炮,刑法无相应规定,但《刑法》第125条规定了非法制造枪支、弹药罪。在此,不可能把枪支、弹药的文义扩大到钢炮上,扩张解释不适用。只能要么认为无罪,要么用类型思维,先将钢炮、枪支、弹药归于武器一类,再适用举轻明重,因为钢炮的危险性明显大于枪支、弹药,非法制造枪支、弹药可入罪,非法制造钢炮更应入罪,但这违背罪刑法定原则。

4 无类似的规范参照——法律补充

与类比一样,法律补充也具填补法律漏洞、续造法律的功能,同时也是基于不能在法律上沉默的规则而为的。但类比有类似的规范参照,法律补充则无类似的规范可比照。可资补充法律的有习惯法、法官法、学理和学说。依法治原则,在适用顺序上,类比先于法律补充。

4-1 习惯法补充

4-1-1 立法承认习惯法

用习惯法填补法律漏洞为不少国家或地区的立法所承认,例如:

——《瑞士民法典》第1条规定:"依字面含义或解释有规定的法律问题,均适用本法。本法无规定者,法官应依习惯法裁断,无习惯法,依法官一如立法者所提出的规则。"在此,法官遵循既定学说和传统。

——《意大利民法典》第8条规定:在法律和条例调整的范围内,惯例只有在法律和条例确认的情况下才发生效力。

——我国《民法典》第10条规定:"处理民事纠纷,应当依照法律;法律没有规定的,可以适用习惯,但是不得违背公序良俗。"在意思表示的解释等方面也有适用习惯的许多规定。

——我国台湾地区"民法典"中多条对习惯法亦有明确规定:

> 第1条:民事法律所未规定者依习惯;无习惯者,依法理。

第 439 条：收受租金，依习惯为先收后住，否则应先住后收。

4-1-2 习惯法补充的条件及运用

习惯法补充必须符合三个基本条件：

——习惯不得与成文法规范相抵触或冲突；

——习惯不得违背社会道德及社会善良风俗；

——习惯不得违背社会正义的要求。

习惯法可经法律明文承认，如无法律承认适用，通常由法院认定适用，所以有"习惯法不过是法官法"的断言。如原《民法通则》等众多的民事法律法规中均未涉及对典权制度的立法规定，但最高人民法院通过批复、司法解释将典权制度作为习惯法予以认可。如最高人民法院《关于地主家庭出身的能否回赎土改前典当给劳动人民的房屋的请示的复函》(1981 年 6 月 22 日)，该复函提及 1951 年 11 月 9 日中央人民政府司法部司一通字 1057 号《关于典当处理问题的批复》第 2 项规定："一般的农村典当关系，今天仍应准其存在"；又如最高人民法院于 1984 年 8 月 30 日发布的《关于贯彻执行民事政策法律若干问题的意见》第 58 条第 2 款规定："典期届满逾期 10 年或典契未载明期限经过 30 年未赎的，原则上应视为绝卖。"

结婚洞房里被烧纸①

> 郑州××建筑工程公司职工李×居住在郑州市中原区须水镇××村，因宅基地使用权，其邻居张×及张×的侄子小李与之多次发生纠纷。2002 年 8 月底，依据村委会的调解意见，李×建成房屋，并定于 2003 年 5 月 2 日在此房内举行婚礼，但张×、小李却多次将牛粪抛在李×房屋的墙上以及玻璃上。2003 年 3 月 11 日，张×又和小李将李×房屋的西山墙砸了一个大洞，并在他未来的"洞房"内烧纸祭奠其夫。李×将张×、小李告上法院。
>
> 郑州市中原区人民法院经审理后认为，公民的合法财产受法律保护，禁止任何组织或者个人侵占、哄抢、破坏。李×在其父亲的宅基地上建新房，没有超出其父亲宅基地使用证的范围，并无不妥。两被告在已达成调解协议的情况下，仍毁坏原告房屋，并在原告准备结婚用的"洞房"中烧纸祭奠亲人，按当地风俗，是一种极其严重的侵权行为，也是一种严重侮辱人格的行为，给原告精神上造成了极大的痛苦。2004 年 2 月 16 日，法院判决张×、小李应将原告房屋墙上的洞补好、恢复原状，并各赔偿原告李×精神损失费 5000 元。

---

① 张胜利：《泄私愤洞房祭奠太荒唐 侮辱人法院判赔一万整》，载 hnfy.chinacourt.org/public/detail.php? id=…15K 2007-11-12，最后访问日期 2008-06-29。

抢婚制

> 罪刑法定原则派生出排斥习惯法、刑法效力不溯及既往、禁止不定期刑、禁止类比等原则。但在一定的情况下,却又不能不适用习惯法,以作补充。首先,在犯罪方面,如伴有暴力行为的傣族的抢婚制,一般不适用《刑法》第 20 条和第 257 条。其次,在违法的内容方面,如犯罪者的主观方面的故意、过失等要素,往往是以社会一般习惯作为判断的客观标准。最后,关于刑罚的量定,由于《刑法》对自由刑、财产刑的成文规定范围宽广,法官有较大的裁量的余地,在裁量刑时可根据习惯、文化观等量刑,如大义灭亲者一般从轻。

私人土地成道路①

> 我国台湾地区早已有判例承认习惯法的法源性。行政法院一判例认为,私人土地成为供公众通行的道路,历经数十年之久,应该认为此土地因时效已成立公用地役关系,原土地所有人不得用该既成道路从事违反公共通行目的之行为。此处既成道路公共使用关系的成立,实为习惯法。

4-1-3 惯例补充

惯例与习惯法无严格区分,但惯例对判定行业行为更具补充意义。我国一些法律明示了惯例的地位:

——《民法典》中有十多处提到了"交易习惯",如第 510 条:"合同生效后,当事人就质量、价款或者报酬、履行地点等内容没有约定或者约定不明确的,可以协议补充;不能达成补充协议的,按照合同相关条款或者交易习惯确定。"

——《消费者权益保护法》第 22 条规定:"经营者提供商品或者服务,应当按照国家有关规定或者商业惯例向消费者出具购货凭证或者服务单据;消费者索要购货凭证或者服务单据的,经营者必须出具。"

——《海商法》《票据法》和《民用航空法》均有适用国际惯例的规定。

未经许可不得破门而入②

> **事 实**
>
> 2006 年 3 月 1 日凌晨 3 点多,韩×与罗×回到北京潘家园×××22 号家中,约 4 点钟,其朋友打她的电话无人接听,遂怀疑两人煤气中毒,便拨打 110 电话报警,要求

---

① 邢连超:《关于争取公众通行权的法律实践与思考》,载 http://chinalawlib.com/167614896.html,最后访问日期 2008-08-15。

② 裴晓兰:《"超级玛丽"组合诉北京朝阳公安分局案发回重审》,载 www.chinacourt.org/html/article/2007/11/20/275357.shtml-12k,最后访问日期 2008-06-29。

破门救人。到场民警以破门"不合程序"要负法律责任为由,在9个小时内未采取措施救助,致使两个女孩严重一氧化碳中毒,可能会成为植物人。为此,两女孩的父母以"行政不作为"为由,起诉北京市公安局。派出所负责人则表示:报警人是求助报警,而非刑事报警;若没有得到房东的许可,警察不得破门而入;虽然报警称屋内有人煤气中毒,但并不能确定屋内有人,所以依照程序警察不能破门。

> 评析

《警察法》第21条规定,实施救助是警察的职责,而"未得到房东许可不得破门而入""破门不合程序"等在《警察法》中并没有具体规定,相关的行政法规或者行政规章也无规定。但对求助报警并不破门而入的做法却在反复适用,已形成救助惯例。

春节休刊①

2003年12月12日,原告陈×向被告成都×报社交纳全年订报费144元,订阅2004年的《成都×报》。2004年1月20日,被告在《成都×报》上刊登休刊启示,称"本报定于1月23日至1月26日休刊4天,如无特殊情况,1月27日恢复出报"。原告对休刊不满,诉至法院。原告诉称,在其订阅报刊时,并未告知春节要休刊4天,其行为构成服务欺诈,给其造成一定的经济损失,要求按休刊期间订报费的两倍进行赔偿。被告辩称,休刊行为得到省委宣传部的同意,休刊前在报纸上公开刊登了启事,且春节休刊是报刊行业的习俗,故不存在欺诈行为,也没有违约。

法院经审理认为,被告与原告间形成合同关系,应当依法履行。但春节休刊是行业惯例,且原告也认同这一惯例,因此被告春节休刊不构成违约。本案被告在春节期间的休刊是否要承担民事责任,法律没有明确的规定,法院依照行业习惯,填补了这一法律漏洞。

签字为收到货物②

原告黄山××工贸有限公司与被告黄山××实业有限公司自2000年以来在交易时均不签订书面合同,一般先由被告通知原告送货,再由原告凭原料进库数额开具发货单交被告方签字,并确定价格,待被告给付货款时,原告凭发货单和增值税发票滚动结算。

---

① 刘文彬:《日报春节休刊是否违约》,载cdfy.chinacourt.org/public/detail.php? id=908-23k,最后访问日期2008-06-29。
② 程增来:《手续不规范依据交易习惯休宁圆满审结一起合同纠纷案》,载《人民法院报》2005年10月27日。

> 2005年1月10日、13日,原告依惯例分两次向被告运送二甘醇等两批货物,总计货款260538元。被告方的姚×在发货单上签字。事后,当原告向被告提出结算这两批货款时,被告以未收到货物为由拒绝结算。
>
> 庭审时原告提供了由姚×签字的发货单、此前与被告交易时原料进库单、结算收据等证据,证明在以前的买卖中,不光有保管员签字,也有姚×的签字,只要是被告方人员的签字都可作为结算的凭证。
>
> 安徽省休宁县人民法院审理认为,虽然原告未能提供完整的进库单,但有被告方人员认可的发货单,从双方交易习惯看,被告方人员签字是基于收到货物。姚×曾在发货单上签过字,表明货物已交付。遂依据交易习惯作出一审判决,支持原告诉求。

4-2 法官法补充

在中国,判例能不能成为法源已不是一个"法律"问题,而是一个事实的问题,这个事实只是有待于正式承认。目前,最高人民法院正努力通过司法解释指导法院判决,这是正式承认的表现,但不是唯一方式。自1995年起最高人民法院公布的典型案例,在实际上已成为下级法院的"参照依据"和"判决准则"。

田×诉北京××大学案①

> **事 实**
>
> 北京××大学学生田×,1996年2月29日在参加电磁学课程补考时,在厕所将写有电磁学公式的纸条掉在地上,被监考老师发现。监考老师按考场纪律,取消了他的考试资格。据北京××大学校规:"凡考试作弊者,一律按退学处理。"但学校在作出退学处理并填发了学籍变动通知以后,并未直接向田×宣布结果,也未给他办理退学手续。田×继续在该校以在校大学生的身份,正常学习及活动。1996年3月,田×的学生证丢失,学校还为他补办了学生证。田×在该校学习的4年中,成绩全部合格,通过了毕业实习、设计及论文答辩。但是,1998年6月,学校以田×不具有学籍为由,拒绝向其颁发毕业证。学校也没有将田×列入授予学士学位资格名单。田×于1998年10月19日向北京市海淀区人民法院提起行政诉讼。
>
> **判 决**
>
> 海淀区人民法院1999年2月14日判决:
> 一、被告北京××大学在判决生效之日起30日内向原告田×颁发大学本科毕业证书;

---

① 详见《中华人民共和国最高人民法院公报》1999年第4期。

二、被告北京××大学在判决生效之日起60日内召集本校的学位评定委员会对原告田×的学士学位资格进行审核；

三、被告北京××大学于判决生效之日起30日内履行向当地教育行政部门上报原告田×毕业派遣的有关手续的职责；

四、驳回原告田×的其他诉讼请求。

一审宣判后，北京××大学提出上诉，认为"我校依法制定的校规、校纪及依据该校规、校纪对所属学生作出处理，属于办学自主权范畴，任何组织和个人不得以任何理由干预"。北京市第一中级人民法院经审理认为，"学校依照国家的授权，有权制定校规、校纪，并有权对在校学生进行教学管理和违纪处理，但是制定的校规、校纪和据此进行的教学管理和违纪处理，必须符合法律、法规和规章的规定，必须保护当事人的合法权益。北京××大学对田×按退学处理，有违法律、法规和规章的规定，是无效的"。因此，判决驳回上诉，维持原判。

> **评析**
>
> 在此案审理中，法院认为："在我国目前情况下，某些事业单位、社会团体，虽然不具有行政机关的资格，但是法律赋予它行使一定的行政管理职权。这些单位、团体与管理相对人之间不存在平等的民事关系，而是特殊的行政管理关系。他们之间因管理行为而发生的争议，不是民事诉讼，而是行政诉讼。"这一对制定法的解释，不仅在实体上用判决创设了一种新的行政权领域，以后遇到同类案件法院再难以不属行政争议为由而拒绝受理，而且也解决了学生告学校是民事诉讼还是行政诉讼的问题。

自2011年起（至2019年12月）最高人民法院又发布了24批指导案例，供各法院在审判类似案件时参照适用。如下为指导案例28号①。

胡××拒不支付劳动报酬案

（最高人民法院审判委员会讨论通过　2014年6月23日发布）

关键词　刑事　拒不支付劳动报酬罪　不具备用工主体资格的单位或者个人

裁判要点

1. 不具备用工主体资格的单位或者个人（包工头），违法用工且拒不支付劳动者报酬，数额较大，经政府有关部门责令支付仍不支付的，应当以拒不支付劳动报酬罪追究刑事责任。

2. 不具备用工主体资格的单位或者个人（包工头）拒不支付劳动报酬，即使其他单位或者个人在刑事立案前为其垫付了劳动报酬的，也不影响追究该用工单位或者

---

① 见中国法院网，载 http://www.chinacourt.org/article/detail/2014/07/id/1334429.shtml，最后访问日期2014-10-10。

个人(包工头)拒不支付劳动报酬罪的刑事责任。

相关法条

《中华人民共和国刑法》第 276 条之一第 1 款

基本案情

被告人胡××于 2010 年 12 月分包了位于四川省双流县黄水镇的三盛翡俪山一期景观工程的部分施工工程,之后聘用多名民工入场施工。施工期间,胡××累计收到发包人支付的工程款 51 万余元,已超过结算时确认的实际工程款。2011 年 6 月 5 日工程完工后,胡××以工程亏损为由拖欠李××等 20 余名民工工资 12 万余元。6 月 9 日,双流县人力资源和社会保障局责令胡××支付拖欠的民工工资,胡却于当晚订购机票并在次日早上乘飞机逃匿。6 月 30 日,四川锦天下园林工程有限公司作为工程总承包商代胡××垫付民工工资 12 万余元。7 月 4 日,公安机关对胡××拒不支付劳动报酬案立案侦查。7 月 12 日,胡××在浙江省慈溪市被抓获。

裁判结果

四川省双流县人民法院于 2011 年 12 月 29 日作出(2011)双流刑初字第 544 号刑事判决,认定被告人胡××犯拒不支付劳动报酬罪,判处有期徒刑一年,并处罚金人民币二万元。宣判后被告人未上诉,判决已发生法律效力。

裁判理由

法院生效裁判认为:被告人胡××拒不支付 20 余名民工的劳动报酬达 12 万余元,数额较大,且在政府有关部门责令其支付后逃匿,其行为构成拒不支付劳动报酬罪。被告人胡××虽然不具有合法的用工资格,又属没有相应建筑工程施工资质而承包建筑工程施工项目,且违法招用民工进行施工,上述情况不影响以拒不支付劳动报酬罪追究其刑事责任。本案中,胡××逃匿后,工程总承包企业按照有关规定清偿了胡××拖欠的民工工资,其清偿拖欠民工工资的行为属于为胡××垫付,这一行为虽然消减了拖欠行为的社会危害性,但并不能免除胡××应当支付劳动报酬的责任,因此,对胡××仍应当以拒不支付劳动报酬罪追究刑事责任。鉴于胡××系初犯、认罪态度好,依法作出如上判决。

法官还可直接创设规则以补充法律漏洞。

国贸搜身案中案

1991 年 12 月 23 日,北京女青年王×、倪×在国贸中心下属的××超市购物时,因被怀疑带走未付账商品而被超市售货员限制人身自由并强行搜包。两女青年在多次与店方交涉未果的情况下,起诉国贸中心,追究其侵权责任。1992 年 11 月 18 日,北京市朝阳区人民法院调解结案,被告国贸中心××超市对自己的行为给原告造成的不良影响和损害,诚恳表示赔礼道歉,同时赔偿由此给原告造成的精神损失费 2000 元。

> 这是中国首例超市搜身获民事赔偿案,后引起多方强烈反响。1993 年 10 月 31 日通过的《消费者权益保护法》明确"消费者……享有其人格尊严得到尊重的权利"(第 14 条),"受到人身和财产损害的,享有依法获得赔偿的权利"(第 11 条)。2001 年 3 月 10 日,最高人民法院公布《关于确定民事侵权精神损害赔偿责任若干问题的解释》,第一次明确规定了精神赔偿的范围、标准。
>
> 根据 1992 年 6 月 6 日《××时报》刊登的《红颜一怒为自尊》,著名作家吴××写了题为《高档次事业需要高素质职工》的随感,发表在《××时报》第 6 版《雅园杂谈》栏目上,批评商场侵犯消费者权益的行为。国贸中心向北京朝阳区法院起诉吴××侵犯了国贸中心的名誉权。法院最后判决:驳回原告要求被告吴××赔礼道歉、消除影响、恢复名誉的诉讼请求。
>
> 但吴××用文章批评国贸中心侵犯消费者权益这一行为是否构成侵权,没有法律规定。朝阳区法院在判决书中写道:正当的舆论监督应受法律保护。本案被告吴××在报纸上发表的文章,批评原告侵犯消费者合法权益的行为,属于正当的舆论监督。因此,吴××的行为不构成侵权。有人认为:这里法官创设了一个规则:正当的舆论监督应受法律保护,并用这一规则判决了本案,补充了法律漏洞。①

4-3　法理、学说补充

作为一种非正式法律渊源的"法理",主要指被社会公认的正当的法律原理或制定法外的法律原则。各国对法理的表达有所不同,日本民法称"条理",奥地利民法称"自然法原理",意大利民法称为"法的一般原理"。法理主要是通过学者的著述体现出来,因而,法理与学者的学说密不可分,古罗马曾有"法学家创造了罗马法"的谚语,中世纪也有"不读阿佐②的书,进不了法院的门"的说法,也因此学说非私人就法律所表示的意见。由于学者的见解不同,不免"各说各话",在援引学说时,一般援引占主导地位的学说或通说,而不是听凭各法官主观认同。

在大陆法系国家和地区,法理的地位则得到明确的承认。欧陆法也被称为"法学家法"。在我国,尽管法理或者学说不具有法律渊源地位,但是法理、学说对司法实践有着重要的指导意义,法官在司法裁判中常援引学说来进行论证,如在许×盗窃案中对盗窃的私密窃取这一性质的认知,因《刑法》本身未作界定,而直接取自刑法学界的通说。在行政诉讼中也有援引民法原理以弥补行政法的漏洞的。例如襄樊市中级人民法院在"袁××诉湖北××市土地管理局"一案的判决中认为,根据房地产的有关原理,土地与地上建筑物在物理上不可分,因此,上诉人出租房屋即发生土地出租,因而维持市土地管理局对原告的处罚决定。

---
① 梁慧星:《裁判的方法》,法律出版社 2003 年版,第 181 页。
② 阿佐(Azo,约公元 1150—1230 年),中世纪罗马法复兴过程中注释法学派的集大成者,他关于《优士丁尼法典》等的注释汇编和理论在欧洲有广泛影响。

××公司诉××厂购销合同违约纠纷案①

原被告双方于1987年签订技术转让协作合同、煤气表散件供应合同及补充协议,被告按月供给煤气表散件若干套。后因物价大幅度上涨,履行出现障碍,被告多次协商变更价格条款未果,遂于1988年9月起停止供应煤气表散件,于是发生纠纷,诉至法院。

一审判决被告败诉,被告提起上诉。上诉法院——湖北省高级人民法院就此案请示最高人民法院。最高人民法院作了答复(法函199227号),主要内容为:"……就本案购销煤气表散件合同而言,在合同履行过程中,由于发生了当事人无法预见和防止的情事变更,即生产煤气表的主要原材料铝锭的价格,由签订合同时国家定价为每吨4400元至4600元,上调到每吨16000元,铝外壳的价格也相应由每套23.085元上调到41元,如要求重庆检测仪表厂仍按原合同约定的价格供给煤气表散件,显失公平。对于双方由此而产生的纠纷,你院可依照《中华人民共和国经济合同法》第27条第1款第4项之规定,根据本案实际情况,酌情予以公平合理地解决。"

湖北省高级人民院据此认为,在合同履行过程中,因发生了当事人无法预见和防止的情势变更,如果要求被告仍按原合同约定的价格供给煤气表散件,将显失公平。对此,应依据《中华人民共和国民法通则》的公平、诚实信用原则和《中华人民共和国经济合同法》的有关规定,适用情势变更原则予以处理,遂于1992年4月3日裁定:撤销一审法院判决,发回原审法院重审。原审法院在重审中进行了调解,双方于1992年10月26日自愿达成调解协议:合同终止执行,被告一次性补偿原告21万元。本案是我国司法实践中正式适用情事变更原则判决的第一个案例。

5 事项列举穷尽——反向推论

5-1 反向推论适用的原理

反向推论通称反对推论或反对解释。法律条文的结构为事实构成+法律结果,是"如果—那么"条件式的陈述。通常,法律在事实构成中列出所包括的具体情形,便可由相同的事实构成推出相同的法律结果,这是正面推论。如果出现法律未规定的情形,但对与之相反的情况在法律中有明确规定,则可依据法律进行反向推论,得出可以适用的结论。简言之,反向推论意指根据法律条文的规定,推导其反面的含义和适用范围。

与类比不同,类比的功能是填补法律漏洞,反向推论似乎也指向填补法律未规定的漏洞,但这个漏洞是立法者有意为之的合理的"沉默"造成的,不是真正的漏洞,无需填补。此时,不能适用类比。那么,反向推论实际上属于法律解释方法,严格说是反向论证(Argumen-

---

① 参见《人民法院案例选》总第6辑,中国法制出版社2009年版,第110页以下。

tum e contrario),其功能是解释法律一般"沉默"时带来能否适用上的困惑。本书将反向推论放在填补法律漏洞的方法中讨论,主要是方便与类比进行比较,因为它们是对抗关系,且人们有时又在它们二者间难以取舍。

5-2 反向推论适用的条件

其一,例外条款,为主要适用条件。只有例外条款中规定的事实才不适用明确规定的结果,不属例外条款的事实都适用该结果。例如,《著作权法》第5条规定:本法不适用于:(1)法律、法规,国家机关的决议、决定、命令和其他具有立法、行政、司法性质的文件,及其官方正式译文;(2)时事新闻;(3)历法、通用数表、通用表格和公式。《著作权法》对适用本法的大量情形出于立法技术有意未作规定,这条是对法律一般"沉默"的例外,对此可作反向推论:凡不属于本条款列举的对象,均可以适用本法,如作品的标题不属于上述列举的对象,因此适用著作权法。我国台湾地区仍承认婚约,"民法"第973条规定:"男未满17岁,女未满15岁者,不得订定婚约。"如作反向推论,结论为,若男满17岁,女满15岁者,即可订定婚约。

此时,规则中事实构成的事项应是列举穷尽的,不可能包括未列举的事项。例如,频频引发所有权巨大争议的乌木是否为国家所有,《宪法》第9条只规定:矿藏、水流、森林、山岭、草原、荒地、滩涂等自然资源,都属于国家所有,即全民所有。法条中的"等"是对前7种自然资源的概括,不可扩张,所以,国家所有的自然资源在此条中是列举穷尽的。乌木在宪法中未予规定,但依反向推论,从关于国家所有的自然资源的规则中,可推出乌木不属于国家所有的结果。

其二,意在强调某类行为的合法律性,为次要适用条件。有的法律规定本身就释疑了,文本中就有反向推论的规定,例如,《行政处罚法》第3条规定:公民、法人或者其他组织违反行政管理秩序的行为,应当给予行政处罚的,依照本法由法律、法规或者规章规定,并由行政机关依照本法规定的程序实施。没有法定依据或者不遵守法定程序的,行政处罚无效。该条前句指明行政处罚须有法定依据和法定程序,后句接着说没有法定依据或不遵守法定程序的行政处罚无效,后句是前句的反向推论。同样的情况出现于《刑法》第3条:法律明文规定为犯罪行为的,依照法律定罪处刑;法律没有明文规定为犯罪行为的,不得定罪处刑。

电视节目预告表案①

> 事实
>
> ××广播电视报社与中国电视报社和××电视台分别达成协议,由××广播电视报刊登中央电视台和××电视台的电视节目预告表。××煤炭工人报社未经××

---

① 吴合振:《最高人民法院公报案例评析·民事卷/知识产权案例》,中国民主法制出版社2004年版,第166—173页。

广播电视报社同意,自1987年起转载××广播电视报中刊登的电视节目预告表。1991年8月15日,××广播电视报社起诉××煤炭工人报社,请求法院判令立即停止刊登电视节目预告表的侵权行为,公开赔礼道歉,赔偿经济损失。而被告则辩称:电视节目预告是时事新闻,依照我国《著作权法》的规定,不受法律保护,其行为并不构成侵权。

> 判 决

　　广西合山市人民法院一审驳回了原告的诉讼请求。原告不服,上诉至柳州地区中级人民法院。柳州地区中级人民法院认为,电视节目预告表不具有独创性,不受著作权法的保护,但是电视台为制作电视节目预告表花费了大量复杂的技术性劳动,对其劳动成果应当享有一定的民事权利。因此,二审法院判决被告应立即停止侵权行为,向原告公开赔礼道歉并赔偿损失5万元。

> 评 析

　　依我国《著作权法》第5条,"本法不适用于:(一)法律、法规,国家机关的决议、决定、命令和其他具有立法、行政、司法性质的文件,及其官方正式译文;(二)时事新闻;(三)历法、通用数表、通用表格和公式。"何谓时事新闻,《著作权法实施条例》第5条说时事新闻是指通过报纸、期刊、广播电台、电视台等媒体报道的单纯事实消息。

　　作反向推论,电视节目预告表不属于我国《著作权法》不适用之列,应适用《著作权法》。

6　填补法律漏洞方法的选择和总结

　　填补法律漏洞的方法有多种,不同类型的法律漏洞应该有不同的漏洞填补方法,相同的或同一漏洞可用不同的填补方法。然而,何种类型的法律漏洞应该用哪种方法予以填补,对此并无规范统一的规定。于是,由于法官对此理解的差异,很多情况下,对同一法律漏洞采用不同的补充方法,有时导致对同类案件不能进行同类判决,结果同类案件就会出现不同甚至相反的法律后果,影响了司法裁判的统一性、公众信赖性和司法对社会生活的指引作用。

　　为了保证同类案件有大致相同的法律后果,需有外部和内部双重保证。外部保证是由最高人民法院确立指导性判例,内部保证是加于各级法院论证的义务,选择何种方法要充分说理,在说理中,首先要探究的是法律或法律秩序的规范目的。

有法律规范	无法律规范
不明确	**有漏洞**
法律解释 　　文义解释 　　体系解释 　　历史解释 　　主观目的解释	类比 　　个别类比 　　整体类比 　　轻重相举
不合理	
客观目的探究 　　目的论限缩 　　目的论扩张	法律补充 　　习惯法 　　法官法 　　法理和学说
法律修正	反向推论
正当违背法律	

图表 7-1　寻找和建构规范的具体方法和过程①

---

① 根据德国学者 D. Schmalz 在其著作 Methodenlehre für das juristische Studium(4. Aufl. 1998. S.144)中的有关图表,结合本书的新分类改制而成。

附 录

一、阅读文献选

1. 李秀芬:《法律漏洞的特征与填补路径》,载《华东政法大学学报》2019 年第 6 期。
2. 魏治勋:《扩张解释与限缩解释的思维进路与操作机制——兼及区分"类推"和"扩张解释"的理论难题与根本解决之道》,载《法学论坛》2018 年第 5 期。
3. 魏治勋:《当然解释的思维机理及操作规则》,载《法商研究》2018 年第 3 期。
4. 黄茂荣:《台湾人格权法的最新发展——基于法官造法与法律修订的双重观察》,载《华东政法大学学报》2017 年第 3 期。
5. 纪海龙:《法律漏洞类型化及其补充——以物权相邻关系为例》,载《法律科学》2014 年第 4 期。

二、阅读案例选

1. 飞度"人人投"与"诺米多"股权众筹合同纠纷案,参见蒋惠岭:《"诺米多"诉飞度"人人投"股权众筹合同纠纷案评析》,载《中国法律评论》2016 年第 2 期。
2. 同性婚姻登记案,参见李忠夏:《同性婚姻的宪法教义学思考》载《法学评论》2015 年第 6 期。
3. 同性强奸案,参见《同性性侵犯 难定强奸罪凸显法律漏洞》,载 http://www.chinadaily.com.cn/zgrbjx/2011-07/07/content_12858610.htm,最后访问日期 2014-10-20。
4. 360 万天价过路费案,参见《河南天价过路费案》,载 http://news.qq.com/zt2011/368w/,最后访问日期 2014-10-20。

公平交易

一条狗跑进一家肉店,趁人不备,从柜台上叼走了一块烤肉。幸好,肉店主认得这条狗是隔壁邻居家的,而邻居又是律师。

被这偷窃行为所激怒,肉店主拿起电话机就拨邻居电话。他说:"喂,你好。如果你的狗从我的肉店里偷了一块烤肉,你有义务付这块烤肉的钱吗?"

"当然。那块烤肉值多少钱?"律师回答。

"7.98 美元。"肉店主说。

几天以后,肉店主收到了随信寄来的一张 7.98 美元的支票。同时,信里也附寄一张账单。账单上写着:法定的咨询服务费 150 美元。

第八章

大前提的建构及方法(三)
——法律原则、一般条款和不确定概念的适用方式

问题与要义

1. 法律原则的特征有哪些?
2. 法律原则的适用条件是什么?
3. 法律原则为何有冲突?如何解决?
4. 一般法律条款是"条款"还是"规范"?
5. 何谓"禁止逃向一般条款"?
6. 如何适用不确定概念?

Fiat justitia, ruat caelum.

即使天塌下,也要顾正义。(中)
Let right be done, though the heavens fall.(英)

关键词

法律原则	制定法外原则	权衡	不确定概念
制定法内原则	原则冲突	一般条款	

在大前提的建构中,法律规定的有无决定着建构方法的不同,上两章已分而述之。就像语言有意义的灰色地带,在有法律规定与无法律规定之间,也存在着一个黑白相交的曙暮时分,这便是法律原则、一般条款和不确定概念,诸如"私法自治原则","国家尊重和保障人权","显失公平"。它们多处在制定法之中,但又不那么实在,需判断者加工打磨,填充具体内容。生活事实有时泾渭分明,有时海天一色,人的思维或语词也不可不复合,这三类规范用词闪烁,体现的不是非此即彼,而是或多或少的思维。当然,它们也同样适用第六章所讲的有法律规定的情形的各种方法,只是因为它们作为大前提表现出的诸种特殊性,需要在一般方法之外专门论述一下其适用方式。

1 法律原则

在从公法到私法、从实体法到程序法的各个法律领域里,都存在着许多所谓的法律原则,以我国法律试举几例:

——《宪法》第5条第1款:中华人民共和国实行依法治国,建设社会主义法治国家。(法治原则)

——《民法典》第4条:民事主体在民事活动中的法律地位一律平等。

——《刑法》第3条:法律明文规定为犯罪行为的,依照法律定罪处刑;法律没有明文规定为犯罪行为的,不得定罪处刑。

除此之外,还有分权原则、比例原则、私法自治原则、契约自由原则、从旧兼从轻原则等等。

在日常生活里,人们也经常用原则来表达自己的为人处世态度、政治主张或道德立场。比如说,"我做人的基本原则是身体力行,或反对一切暴力(战争)",这里的原则只适用于特定个人或团体,是一种个人信念或行动理由。人们在讲话中常爱说,"原则上讲……原则上赞成这个方案",这是指总的方面,大体上。

在学界,许多人认为德沃金的原则论是对法律概念的独特贡献。在中国律师界,甚至还有一个名为"原则"的律师事务所。原则如此色彩斑斓,那么,原则究竟为何物呢?

1-1 法律原则的特征

"原则"的英文是 principle,也可译作"原理",一般谓之通常事理。principle of law 或 legal principle,乃指法律原理,即合于正义之道,今人通称法律原则。法律原则至少包括三个重要特征:规范性、普遍性、至上价值性。

1-1-1 规范性

这意指原则是人们应该如何行动的价值判断,而非对人们实际上如何行动的事实说明,前者如"做生意应讲诚信",后者如"他做生意不讲信用"。原则既是行为规范,也是裁判规范,如诚信原则除了规范社会成员的行为之外,当发生法律纷争时,还是法官应该予以考量的重要法律原则。

1-1-2 普遍性

原则是可普遍化的,即指应一体适用于所有相同或相类似案件,如果只适用于特定个人或团体,那不过是一种个人信念或行动理由。相比法律规则对行为有具体明确的指引,法律原则只指明人的行为的方向,或对某一类行为,或对某一法律部门甚或全部法律体系适用。这里还要区别普遍性与一般性:前者是绝对概念,无程度上的差异,后者为相对概念,具有程度上的区别。如契约必须遵守是普遍性原则,而行政合同必须遵守则是一般性原则,前者包含后者。

1-1-3 至上价值性

原则不仅是人们应该如何行动的价值判断,而且是价值的最高体现,像正义、平等、公正、自由、效率等价值,同时也是法律原则。原则是判断一切行为和法律是否合法的最高依据,反映了正义的尺度,还是权威的本源所在。

1-2 法律原则的功用

法律原则的功用是针对规则而产生的,共有四大方面:规则的根据,补充规则的漏洞,解决规则的冲突和纠正规则的错误。

1-2-1 规则的根据

具体的法律规则虽形形色色,但无不映现法律原则的身影,法律原则与法律规则的关系,犹如一月照万川,万川映一月。①

《刑法》第5条规定了罪刑相应原则,在对每一个具体罪的规定中,分则据其犯罪的性质、情节和对社会的危害程度等,规定了相应的法定刑及其幅度。如第258条对有配偶而重婚的,或者明知他人有配偶而与之结婚的,处两年以下有期徒刑或者拘役;第234条对故意伤害他人身体的,处3年以下有期徒刑、拘役或者管制。这两条规则的法定刑及其幅度显出重婚罪处罚应轻、故意伤害他人身体处罚应重的安排。

《民法典》第6条公平原则集中体现于第151条:"一方利用对方处于危困状态、缺乏判断能力等情形,致使民事法律行为成立时显失公平的,受损害方有权请求人民法院或者仲裁机构予以撤销。"

比例原则是行政法的核心原则之一。德国1953年的《联邦行政执行法》第8条规定:"强制方法必须与其目的保持适当比例。决定强制方法时应尽可能考虑当事人和公众受最少侵害。"1977年的《联邦与各邦统一警察法标准》第2条更为明确地规定:"一、警察应就无数可行处分中,选择对个人或公众伤害最小者为之。二、处分不得肇致与其结果显然不成比例之不利。三、目的达成后,或发觉目的无法达成时,处分应即停止。"前者有关方法与其目的比例原则构成后三个规则的基础。

1-2-2 补充规则的漏洞

上章已阐明法律(制定法)漏洞的存在及其填补的方法,而法律又表现为原则和规则两种规范形式,当规则存在漏洞时,如果法律中载有明确的原则,便可用原则来填补。通过立

---

① 语出唐禅门大德玄觉的《永嘉证道歌》:"一性圆通一切性,一法遍含一切法,一月普现一切水,一切水月一月摄。"

法的方式补漏,对于司法活动而言,常是"远水不解近渴",而在司法中进行救济,所用资源就是法律原则。例如,与比例原则在行政法中的地位一样,诚实信用原则被誉为民法的帝王原则,它要求行为人在不损害他人和公共利益前提下追求自己的利益。在民法的规则不完善时,诚实信用原则可补规则之漏。

演出合同案

> **事　实**
>
> 　　1999年9月20日,×××影视公司与××电影制片厂签订《关于联合摄制〈别无选择〉的合同书》,联合成立摄制组。11月8日,摄制组与温××签订演出合约。温××参加了该剧前10集的拍摄,后于12月7日因感身体不适请假一天,并于次日到北京天坛医院就诊,该院诊断及建议为:"尿蛋白原因待查,肾病待排除,休息两周(从明日起)。"当日,温××委托助理将该诊断证明书交给摄制组制片主任李××。李××告知导演陈××,导演将拍摄进度予以调整。温××自12月9日至22日休病假未参加拍摄。12月21日,摄制组委托法律顾问向温××发出律师函,以温××在合同期内,长达15天的时间不合作,给摄制组带来很大经济损失为由,通知其从即日起解除双方签订的合约,并保留要求赔偿损失的权利。温××诉至法院。
>
> **判　决**
>
> 　　法院认为,温××因病于1999年12月8日至21日未按合同履行出演义务,但向摄制组提交了休假证明,摄制组对其休假未持异议,且随之调整摄制计划,这表明了摄制组对温××在此期间不出演的认可,故温××的休假行为不构成违约。××电影制片厂、×××影视公司以温××违约,反诉要求温××赔偿损失的请求,法院不予支持。温××因病休假不能出演虽不构成违约,但在演出合同中,出演人是否出演对合同的履行及合同目的的实现至关重要。温××作为担任主角的出演人14天不能参加拍摄,且温××因"肾病待排除"休假,假期满后是否可以参加拍摄不能确定,摄制组在此情况下解除与温××的演出合约,不构成违约。据我国《合同法》第77条第1款、第94条第2项之规定,法院判决:(1)驳回原告温××的诉讼请求。(2)驳回被告××电影制片厂、×××影视公司的反诉请求。
>
> **评　析**
>
> 　　演员因病暂不能拍戏,制片方能否解除合同存疑,因《合同法》并未规定演出合同,第94条解除合同的五项条件与因病暂不能拍戏不符。[①] 其实为了避免演员因病暂不能拍戏给制片方带来的重大损失,法院可适用诚实信用原则认可解除合同。

1-2-3　解决规则的冲突

在第六章体系解释中曾谈到,当同一位阶的法律规则之间的冲突无法适用新法与旧法和特别法与一般法的规则来解决时,需要寻求原则的支持,适用原则来解决规则的冲突。

---

① 《民法典》第563条对进行了规定。

湖南王跃文诉河北王跃文等侵犯著作权、不正当竞争案①

> 原告湖南王跃文是一名较为知名的国家一级作家,出版有作品《国画》。被告河北王跃文原名王立山,改名为王跃文后,出版了长篇小说《国风》。根据《民法通则》第 99 条第 1 款规定:公民享有姓名权,有权决定、使用和依照规定改变自己的姓名。《著作权法》第 9 条规定:著作权人包括:(1) 作者;(2) 其他依照本法享有著作权的公民、法人或者其他组织。被告以自己的名字发表作品享有著作权。而根据《反不正当竞争法》第 5 条第 3 款:擅自使用他人的企业名称或者姓名,引人误认为是他人的商品,属于不正当竞争。因此,这些规则以及原告反不正当竞争权与被告的姓名权和著作权发生冲突,需要取舍。法院依据《民法通则》第 4 条诚实信用原则和第 5 条合法权益保护原则,认定:"河北王跃文是把《国风》一书与湖南王跃文联系起来,借湖南王跃文在文化市场上的知名度来误导消费者,从而达到推销自己作品的目的。……被告的行为违反了诚实信用原则,构成对湖南王跃文的不正当竞争。"

1-2-4 纠正规则的错误

规则难免有错,修改法律是彻底之举,但司法可用原则先行纠正或评价规则之错。仍以"撞了白撞"(6-8 案例)为例。

撞了白撞的规定

> 1999 年 9 月 10 日,沈阳市正式实施《沈阳市行人与机动车道路交通事故处理办法》。在第 9 条中明确规定:行人横穿马路不走人行横道线,与机动车发生交通事故,如果机动车无违章,行人负全部责任。继沈阳之后,上海、深圳、武汉、重庆、郑州、济南等城市也相继颁布了类似"行人违章、责任自负"的交通事故处理新规则。立法规定"撞了白撞",采取过错责任原则,无疑是以牺牲行人的生命价值来维护有车族的利益和秩序。这违背了人权原则。

2 原则的类型

原则依不同标准可作诸多分类,这里从适用方法角度将之分为制定法外原则和制定法内原则。制定法外原则与法律原理或一般法律原则相当,是对法律所作的具有说服力的、权威性的阐述。制定法内原则是被制定法接受的法律原理,如"法律面前人人平等",最早是由公元前 5 世纪古希腊政治家伯里克利提出的,而后被制定法确认,成为制定法内原则。

2-1 制定法外原则

制定法外原则在各部门法中称法不一,约束力也不同,如我国台湾地区"行政程序法"直

---

① 参见《最高人民法院公报》2005 年第 10 期。

接将一般法律原则赋予法律约束力,其中第4条规定:行政行为应受法律及一般法律原则之拘束。

2-1-1 行政法的一般法律原则

这里指在行政法中尚未被制定法化而在行政法中得到普遍认可的法的原则。由于行政事项复杂,变化迅速,制定法不可能疏而不漏,行政法的一般法律原则遂具有补充制定法的某些缺失等功能。

2-1-2 国际法的一般法律原则

有趣的是,国际法的一般法律原则并非仅属国际法而是首先属国内法,它指的是各国法律体系中某些共有的原则,即世界上主要国家和各主要法系国内法中一般性、共同性的法律原则。与条约和习惯一样,这些一般法律原则也是国际法的渊源,所以又有国际法属性。

但究竟存在哪些共同的一般法律原则,尚无统一认识,大体有:保障基本权利原则;不得自己审判自己原则;禁止权利滥用原则;违反约定就有赔偿的义务原则;权威解释原则;不得以自己的非法行为作为不履行义务的理由原则;禁止反言原则;等等,内容涉及公法与私法、实体法与程序法等各方面。

2-2 制定法内原则

制定法内原则多由制定法外原则转化而来,在中国,据立法技术,常在总则部分或前面几条明文写上本法的原则。当然在正文中也有法律原则,且有些原则并未标出而是体现于条文之中。兹罗列各部门法的主要原则如下(注明条款的是中国的法律):

2-2-1 宪法

《宪法》中人民主权原则(第2条);民主原则(第3条);法治原则(第5条);法律面前一律平等(第33条第2款);人权保障原则(第33条第3款)等。

2-2-2 刑法

《刑法》中罪刑法定原则(第3条);法律面前人人平等(第4条);罪刑相应原则(第5条)。

2-2-3 民法

《民法典》中主体平等原则(第4条);自愿原则(第5条);公平原则(第6条);诚实信用原则(第7条);尊重公序良俗原则(第8条)。《劳动合同法》中订立劳动合同,应当遵循合法、公平、平等自愿、协商一致、诚实信用的原则(第3条)。

2-2-4 行政法

行政合法原则:职权法定原则、法律优先原则、法律保留原则;行政合理性原则:比例原则和信赖保护原则;行政程序正当原则:公平公正原则、公开参与原则。

2-2-5 诉讼法

刑事、民事和行政三大诉讼法的共同原则:独立审判原则;合法性原则;适用法律平等原则;监督原则;公开审判原则。

3　原则与规则的比较及关系

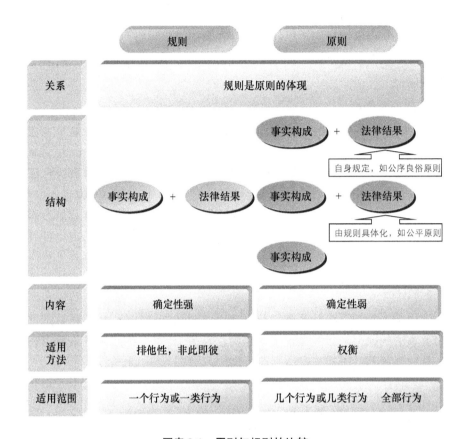

图表 8-1　原则与规则的比较

对上表中原则与规则的结构补充说明如下：规则由事实构成+法律结果构成。原则的结构有三种类型：

——事实构成+法律结果。如公序良俗原则，《民法典》第 153 条规定，违背公序良俗的民事法律行为无效。

——事实构成+法律结果，法律结果由规则具体化。如违反《民法典》第 6 条公平原则的法律结果由第 151 条具体化。

——有事实构成但无法律结果。如《刑法》第 4 条规定了平等原则。

4　原则的适用

4-1　适用条件

法律原则的适用条件与法律原则的四大功用紧密相关，功用之一"规则的根据"，决定了在有规则且正当时，不可直接适用原则，如《民法典》第 6 条虽规定了公平原则，但因为其他条有明确的关于合同无效和显失公平的规定，可直接适用这些规则。其余三个功用决定了原则直接适用的条件总结法律原则的适用条件如下：

A. 不可直接适用:有规则且正当
B. 可以直接适用:规则有漏
　　　　　　　规则冲突
　　　　　　　规则有错

这三个条件既适用于制定法外原则也适用于制定法内原则。

4-2　制定法外原则的适用

4-2-1　正义原则

德国告密案

> 1944年,一个德国士兵在执行任务期间短暂回家。一天,他私下对妻子表示了一些对希特勒及纳粹党其他领导的不满。其妻子在他长期服兵役期间已投向另一个男子的怀抱,并想除掉自己的丈夫,于是等他一离开就把他的言论报告给了当地的纳粹党头目。后来她丈夫遭到了军事特别法庭的审讯,并被判处死刑。经过短时期的囚禁后,未被处死,又被送到前线。
>
> 纳粹政权倒台后,那个女子因使其丈夫遭到囚禁而被送上法庭。在法庭上,她争辩说:据当时有效的法律,她丈夫对她所说的关于希特勒及纳粹党的言语构成犯罪。因此,她告发丈夫是合法的。

这个案件及类似的案件,使得第二次世界大战后针对纳粹和战争的审判陷入困境,如果严格坚持"法律就是法律"的实证主义观点,那么,像告密者这样的人就不能受到法律的惩罚;但是,如果放弃惩罚这些人,又不符合正义的要求。最后,德国法院援引了"良知"和"正义"之类的原则,认为这种法律违背所有正常人的健全良知和正义观念,不能够被看做是法。

4-2-2　无人能从自己的错误中获利

遗产继承案

> 1889年,美国纽约州法院审理里格斯诉帕尔玛(Riggs v. Palmer)案。帕尔玛是其祖父所立遗嘱中指定的遗产继承人,他为防止其祖父改变遗嘱,将其祖父毒死。帕尔玛的姐姐诉帕尔玛不能继承其祖父的遗产。当时,纽约州法律并未规定如果继承人故意杀害被继承人则丧失继承权。法院最终并未执行法律的明确规定,而是从众多先例中,推演出一个法律原则:不容许以欺诈行为或者犯罪行为而获得利益,即无人能从自己的错误中获利,判决帕尔玛不能继承其祖父的遗产。

4-2-3 公序良俗原则

精神损失赔偿案

李×以人民币 20 万元购置一套用于结婚的新房,委托××家庭装潢公司装修,在即将装修完工之际,该公司的雇工崔×在该房的客厅里自缢身亡。李×以该房已无法用于婚房及目睹现场惨状造成精神上恐惧、焦虑等刺激为由诉诸法院,请求判令该家庭装潢公司赔偿购房、装潢等经济损失人民币 26 万余元,赔偿精神损失人民币 5 万元。

对该案的处理有多种意见,意见之一认为应适用公序良俗原则。理由有二:一是作为民事主体的人是一个普通人,他可以根据趋利避害的本能,对死亡和尸体表示恐惧,并且有躲避恐惧的权利。二是原告所购置的房屋是准备结婚用作新房的。如果喜庆的时间、地点发生不吉祥的事情,令人忌讳。这是社会一种善良无害的风俗,被一般民众所普遍接受和认同,应考虑社会公众普遍认可的共同风俗,适用公序良俗原则作出判决。

4-2-4 比例原则

行政许可案[①]

武汉市规划局为××公司颁发建设工程规划许可证,同意其将临长江大街的 2 层楼房翻建为 4 层楼房。××公司在申请再增建 4 层未获批准的情况下,建成 8 层的××大厦。规划局认为××公司超出批准范围建成大厦,属违法建设;同时,××大厦 5—8 层遮挡了长江大街的典型景观天主堂尖顶,严重影响长江大街景观,遂下达行政处罚决定,限××公司拆除大厦 5—8 层。××公司在请求减少拆除面积遭到拒绝后诉至法院。

法院认为,大厦 5—8 层是违法建设,但经现场勘察,××大厦 5—8 层只有一小部分遮挡天主堂尖顶。规划局依职权作出的处罚决定必须同时兼顾行政目标和相对人权益,在确保实现行政目标的同时,保证相对人遭受的损害最小。规划局要求拆除 5—8 层整体明显超出所遮挡景观的范围,额外增加了原告的损失,显失公正。故判决变更处罚决定:拆除××大厦 5—8 层一小部分,对违法建设其余部分罚款若干。

---

① 周红耕、王振宇:《比例原则在司法审查中的应用》,载《人民法院报》2001 年 4 月 22 日。此案几乎为德国"十字架山案"的中国版。彼案案情为:柏林市郊有一座"十字架山",山上建有一个胜利纪念碑。柏林警方为使市民抬头即可看见此纪念碑,遂以"促进社会福祉"的职责,公布一"建筑命令",规定该山附近居民建筑屋之高度不得阻碍市民眺望纪念碑的视线。原告不服,向普鲁士高等法院起诉。转引自陈新民:《德国公法学基础理论》,山东人民出版社 2001 年版,第 399 页。

4-3 制定法内原则的适用

4-3-1 民法的诚信原则

挪用捐款案①

> 原告杨××于1996年8月15日患白血病,因经济困难,无力医治,向社会求助。被告礼泉县教育局和教育工会以原告的名义发出倡议书,先后收到三十多个单位的捐款40482.05元,分别出具了"为杨××募捐款"的收据。同年12月3日,杨××的父亲杨旭×从教育局领取1万元。1997年8月13日,教育局付给患白血病的学生罗××4000元、寇×7000元、杜×7000元和教师董×4000元,剩余8000余元存入银行。
>
> 一审法院经审理认为,被告在明知杨××的病仍需继续治疗,还需社会大力援助的情况下,违背捐赠人的意志,只将募捐款中的1万元付给杨××,剩余30482.05元挪作他用,违背了我国《民法通则》第4条关于诚实信用原则的规定,实属不当,判决被告败诉。

4-3-2 行政法的诚信原则

特许经营案②

> 根据建设部第272号《关于公用事业应通过招标实行特许经营的规定》,××公司原有的燃气经营权被废止。同时,不撤销被诉行政行为,由亿星公司负责该市天然气管网经营,××公司也不能再继续经营管道燃气或天然气管网。在此情况下,××公司基于行政机关授予的燃气经营权而进行的工程建设和其他资产投入将导致公司的损失。对此,该市市政府负有一定的责任,河南省高级人民法院根据诚信原则,判决该市市政府对××公司施工的燃气工程采取相应的补救措施。

4-3-3 公平责任原则

绊倒土枪致人死命案③

> 甲是一土枪的所有人(有持枪证)。乙欲购甲的土枪,甲先将枪交乙试用。某晚,乙持已装上弹药的土枪准备外出打狗,路过丙家时,将枪靠放在丙家厨房墙边进屋。这时,丙从外归来,因厨房内光线很暗而将枪绊倒,土枪受击走火击中丁的腹部,导致丁死亡,并造成九千余元的经济损失。

---

① 参见《最高人民法院公报》1998年第1期。
② 参见《最高人民法院公报》2005年第8期;王贵松:《论行政法原则的司法适用——以诚实信用和信赖保护原则为例》,载《行政法学研究》2007年第1期。
③ 参见《绊倒土枪致人死命谁应当承担民事责任》,载《中国律师报》1995年2月4日。

> 本案中甲、乙均有过错。甲擅自将枪借给乙使用,应当预见到乙有可能因使用不当而造成他人损害。乙将装有弹药的土枪任意放置,也应当预见到土枪有可能被他人(或动物)绊倒,可能发生伤人后果。按原《民法通则》第 119 条规定,甲和乙应当承担过错民事责任。
>
> 由于光线很暗,丙不能预见厨房里立有土枪。但甲出借土枪、乙任意放枪和丙绊枪这三个行为之间存在致丁死亡的因果关系。甲和乙的行为不是致丁死亡的直接原因,丙绊枪的行为才是。如果丙不承担适当的补偿责任,则显失公平。所以应依照我国《民法通则》第 132 条规定,由丙承担公平责任。

4-3-4 罪刑法定原则

单位盗窃自来水案[①]

> 某市自来水公司在对该市一家水泥厂的水管进行日常检修时,发现一水管严重漏水,后发现在主水管上,水泥厂绕开水表私自接了一根水管直通厂内。由于该私接水管已严重腐蚀,导致漏水。经核查,该厂水表记录的年用水量仅有 22619 吨,与水泥生产企业实际用水量相差巨大。而据该私接水管的材料、配件的生产日期及被腐蚀的程度,可以判断该水泥厂盗水至少达 15 年之久。而直径 150 毫米水管额定流量为每小时 100 立方米,由此推算,该厂每年盗用水达 87.6 万立方米,15 年累计盗用 1300 多万立方米,折合人民币近 1000 万元。
>
> 水泥厂是否为单位犯罪的主体呢?
>
> 按罪刑法定原则,只有刑法有规定,单位才可以成为某种犯罪的主体。我国《刑法》第五章"侵犯财产犯罪"中没有作出单位犯罪的规定,因此,该水泥厂不构成单位犯罪。但根据 2002 年 8 月 9 日最高人民检察院《关于单位有关人员组织实施盗窃行为如何适用法律问题的批复》,单位有关人员为谋取单位利益组织实施盗窃行为,情节严重的,应当依照《刑法》第 264 条的规定以盗窃罪追究直接责任人员的刑事责任。该水泥厂的直接责任人员为谋取本单位的利益而实施的盗水行为,数额巨大,情节严重,应当以盗窃罪予以追究。

5 原则之间的冲突及解决

5-1 原则冲突及冲突类型

原则冲突不是所谓文化的冲突或价值冲突,如外来文化与本土文化的冲突、传统价值与现代价值的冲突,而是源于立法者在国内法体系内设置了不同价值,从根本上看,又是人的

[①] 湖南省株洲市人民检察院:《单位盗窃自来水是否构成犯罪,关键是正确理解适用罪刑相适应原则》,载《检察日报》2006 年 2 月 7 日。

多元利益需求所致。这些不同价值分别服务于相对独特的个别目的,如民主原则回答权力来自何问题,而法治原则效力于权力运行;表达自由着眼于参与公共生活,而隐私权保护则要划出个人生活空间。

原则之间的冲突大体可分为两个类型:

5-1-1　P1 v. P2

指原则 1 与原则 2 之间的冲突。实际上,这体现为规则的两个原则之间的冲突。根据规则正当则优先适用规则,这类原则之间的冲突实际上是规则之间的冲突,一般来说,适用后法优于前法,或特别法优于普通法,或联邦法优于邦法等形式标准来解决。但形式标准有时不能回答实质上的冲突问题,因而必须回到规则的根据——原则上来,这便产生了原则 1 与原则 2 的冲突。

这类原则之间的冲突又可分为:

A. <u>P1</u> v. P2

具有优先地位原则的<u>P1</u> 与不具有优先地位原则的 P2 的冲突,如人的尊严具有至高地位,而分权原则的重要性要弱一些。

B. P1 v. P2

两个均不具有优先地位或分不出高下的原则(P1 与 P2)的冲突,如诚实信用与意思自治两者不分伯仲。

5-1-2　P v. Pr

指某一未体现为规则的原则 P 与作为某一规则 R 的根据之原则 Pr 的冲突。因为有的原则未体现为规则,而多数原则体现为规则,如泸州遗产继承案(本章5-2-2 案例)便涉及这一冲突:

原则 P:尊重公序良俗原则。(《民法典》第 8 条规定:不得违背公序良俗。)

原则 Pr:遗嘱自由原则,它是规则 R"公民可以立遗嘱处分个人财产"的根据。(《民法典》第 1123 条规定:继承开始后,按照法定继承办理;有遗嘱的,按照遗嘱继承或者遗赠办理;有遗赠扶养协议的,按照协议办理。第 1133 条规定:自然人可以立遗嘱将个人财产赠与国家、集体或者法定继承人以外的组织、个人。)

5-2　冲突的解决方法

不同于国际私法中的解决法律冲突的系属公式,如属人法、物之所在地法、行为地法、法院地法、当事人合意选择的法律、最密切联系地法等,原则冲突是一个国内法体系内的冲突,原则冲突的解决方法有异于国际私法,且在两个类型的原则冲突之间也有不同。另外,与两个规则冲突时只有一个规则有效也不一样,当两个原则冲突时,其中一个原则退让,但退让的那个原则并不会对事实完全无效。

5-2-1　优先性确认与权衡

在第一种原则冲突的类型中,如果是<u>P1</u> v. P2,只需对存在着具有优先地位的原则进行优先性确认即可,前述(1-2-4)撞了白撞规则背后的(通行)效率原则与尊重生命的人权原则相比,后者的优先性十分明显。

困难在于如何解决 P1 v. P2 的冲突。这需要权衡各原则的重要性程度,再决定哪一个原则应当优先被适用。下以两案为例来介绍如何权衡:

德国 Lebach 案①

> 1945年出生的宪法诉讼人曾是 Lebach 之士兵谋杀案的帮助犯。1969年1月 Lebach 谋杀案的两名主犯杀死4名熟睡的士兵,杀伤另一士兵,抢夺了武器及弹药。在共谋中,宪法诉讼人一直声称他无法参与执行,所以在案发时亦未参与。1970年8月两名主犯被法院判处无期徒刑,他因帮助犯被判处6年徒刑。
>
> 1972年春,德国电视二台(ZDF)以《Lebach 之士兵谋杀》为名制作完成一上下两集共2小时40分的记录性电视剧,打算在不久后分两次在一晚上播完。影剧开头,宪法诉讼人及两名主犯的照片将被播出,后则由某演员来演宪法诉讼人,但在剧中一直使用他的真名真姓。
>
> 宪法诉讼人认为这一电视剧乃是对其人格权、姓名权及照片权的非法侵害。他请求禁止播放此片,但遭地方法院及高等法院拒绝。此判决建立在《艺术著作权法》(KUG)第22条及第23条之规定上。

陈××名誉权纠纷案②

> 被告魏××以原告之女吉××(艺名荷花女)为原型创作小说《荷花女》并发表于《××报》上,文章虚构了一些有损原告陈××及其女吉××名誉的情节。原告及其亲属两次要求《××报》停载,均遭拒绝。

先需指明的是法律原则与权利的关系。德沃金的原则理论是权利导向的,他以个人的权利作为原则的正当性基础,凡是不以保障个人自由和权利为目的的,皆无法被证立为普遍有效的原则。阿列克西(Alexy)更进一步将原则指向宪法上的基本权利。所以,他们在论述原则的冲突时,并不分原则与基本权利,且看起来多是基本权利之间的冲突,如表达自由与隐私权的冲突。同时将原则又等同于价值,原则间的冲突也是价值对抗。下文对上述两例的分析也处在这一理论脉络上。

因为表达自由与隐私权这两个基本权利(原则)之间不存在绝对优先性,那么如何权衡呢?德国法学家阿列克西提出了一种权衡理论,要点有二:

其一,权衡是在个案中进行的,也即在此案中 P1 优先,并不意味着在彼案中 P1 仍优先。

其二,若 P1 与 P2 相冲突,如果对 P1 不满足或使之受损害的程度愈大,则满足 P2 的重要性就必须愈大。

换句不十分准确的话说,适用 P2 的重要性大于损害 P1 的后果。如在选举前媒体披露候选人的某些隐私,如再婚或有私生子,不违反隐私权保护原则,因为此时表达自由对于选出一个德才兼备的领导人具有更强的重要性。

---

① 陈显武:《基本人权总论》,载 www.knu.edu.tw/oge/2tcircle/94,最后访问日期 2008-08-15。
② 《陈××诉魏××、〈××报〉社侵害名誉权纠纷案》,中国法院网,载 www.chinacourt.org/public/detail.php? Id = 16817,最后访问日期 2008-08-15。

在 Lebach 这一个案中,需要对人格权(隐私权)保护与媒体报道自由进行衡量,P1 因电台播送之广而人格权受侵害程度也大,因此 P2 满足媒体报道自由的重要性也要相应提高。报道当前即刻的犯罪的重要性,可由如知情权等理由来支持,但若只是重复报道,与人格权受侵害以致达到危害行为人再社会化相比,显得较不重要了。德国宪法法院第一大审判庭权衡了德国《基本法》第 2 条所保障的人格尊严和自由发展个性与第 5 条言论自由,决定优先适用人格权保护,禁止德国电视二台重播犯罪经过。

在陈××名誉权纠纷案中,法院认为,我国《民法通则》规定公民享有名誉权,公民死后其名誉权仍应受法律保护。被告所著《荷花女》虽为小说,但使用了陈××和吉××的真名,且虚构了一些有损二人名誉的情节,损害了她们的名誉权。法院判决被告停止侵害,赔礼道歉,恢复名誉,消除影响,两被告各向原告支付精神损害赔偿金 400 元。两被告提起上诉,二审法院认为原审正确,但双方当事人在二审过程中达成调解协议。

本案受理法院虽未对体现于我国《宪法》第 35 条的言论自由与体现于《宪法》第 38 条和《民法通则》第 101 条的名誉权保护进行权衡,但实际上可作这种权衡,即小说《荷花女》并无非用陈××和吉××的真名不可的必要,这一做法与陈××名誉权受侵害使其难以在社会上立足相比,就显得不重要了。

同理,在财产申报制度与隐私权之间也要权衡。建立财产申报制度一直存有争议。早在 1994 年,第八届全国人大常委会将《财产收入申报法》列入五年立法规划。2008 年 1 月 31 日,全国人大内务司法委员会却称,目前制定这一法律的时机尚不成熟,因为财产申报制度遭遇三大"拦路虎":登记实名制未推行、技术手段尚不成熟、公开与隐私界限不清。①

就最后一"虎"而言,如何权衡公开与隐私谁优先适用并不难。实际上,国家机关有权力了解公民个人的收支情况,以便确立征税、反贪污贿赂、反恐、反洗钱的依据,这是公共利益的需要,而公务人员应比普通公民更多地满足公共利益的需要,因为他们是代表公共利益的公务人员。

5-2-2 论证和具体化

在原则冲突的第二个类型中,要想使 P 具有优先于 Pr 的地位,权衡不足胜任,需要负担论证的义务。必须证成,为何 P 在内容上优于规则的规定,为何实现 P 的重要性是如此之高,以致可以偏离规则作出决定。论证的关键在于如何使 P 具体化,因为这类原则未体现于规则之中。下以泸州遗产继承案为例说明之。

泸州遗产继承案

> **事 实**
>
> 蒋××与黄××于 1963 年 5 月登记结婚,因双方未生育,收养一子黄×。1990 年 7 月,被告蒋××因继承父母遗产取得原泸州市市中区顺城街 67 号房屋,面积为 51 平方米。1995 年,因城市建设该房被拆迁,由拆迁单位将位于泸州市江阳区新马路 6-2-8-2 号的 77.2 平方米的住房一套安置给了被告蒋××,并以蒋××个人名义办理了房屋产权登记手续。

---

① 《全国人大内司委称财产申报立法时机未成熟》,载 http://news.vnet.cn/info/15/374994.html,最后访问日期 2008-02-02。

1996年,遗赠人黄××与原告张××相识后,二人便一直在外租房非法同居生活。2000年9月,黄××与蒋××将蒋××继承所得的位于泸州市江阳区新马路6-2-8-2号的房产以8万元的价格出售给陈×,但约定在房屋交易中产生的税费由蒋××承担。2001年春节,黄××、蒋××夫妇将售房款中的3万元赠与其子黄×在外购买商品房。

2001年初,黄××因患肝癌病晚期住院治疗,于2001年4月18日立下书面遗嘱,将其所得的住房补贴金、公积金、抚恤金和卖泸州市江阳区新马路6-2-8-2号住房所获款的一半4万元及自己所用的手机一部,赠与原告张××所有。2001年4月20日,泸州市纳溪区公证处对该遗嘱出具了(2000)泸纳证字第148号公证书。2001年4月22日,遗赠人黄××去世,原、被告双方即发生讼争。

> 判决及理由

泸州市纳溪区人民法院在判决书中认为:遗赠属一种民事法律行为,民事行为是当事人实现自己权利,处分自己权益的意思自治行为。当事人的意思表示一旦作出就成立,但遗赠人行使遗赠权不得违背法律的规定。且根据我国《民法通则》第7条的规定,民事行为不得违反公共秩序和社会公德,违反者其行为无效。

本案中遗赠人黄××与被告蒋××系结婚多年的夫妻,无论从社会道德角度,还是从我国《婚姻法》的规定来讲,均应相互扶助、互相忠实、互相尊重。但在本案中遗赠人自1996年认识原告张××以后,长期与其非法同居,其行为违反了我国《婚姻法》第2条规定的一夫一妻的婚姻制度和第3条禁止有配偶者与他人同居以及第4条夫妻应当互相忠实、互相尊重的法律规定,是一种违法行为。

遗赠人黄××基于与原告张××有非法同居关系而立下遗嘱,将其遗产和属被告所有的财产赠与原告张××,是一种违反公共秩序、社会公德和违反法律的行为。而本案被告蒋××忠实于夫妻感情,且在遗赠人患肝癌病晚期住院直至去世期间,一直对其护理照顾,履行了夫妻扶助的义务,遗赠人黄××却无视法律规定,违反社会公德,漠视其结发夫妻的忠实与扶助,侵犯了蒋××的合法权益,对蒋××造成精神上的损害,在分割处理夫妻共同财产时,本应对蒋××进行损害赔偿,却将财产赠与其非法同居的原告张××,实质上损害了被告蒋××依法享有的合法的财产继承权,违反了公序良俗,破坏了社会风气。

原告张××明知黄××有配偶而与其长期同居生活,其行为是法律所禁止的,也是社会公德和伦理道德所不允许的,侵犯了蒋××的合法权益,于法于理不符,本院不予支持。

综上所述,遗赠人的遗赠行为违反了法律规定和公序良俗,损害了社会公德,破坏了公共秩序,应属无效行为,原告要求被告给付受遗赠财产的主张本院不予支持。被告要求确认该遗嘱无效的理由成立,本院予以支持。据此,依照原《民法通则》第7条的规定,判决驳回原告张××的诉讼请求。①

---

① 参见《四川省泸州市纳溪区人民法院民事判决书》(2001)纳溪民初字第561号,载 http://nxfy.chinacourt.org/public/detail.php? id=33,最后访问日期2007-09-23。但为方便阅读,作了分段处理。

> 一审后,原告张××向泸州市中级人民法院提起上诉,但被驳回,理由同一审判决。①

这个案件中需权衡的对象,并非通常所指的两个或两个以上原则,如像权衡言论自由与隐私权保护的优先性一样,去权衡善良风俗或社会公德与遗嘱自由谁具有优先性,而是要权衡对善良风俗或社会公德在本案中的不同理解,谁更具有合理性。因为制定法规定了善良风俗或社会公德条款本身,就是为了限制遗嘱自由等自由,遗嘱自由适用与否,取决于在本案中如何理解善良风俗或社会公德,即基于婚外同居关系的遗嘱违不违反善良风俗或社会公德。如果持违反的立场,便自然排斥了遗嘱自由,如果持不违反的态度,便适用遗嘱自由。所以,在善良风俗或社会公德与遗嘱自由之间,不存在权衡问题,只存在根据对善良风俗或社会公德的理解,从而去决定适不适用遗嘱自由的问题。

简而言之,此案应如何使我国原《民法通则》第7条的规定具体化,即如何将"善良风俗"或"社会公德"具体化,这里提出五步法(见图表8-2)。

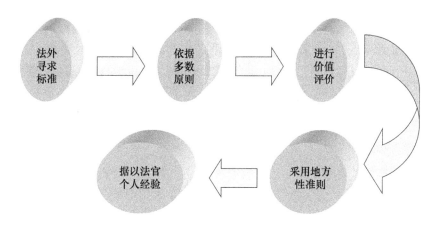

图表 8-2 社会公德具体化的五步法

A. 法外寻求标准

对善良风俗或社会公德的解释,是在法律内部还是在法律外部?拉伦茨认为,《德国民法典》第138条既包括了法律内在的伦理原则,也包括了外部占统治地位的道德,但前者具有优先适用权,后者只是在与前者一致,且对现行法律的解释更佳时才可适用。② 然而,既有的法律内在的伦理原则有时并不能回答新出现的问题,例如,《德国民法典》第138条善良风俗这个法律内在的伦理原则,并未告诉人们应如何处理基于性关系的遗嘱,因为善良风俗是一个要根据具体案情来填充具体内容的原则。如何填充,只能向外寻求占统治地位的道德的帮助。

B. 依据多数原则

确立了处理基于性关系的遗嘱应向外寻求占统治地位的道德之后,马上要碰到的难题是如何理解某一道德"占统治地位"。一般意义上,什么是"占统治地位",一是可理解为官

---

① 参见《四川省泸州市中级人民法院民事判决书》(2001)泸民一经字第621号,载《判例与研究》2002年第2期。
② 拉伦茨:《德国民法通论》(下),王晓晔等译,法律出版社2003年版,第599页。

方的,一是可理解为多数人接受的,即中人道德观。具体在与性相关的事情上,适合运用多数原则,因为这类事情涉及每个人,既涉及人类的客观生存与延续,又充满个人的主观的荣辱感。另外,法官被授予的司法权源自于人民,因此诉诸社会上多数人所接受的价值观念,在民主原则下具有正当性。所谓"屈从民意"的批评大而不当。

C. 进行价值评价

多数原则也是受到限制的。运用多数原则并不是放弃价值评价,不能一概以多数的为正当的。多数与正当的关系有三种情况:

——多数人接受的也是明显正当的,例如善意撒谎、借债还钱。

——多数人接受的是明显不正当的,例如曾为多数人接受的处死强奸者或淫乱者(沉塘)、将淫乱者裸示游街、寡妇被强奸不受保护等陋俗,应当摒弃。

——正当性有明显争议,多数的意义在此无足轻重,例如在涉及人身、性和婚姻的问题上,人们的公序良俗总是存在着巨大分歧,没有一个统一的是非标准,而且民众道德观改变也不同步。因而安乐死、堕胎、同性恋、人工生殖、人体实验、基因工程、裸体文化等总是人们争论的焦点,基于性关系或婚外同居关系的遗嘱也属于此。

D. 采用地方性准则

即使获得了正当性,运用多数原则还需回答:民众总是生活在一定的地域,以哪里的多数人为准?是纠纷发生地的多数民众的道德观,还是其他地方的多数,抑或媒体上的主流声音?这里可借鉴国际私法中法律适用选择的原则,以与纠纷"最密切联系地"的多数民众的道德观为优先考虑的对象,而非其他地方的多数,更非媒体上的主流声音——能在媒体上发言的,往往非普通民众,且他们的道德观常常较为前卫。因为这类纠纷最具地方性,关于这类事情的知识是最典型的地方性知识,如果我们承认文化的相对性和差异性,就应当尊重这种地方性知识。

E. 据以法官个人经验

如何获知当地多数民众在某问题上的道德观,并非易事。可行的办法是依据前例,学者对判例进行的类型化总结,为此提供了便利。德国法学家拉伦茨、梅迪库斯曾对德国法院有关善良风俗的判例进行了类型化总结。[①] 在无先例可循之时,法官可凭生活经验进行判断。然而,这种属于开先河的司法,风险甚大。

分五步对善良风俗或社会公德具体化的结果可能得出两个相对立的大前提:

大前提一:将财产通过遗嘱处分给婚外同居关系的人违反善良风俗或社会公德。

大前提二:将财产通过遗嘱处分给婚外同居关系的人并不违反善良风俗或社会公德。

根据不同的大前提推出的结论可想而知,其得出结论的一般推理过程则是第九章的任务。

6 一般条款

6-1 含义

法律中常有某些内涵和外延不确定,具有开放性的指导性规定,这就是所谓一般条款,

[①] 梅迪库斯:《德国民法总论》,邵建东译,法律出版社 2000 年版,第 521—547 页;拉伦茨:《德国民法通论》(下),王晓晔等译,法律出版社 2003 年版,第 604—616 页。

如德国《反不正当竞争法》第 1 条规定："对以违反善良风俗的方式从事经营并进行竞争者，可令其停止活动并负损害赔偿之责。"该规定被视为一般条款，据此，德国法院经由判决在该法规定之外确立了一些规制不正当竞争行为的规则。我国的《反不正当竞争法》第 2 条第 2 款"本法所称的不正当竞争，是指经营者违反本法规定，损害其他经营者的合法权益，扰乱社会经济秩序的行为"也属一般法律条款。

6-1-1　一般条款是"条款"还是"规范"

从第二章已知，一个规范可以体现在一个条文中，也可以体现在多个条文中。《立法法》第 61 条规定，"法律根据内容需要，可以分编、章、节、条、款、项、目"，"条"和"款"都是法律规范的外在表现形式之一，款处在条的下位，一个条文可以有一款，也可以有几款。那么，"一般条款"究竟指的是作为内容的"规范"还是指作为形式的"条"或者"款"？从上述《反不正当竞争法》上看，是指作为内容的"规范"。

6-1-2　作为基础规范及功能

一般条款是基础的法律规范，它高度概括，但并不空洞，有实际内容，如我国《宪法》第 33 条第 3 款规定了"国家尊重和保障人权"，这个人权的一般条款使保障人权有了合宪性基础。再如侵权行为法的一般条款是指在成文侵权行为法中居于核心地位的、作为一切侵权请求权之基础的法律规范。它具有两个方面的功能：作为一个国家民法典调整的侵权行为之全部侵权请求权之基础，在这个条文之外不存在任何民法典条文作为侵权的请求权之基础；它决定了民法典侵权行为法的框架和基本内容，民法典中侵权行为法的各个部分实际上都是这个一般条款的符合逻辑的展开。①

6-2　区别

6-2-1　与合同应包括的一般条款

《民法典》第 596 条规定了买卖合同应包括标的物的名称、数量、质量、价款、履行期限、履行地点和方式、包装方式、检验标准和方法、结算方式、合同使用的文字及其效力等一般条款。

从买卖合同的性质和目的而言，上述一般条款中的标的物和价款两项为买卖合同的主要条款，其他条款为非主要条款。显然，本节的一般法律条款不是指合同应包括的一般条款。

6-2-2　与不确定法律概念

在法律中存在着大量不确定的法律概念，例如，民法中的"显失公平""及时给付""重大过失"等。此种不确定的法律概念与一般法律条款非常相似，其内涵和外延不确定，要适用到具体法律事实中必须借助一定的方法（见下文 7）。但一般法律条款与之存在区别：前者是一个完整的基础法律规范，后者仅具有法律规范的事实构成的特征。

6-2-3　与法律原则

一般条款与法律原则是"表"与"里"的关系。一般条款如《民法典》第 8 条之规定"民事

---

① 张新宝：《侵权行为法的一般条款》，载《法学研究》2001 年第 4 期。

主体从事民事活动,不得违反法律,不得违背公序良俗"和第7条之规定"民事主体从事民事活动,应当遵循诚信原则,秉持诚实,恪守承诺"。这些规定都是以条款形式出现,是为"表",但它们使用了规范性而非描述性的道德标准,如"诚信""诚实""公序良俗"等,它们为法律原则,是为"里"。

6-3 一般条款的适用

通过一般条款,立法者赋予法官在法律无明文规定或规定不当时以自由裁量权,因此,一般条款具有直接适用性。由于一般条款弹性很大,适用一般条款要受到一定的限制,便有"禁止逃向一般条款"的法谚,具体为:

——在有具体法律规定时,不能适用一般条款,无论适用一般条款与适用具体规定得出的结论是否一致;

——在可通过类比等方法得出结论时,不能适用一般条款,无论适用一般条款与通过类比等方法得出的结论是否一致。①

7 不确定概念

7-1 不确定概念实例

不确定的概念在各个部门法中都有所表现,例如:

《民法典》第151条规定的可撤销合同的条件之一是"显失公平";《产品质量法》第46条规定,本法所称缺陷,是指产品具有对于他人人身财产的"不合理危险",其中"显失公平"和"不合理危险"均属不确定概念。

《刑法》第114条规定:"放火、决水、爆炸以及投放毒害性、放射性、传染病病原体等物质或者以其他危险方法危害公共安全……",其中"以其他危险方法"是不确定概念,没有明确地告诉我们"其他危险方法"的外延。

人们习惯上称住在城镇的人为"居民",住在农村的人为"农民"。那么,《医疗事故处理条例》中的"居民"应指"城镇居民"。后来,最高人民法院在《关于审理人身损害赔偿案件适用法律若干问题的解释》中又将该项赔偿分为"农村居民"和"城镇居民"两种。这样一来,《医疗事故处理条例》中的"居民"究竟是指"城镇居民"还是"农村居民",成为争议点。本书认为,从该条例的立法背景和最大限度保护受害者权益的理念出发,应按"城镇居民"标准计算赔偿。

《行政诉讼法》第6条规定:"人民法院审理行政案件,对行政行为是否合法进行审查。""合法"在这里是不确定的,因为法的范围甚广,后来通过司法解释才将"法"的范围限定于法律和行政法规。

可见法律中有许多不确定概念。不确定概念是指虽然有法律规定,但没有明确构成要件和判断标准,适用范围也不确定。为什么立法者会使用不确定概念?并非是立法者未认

---

① 刘毕贝:《我国反不正当竞争法之一般条款说浅析——对不正当竞争行为范围的把握》,载 www.jinshanip.cn/xxyd/ShowHot.asp?page=2,最后访问日期2008-08-15。

识到其不确定性,而是因为法律不可能绝对具体地规范一切行为,需要使用这些不确定概念,从而使法律适应复杂多变的社会生活。同理适用于一般条款。

7-2　不确定概念的分类

不确定概念分为描述性和评价性两种,前者如黄昏、黑夜、喧哗,后者如重大利益、情节严重、合理危险。

7-3　不确定概念与法律漏洞

不确定概念是有规定但不具体,而法律漏洞则是无规定。尤需正确理解不确定概念与罪刑法定的关系。"罪刑法定"是刑法的生命,法律没有明文规定的不为罪,法律没有明文规定的不处罚。所谓"明文"是指明确的规定,如果规定含糊不清,自然就不属于"明文"。这一理解当然无错,但过于苛刻,更不可推出"只要法律不明确就等于没有规定",否则,像北京曾发生的在公共场所开车撞死19人的惨案,因不属于《刑法》所明确列举的放火等四种危害公共安全的行为,而"其他危险方法"因不明确又等同于没有规定,那么,罪犯将得不到应有的惩罚。

7-4　不确定概念的适用方式

因对不确定概念的含义法律本身并未确定,不确定概念只能在具体案件中由法官来确定。在判断标准上,描述性不确定概念大体有客观依据可循,可运用上述各种解释方法;评价性不确定概念则依赖法官的主观评价,即进行价值补充,例如,按《产品质量法》,产品有缺陷可提起诉讼,缺陷是指不合理危险,啤酒瓶爆炸是合理危险还是不合理危险,就需要法官结合案件事实来确定。按照生活经验,将不合理危险这一不确定概念具体化,最后作出判断,这就叫做不确定概念的价值补充。现来看一案例:

谢××诉杭州肯德基有限公司案[①]

事实

2000年9月23日中午,原告谢××到被告杭州肯德基有限公司绍兴华谊分店就餐,在坐下取餐盘中的餐巾纸时,误带出餐巾纸下的广告纸,致满杯热果珍饮料倾倒,溢出盘子,原告起身躲避,但因其所坐的椅子固定,热果珍仍洒在原告大腿上。经绍兴市第二医院诊断,原告双大腿烫伤4%Ⅱ度,其中深Ⅱ度约1%,住院治疗7天,花去医药费1948.79元,造成误工损失1366元,现仍留下疤痕。原告要求绍兴华谊分店赔偿医疗费1948.79元,误工费1366元和精神损失费1万元,杭州肯德基有限公司负连带责任。

---

① 国家法官学院、中国人民大学法学院编:《中国审判案例要览——2002年民事审判案例卷》,中国人民大学出版社2003年版,第351页。

> **判 决**
>
> 绍兴市越城区人民法院认为,被告提供的热果珍温度偏高,实际发生致人Ⅱ度烫伤的后果。如果出售时适当调低热果珍的温度,就完全可以避免本案损害结果的发生。同时,这也符合快餐业热饮"即买即饮"的特点,将产品存在的危险排斥在了使用范围之外。由此认定该热果珍具有不合理危险,判决两被告赔偿了原告的物质损失和精神损失。

附 录

一、阅读文献选

1. 梅扬:《比例原则的适用范围与限度》,载《法学研究》2020年第2期。
2. 刘权:《行政判决中比例原则的适用》,载《中国法学》2019年第3期。
3. 李稷民:《论行政诉讼中不确定概念行政解释的司法审查》,载《求是学刊》2019年第2期。
4. 于飞:《公序良俗原则与诚实信用原则的区分》,载《中国社会科学》2015年第11期。
5. 陈林林:《法律原则的模式与应用》,载《浙江社会科学》2012年第3期。
6. 郑永流:《道德立场与法律技术——中德情妇遗嘱案的比较和评析》,载《中国法学》2008年第4期。

二、阅读案例选

1. "北雁云依"诉济南市公安局燕山派出所户籍姓名登记案,参见宋天一、陈光斌:《从"北雁云依案"看"姓名决定权"与社会公序的价值冲突——兼论公序良俗的规制》,载《法律适用》2019年第6期。
2. "世奢会"诉《新京报》侵犯名誉权案,参见谢鸿飞:《使用匿名信息源新闻报道侵权案中的举证责任、报道者特权和利益平衡——评世奢会(北京)国际商业管理有限公司诉〈新京报〉等名誉权侵权责任纠纷案》,载《人民司法》2016年第29期。
3. 马乐利用未公开信息交易再审案,参见孙谦:《援引法定刑的刑法解释——以马乐利用未公开信息交易案为例》,载《法学研究》2016年第1期。
4. 我国首例冷冻胚胎继承案,参见《夫妻车祸身亡生前留下冰冻胚胎,双方老人终获胚胎继承权》,载 http://www.thepaper.cn/newsDetail_forward_1267532,最后访问日期2014-10-02。
5. 马尧海"聚众淫乱"案,载 http://news.sohu.com/s2010/huanqi/,最后访问日期2012-03-28。

活学活用

美国一个法学院的学生正在考刑法。
教授向学生提出的第一个问题是:"什么叫诈骗罪?"
一个学生回答:"如果你不让我考试及格则犯诈骗罪。"
教授非常诧异,忙问:"你如何解释这个问题?"
"根据刑法,凡利用他们的无知而使其蒙受损失的则犯诈骗罪。"

第九章 作出法律结论的方法

问题与要义

1. 何谓等置模式?
2. 为何法律结论必须由演绎得出?
3. 在何种意义上终审判决是一种最终意见?

Lex prospicit non respicit.

法律向前看,不向后看。(中)
The law looks forward, not backward.(英)

关键词

等置模式   司法三段论   最终意见   结论的可接受性   演绎

现在让我们一同进入本书最后一章,也就是书的结尾。巧合之处是,从内容上看,百川归海,本章恰是要谈经过大小前提建构之后,最后如何作出法律结论的方法。事实上,在第二、三章中,相关内容已作叙述,本章则是它们的集成。这里不避重复,旨在给出一幅完整的作出法律结论的方法之图景。

1 演绎前的等置

法律结论由演绎得出,但在演绎前事实与规范已进行了等置。何谓"等置"?具体说,要将事实一般化,将规范具体化。因为事实总是表现为个案,将事实一般化就是把个案向规范提升,看其是否存在规范中行为构成规定的要素,判断者在对事实的描述中总是联系到规范来选择事实,排除与规范无关的事实。而规范总是表现为一般,将规范具体化就是把规范向个案下延,看其是否能满足个案的要求,甚至在既有规范不能适应或不能完全适应事实时,去创立新规范。或者是,通过考虑到对案件的解释,从规范中形成具体的案件规范;通过考虑到对规范的建构,从案件中形成事实。事实与规范之间来回审视也不是平面进行的,而是如哈斯默尔(W. Hassemer)所洞察到的①,是螺旋式向上发展的:行为构成与事实,不是一次并在同一诠释层次上相互决定的,而是多次并分别在其他"更高"层次上相互决定的。

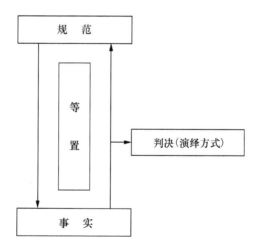

图表9-1 等置模式A:描述事实与规范相互关照过程

等置过程同时是将事实与规范不断拉近、靠拢、窄化的过程。德国学者齐佩利乌斯(R. Zeppelius)对此作了细致的描述,他说,在事实与规范之间来回审视中,要不断地排斥不相干

---

① 郑永流:《法律判断形成的模式》,载《法学研究》2004年第1期。

的事实、解释的可能性和规范:在开始常常存在一个大致的归并,它考虑的是值得检验的规范、解释的选择和事实情况的一个大范围。然后,不断缩小法官作出判断所凭借的可能的大前提:首先,处在斟酌中的一些规范被视为"在此无关",在那些处在紧密选择关系中的规范内部,考虑到事实的解释被拟订、确切化,并在诠释考量中被挑选。同时,从大量事实情况中挑出"相关的东西"(即根据被解释的规范可推论的东西)。在全部的这些步骤中仍存在着相关性。所以,一方面,具体的事实情况也同时决定着对规范的解释朝何方向继续前行;另一方面,被解释的规范,对于哪些事实情况最终被确定为是相关的,起着标准的作用。① 最后形成判断。

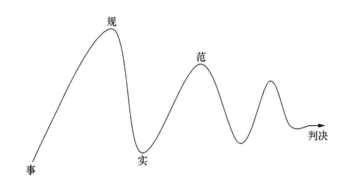

图表 9-2　等置模式 B:描述事实与规范拉拢过程

2　法律结论由演绎得出

从第三章中我们已知,三段论的演绎方法是在大小前提建构完成之后,作出法律结论的唯一方法。演绎推论具有确定性,只要大小前提确定,结论必然确定、唯一,因为结论已包括在前提之中。在法律应用中,无论是一开始事实与规范就相适应,还是经由其他方法,使规则与案件事后得以适应,结论最终必须经由演绎得出。演绎是从规则到案件,从一般到特殊的推论,其过程为:大前提—小前提—结论(见图表 3-3)。

下面以一德一中两案为例说明之。

2-1　在载人汽车中的盗窃案②

> **事　实**
>
> 有人拆卸了一辆载人汽车的车顶,从汽车中偷走了部件。按《德国刑法典》第243 条第 1 款第 1 项的规定,"行为人为实施行为侵入、翻入……建筑物、住宅……或其他封闭的空间",属严重盗窃,应处以 3 个月至 10 年的自由刑。

---

① Zippelius, Juristische Methodenlehre, 8. Aufl. 2003, S.90-91.
② 参见恩吉施:《法律思维导论》(修订版),郑永流译,法律出版社 2014 年版,第 61—61、77—79 页。

> **判 决**
>
> 载人汽车不是建筑物、住宅,但是否为其他封闭的空间?依德国帝国法院的观点,房子和封闭的空间是地球或水面有限定范围的部分;而德国联邦最高法院大审判庭在1951年5月11日的一个判决(德国联邦最高法院刑事判决1,158)中,把住人汽车说成是封闭的空间。大审判庭认为,封闭的空间是"一切空间形体,它不是房子(房子是由墙和屋顶围起来,由地面固定起来的建筑物,人可以进去,并应挡住无权人进入),或者不是容器(容器是一个为容纳东西用的、将东西封闭起来的空间形体,人并不一定会进去),封闭的空间(至少)人肯定能进去,它(至少是部分为人工的)由修建物所包围,这个修建物应当抵御无权者的进入"(德国联邦最高法院刑事判决1,163及以下)。

如果认同大审判庭对封闭的空间的理解,恩吉施认为,此案的演绎推论在整体上是这样的(为更好地理解,本书加上了小标题):

(1) 一般大前提(法律)

如果行为人侵入一个封闭的空间偷盗,那么,他应被处以3个月至10年的自由刑。

(2) 联邦最高法院对封闭的空间的解释

如果行为人侵入一个空间偷盗,这个空间被规定为是人会进入的,并至少部分由修建物所包围的,这个修建物应是抵御无权者进入的,那么,这个行为人就侵入了一个封闭的空间。

(3) 新的一般大前提

如果行为人侵入一个空间偷盗,这个空间被规定为是人会进入的,并由修建物所包围的,它应当抵御外人,那么,这个行为人应被处以从××到××的自由刑。

(4) 联邦最高法院对载人汽车的认定

如果一个行为人侵入一辆载人汽车偷盗,那么,他侵入了一个空间,这个空间被认为是人会进入的,并由修建物所包围,它应当抵御外人。

(5) 具体大前提

如果一个行为人侵入一辆载人汽车偷盗,他应被处以从××到××的自由刑。

(6) 小前提

行为人是一个侵入一辆载人汽车中偷盗的人。

(7) 结论

行为人应被处以从××到××的自由刑。

在这个推论链中可以看出,从(1)中不能直接推出从一辆载人汽车中偷盗是否为侵入一个封闭的空间偷盗,(2)必须先对什么是封闭的空间作出解释:是人会进入的,并由修建物所包围,它应当抵御外人的空间,(3)就形成新的一般大前提,(4)然后再将载人汽车认定为是人会进入的,并由修建物所包围,它应当抵御外人的空间,(5)使具体大前提得以形成,此时,(6)如果行为人是一个侵入一辆载人汽车中偷盗的人,(7)就必然得出行为人应被处以从××到××的自由刑的结论。

2-2 泸州遗产继承案

事实和判决见第八章 5-2-2，这里只对法院和批评法院者如何得出结论进行评析，并提出介乎二者之间的第三条道路。

（1）实质推理的疑问

德国在载人汽车中盗窃案基本上是一个常规案件，只是对一般大前提中什么是封闭的空间作出了解释，然后通过演绎得出结论。这种常规的法律推理是，在大小前提是确定时，从前提中可推出一种具有排他性的结论。而泸州遗产继承案要复杂得多。在此案中，小前提是大体确定的，但大前提有争议，不能进行常规推理。

然而，人们认为大前提是可以选择的，可先对大前提进行价值权衡，即权衡善良风俗或社会公德与遗嘱自由谁具有优先性，权衡的结果可能是 A，也可能是 B，接下来再推出结论，这就是所谓"实质推理"。各自的推理过程为：

A. 大前提：遗嘱违反"法律规定和公序良俗，损害了社会公德，破坏了公共秩序"，因为遗嘱基于婚外同居关系，而婚外同居关系在根本上是不道德的；

小前提：黄××立下遗嘱；

结论：遗赠的法律行为无效。

B. 大前提：遗嘱并不违反善良风俗或社会公德，因为遗赠人与受赠人的婚外同居关系与遗嘱是两个独立的活动；

小前提：黄××立下遗嘱；

结论：遗赠的法律行为有效。

必须指明，上述"实质推理"，无论是法院的做法即 A，还是批评法院的做法即 B，在本案中均不无疑处。

首先，这个案件中需权衡的不是善良风俗或社会公德与遗嘱自由谁具有优先性，而是对善良风俗或社会公德在本案中的不同理解，谁具有合理性。遗嘱自由适用与否，取决于在本案中如何理解善良风俗或社会公德，即基于婚外同居关系的遗嘱违不违反善良风俗或社会公德。如果持违反的立场，便自然排斥了遗嘱自由，如果持不违反的态度，便适用遗嘱自由。所以，只存在根据对善良风俗或社会公德的理解，去决定适不适用遗嘱自由的问题。

其次，也是更重要的，在权衡大前提之后，上述无论哪一种推理，结果都是全无全有，或非此即彼。这虽然符合常规，但基于婚外同居关系的遗嘱在大前提正当性上的明显争议消失了，一方完胜，一方完败，裁判者或公众最多只能对败诉方报以同情。

（2）第三条道路的可行性

那么，可否得出体现了大前提在正当性上有明显争议的第三种结论呢？即不是全无全有，而是或多或少的结论。我以为是有第三条道路可走的[①]，至少在本案中可探索一下，根据如下：

[①] 中国政法大学教授巫昌桢也认为："我觉得应该从两个方面来考虑，一个是首先保护公民的私有财产继承权，他可以自由处分属于他自己的那部分财产，但是要考虑到他(黄××)事先有过错在先，构成了侵害别人的权利，侵害了他配偶的权利，他跟别人同居了，他侵害了他配偶的权利，那么他应该付出一定的补偿，应该有一定的补偿作用。所以这个遗嘱里面，可以说部分无效，不能说全部无效。"参见佚名：《多事的遗嘱》，载 http://www.cctv.com/lm/240/22/38812.html，最后访问日期 2007-10-24。

A. 大前提有明显争议,且无法判定谁全对谁全错。基于婚外同居关系的遗嘱在正当性上有明显争议,不仅从技术上去找到一个谁是谁非的标准不可能做到,在道德判断上也必须反对非此即彼,不能以一方的道德观为决定性标准,而不惜牺牲另一方的道德观,应当考虑到当事双方和社会对立的道德立场。

这个案件便是如此。据报道,一审休庭后,法庭就原、被告所引用的法律观点报告给审判委员会讨论,审判委员会的成员也有两种意见。当地大部分百姓认为,这个案子断得好,有力地震慑了企图成为"第三者"的人,端正了民风。也有一些人不以为然。对于张××来说,不仅没有能够得到黄××的遗赠,反而在精神上受到了更加沉重的打击,此时的张××已经是万念俱灰。一直跟踪报道此事的泸州晚报的记者们,却专程赶来找她,并将一些好心人的捐款转送给了张××。他们对张××的遭遇比较同情,有几个人还专门去看望了张××,表达了他们的关注之心。①

B. 争议的标的是可分割的财产。一般来看,在上述安乐死、堕胎、同性恋、人工生殖、人体实验、基因工程、裸体文化等方面,不可能让道德骑墙,如不可能判某人堕一半胎,只允许男同性恋而不允许女同性恋等。但在可分割的财产上,却可表现出中庸的态度。

C. 遗嘱的动机是复合的。如果要考虑动机,动机有正当与不正当之分,其中有可视为不正当的动机,如对以前的性关系表示酬谢,有意报复妻子不让其得利;而可视为正当的动机明显的有,回报受赠人作出的牺牲,抚养共同生育的子女,保证情人的生活。就可验证的后两者而言,据报道,1998年黄××与张××生育一女;为给黄××治病,张××花去近一万元钱。一审判决之后,记者再次来到张××的家,在这间不足二十平方米的小屋里,最值钱的摆设是电视机。为了打官司,张××说她已经连续几个月都没有交房租了,并且还抵押了电视机。②

(3)如何作出兼顾双方立场的判决

遗赠人的遗嘱在两方面部分无效,首先,他在书面遗嘱中,将其所得的住房补贴金、公积金、抚恤金和卖房所获款的一半4万元,以及自己所用的手机一部,赠与受赠人所有。这一遗嘱部分无效,应无疑问。因为抚恤金是死者单位对死者直系亲戚的抚慰,不是黄××个人财产,不属遗赠财产的范围;住房补助金、公积金属黄××与蒋××夫妻关系存续期间所得的夫妻共同财产,黄××无权单独处分。

其次,就遗赠人应得一半的住房补助金、公积金和卖房款而言,遗赠人没有充分的理由——如遭受虐待等——剥夺其妻子的继承权,其妻子也有权继承其中部分财产。据前述骑墙理论,可考虑将遗赠人有权处分的财产一半判给其妻子,一半判给其情人。这对她们两人而言,尤其对其情人来说,尽管所得的财产不多,但公道的意义显然胜于钱财的作用。

(4)演绎过程

本案的关键是确立什么是合适的大前提。

A. 一般大前提:原《民法通则》第7条中什么是"社会公德"不清,故不能直接适用,需解释基于婚外同居关系的遗嘱是否违反社会公德。

B. 解释大前提:基于婚外同居关系的遗嘱是否违反社会公德存有明显争议,要么违反

---

① 佚名:《多事的遗嘱》,载 http://www.cctv.com/lm/240/22/38812.html,最后访问日期2007-10-24。
② 同上。

要么不违反的非此即彼选择,均有损公正。
  C. 具体大前提:基于婚外同居关系的遗嘱部分有效,部分无效,骑墙论可行。
  D. 小前提:黄××立下基于婚外同居关系的遗嘱。
  E. 结论:将黄××有权处分的财产中一半判给其妻子,一半判给其情人。

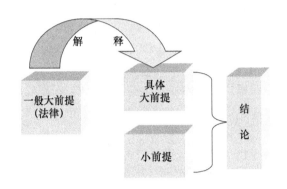

图表9-3　泸州遗产继承案演绎过程

3　法律方法体系大观

曾有人形容中国画的创作过程为:在外采风几年,桌前凝神几小时,下笔成作几分钟。对照本书介绍和讨论的法律判决的形成,从小前提形成到大前提建构要多方借助各种方法,如从归纳、设证和类比到演绎,还要解释、探究客观目的、补充法律、反向推论、修正法律、正当违背法律,在事实与规范之间来回审视,何尝又不是如此?因而,之于法律判决的形成,"开门见山"不可不忌,"望山跑死马"倒为常则。这并非要刻意反中国文化"删繁就简三秋树"的简约传统,扬法学界如日中天的人文主义话语,贬法律实务界重社会效果、扬道德评价的判案定式而行之,只想借此为人文道德合理地介入到法律判决的形成中找到通道,只不过似乎漫长了一点。法律方法,功用在此,也安身于此。

方法分类	适用领域		
		小前提 (事实)	大前提 (规范)
观察 实验 技术鉴定 法医鉴定等	适用条件	事实的物质性方面待确认	
客观目的探究 　　目的论限缩 　　目的论扩张			语词意义违背法律的客观目的 ——依目的,字面含义宽于事实 ——依目的,字面含义窄于事实
类比 法律补充 反向推论		事实之间有类似处可比较	有法律漏洞,但有类似的规范参照 有法律漏洞,但无类似的规范参照 有法律漏洞,但事实构成事项列举穷尽
法律修正 正当违背法律			法律中有明显的内容错误及编排疏忽 法律的不公达到了不能忍受的程度

（续表）

方法分类		适用领域	
		小前提（事实）	大前提（规范）
解释 字义解释 体系解释 历史解释 主观目的解释	适用条件	描述事实的语词意义不清	语词意义不清，规范适用于事实有怀疑 ——字面含义小/大于立法者的原意 ——在法律体系中知立法者的原意 ——从立法史料中可知立法者的原意 ——从“本法目的”中看立法者的原意
诠释 前理解 诠释螺线 视阈融合		缺乏恰如其分 个别正义 不知答案的方向 需反复沟通 需克服一方独断	缺乏恰如其分 个别正义 不知答案的方向 需反复沟通 需克服一方独断
论证 形式论证 逻辑—分析 程序—商谈 论题—修辞 实质论证 历史—文化 社会效果 价值及利益等		推论不能满足建构小前提中各种结论的正确性和可接受性	推论不能满足建构大前提中各种结论的正确性和可接受性
演绎		事实的言辞性方面待确认 欲获取小前提性结论	欲获取大前提性结论
归纳		事实的言辞性方面待确认 欲获取规则或大前提	欲获取规则或大前提
设证		事实的言辞性方面待确认 欲获取原因或小前提	
其他		……	……

图表 9-4 法律方法的分类、适用领域和条件

上述众多方法，济济一堂，单从方法大类上看，似乎冰炭不能置于一炉，例如法律解释与法律诠释意旨相左，法律论证恰在以结论的正确性矫正只求结论之形式有效性的法律推论，岂能不同室操戈？好在事实与规范的适应程度不一，各方法便可各司其职，可并处共存。假使各方法水火不容，那是人们不适当地扩张某一方法的适用范围、误设适用条件所致，如将法律判断的形成仅系于司法三段论，如不顾立法年代久远一味追求立法者原意；如违背法律却不十分正当；如过分相信个人的前理解和理解；如夸大理解者的理解与立法者的原意之时距，忽视个别事实与一般规范之间距的决定性意义……应用法律既要合形式逻辑，又要说明实质道理，这就是各法律方法能共居一体之根据。

4 判决只是一种意见

不管人们意识到与否，无论采用多少方法，最后形成的法律判决，对于真正的生活事实而言，永远只是法律程序上的一种最终意见。各国诉讼程序上有二审/三审终审制，有的终审之后还可申诉。不错,法官是裁判者,但其立场不外也是意见,如英美法院的法官意见分为:一致意见(per curiam opinion)、多数意见(majority opinion)、相对多数意见(plurality opinion)、附和意见(concurring opinion)、反对意见(dissenting opinion)或少数意见(minority opinion)、附带意见(obiter dictum)。这些均是极好的制度证明:所谓"铁案"只是相对而言的。因而,判决并不意味着是实质上的最后知识,它还要接受当事人、同行、学界、社会和历史的反复检验。

将判决说成是意见,并非意味着法律人可以任意为之,反倒加大了法律人的责任。因为你若不是真理在握,就不可轻下断语,对假设(判决、判断)要小心求证;要常感如履薄冰,如坐针毡;不能直奔结论,开门不见山之于法律人不是坏事;意见是通向唯一正解的正途,唯一正解虽不能得,但心应向之,这才能使结论更具说服力,更有可接受性。

5 案例分析示例

最后,为使读者对法律判断所利用的方法有一整体把握,下面提供两则案例分析,仅供参考。

示例一:魏××等人"入户"抢劫案

2002年3月19日,被告人魏××和岳×、岳××经事先预谋伺机抢劫位于上海市嘉定区马陆镇石岗村的芳芳商店,并为此准备了仿真玩具手枪、封箱胶带、尼龙绳和三棱刮刀等犯罪工具。当晚11时30分许,三名被告人乘店内无顾客之机,携带上述犯罪工具进入商店,用仿真玩具手枪、三棱刀顶住店主陈××头部及胸部进行威胁,并强行将商店卷帘门拉上,后三人用透明封箱带捆住陈,封住其嘴巴和眼睛,随即被告人魏××从该店营业箱内劫得现金450元,被告人岳××持三棱刮刀冲入商店的内侧卧室,对睡在床上的陈妻黄××进行威胁,逼其交出钱款,从而在陈××的衣服口袋内及衣橱顶部劫得现金人民币900余元。被告人魏××、岳××被接警赶到的民警当场抓获,被告人岳×逃跑,次日凌晨被抓获归案。

魏××等三人是否构成"入户抢劫"?这里根据最高人民法院《关于审理抢劫案件具体应用法律若干问题的解释》第1条及最高人民法院《关于审理抢劫、抢夺刑事案件适用法律若干问题的意见》之规定,作一分析。分析报告如下:

一、处理事实和提出案件问题

1. 案件事实:被告魏××等三人进入芳芳商店实施抢劫。
2. 案件问题:被告魏××等三人的行为是否构成"入户抢劫"?或只是被告人岳××的行为构成"入户抢劫"?

二、寻找规范

与本案问题相关的法律规范主要有:

1.《刑法》第263条第1项:以暴力、胁迫或者其他方法抢劫公私财物的,处3年以上10年以下有期徒刑,并处罚金;有下列情形之一的,处10年以上有期徒刑、无期徒刑或者死刑,并处罚金或者没收财产:(一)入户抢劫的……
2. 最高人民法院《关于审理抢劫案件具体应用法律若干问题的解释》第1条。
3. 最高人民法院《关于审理抢劫、抢夺刑事案件适用法律若干问题的意见》第1条。

三、分析事实构成

根据《刑法》第263条的规定,入户抢劫的事实构成包括两个方面:入户+抢劫。《刑法》第263条对抢劫作了界定,即"以暴力、胁迫或者其他方法抢劫公私财物"的行为,但对何为入户则未作界定。

最高人民法院《关于审理抢劫案件具体应用法律若干问题的解释》(以下简称《解释》)第1条和最高人民法院《关于审理抢劫、抢夺刑事案件适用法律若干问题的意见》(以下简称《意见》)第1条共同指出:"户"是指他人生活的与外界相对隔离的住所,其特征表现为供他人家庭生活和与外界相对隔离两个方面,前者为功能特征,后者为场所特征。只要是进入该种住所实施抢劫行为的,即为"入户抢劫"。

《解释》列出了一些户的范围:封闭的院落、牧民的帐篷、渔民作为家庭生活场所的渔船、为生活租用的房屋。而《意见》指明在认定"入户抢劫"时,应当注意以下三个问题:一是"户"的范围。"户"在这里是指住所,其特征表现为供他人家庭生活和与外界相对隔离两个方面,前者为功能特征,后者为场所特征。一般情况下,集体宿舍、旅店宾馆、临时搭建工棚等不应认定为"户",但在特定情况下,如果确实具有上述两个特征的,也可以认定为"户"。

二是"入户"目的的非法性。进入他人住所须以实施抢劫等犯罪为目的。抢劫行为虽然发生在户内,但行为人不以实施抢劫等犯罪为目的进入他人住所,而是在户内临时起意实施抢劫的,不属于"入户抢劫"。

三是暴力或者暴力胁迫行为必须发生在户内。入户实施盗窃被发现,行为人为窝藏赃物、抗拒抓捕或者毁灭罪证而当场使用暴力或者以暴力相威胁的,如果暴力或者暴力胁迫行为发生在户内,可以认定为"入户抢劫";如果发生在户外,不能认定为"入户抢劫"。

四、建构大前提

本案中,魏××等人的行为是否构成入户抢劫,直接的法律依据是《刑法》第263条,但是,《刑法》第263条只是对何为"抢劫"作出规定,而没有对"户"的范围作出界定。《解释》第1条和《意见》第1条对"户"的范围作出了解释。根据上述解释,进入他人生活的与外界相对隔离的住所实施抢劫的行为构成入户抢劫。但是,本案中,案发地点芳芳商店兼具了经营和家庭生活两种功能,其是否属于刑法意义上的"户",上述法律不能回答,仍需借助方法来解决。

1. 兼具经营和居住两种功能的场所是否为"户"?

这应依据案件的客观情况,具体分析、判定。

A. 对于正在经营中的场所,即使其中可能有供家庭生活使用的设施和长期居住的人员,由于其对外界开放,尚未处于与外界相对隔离的状态,不具有相对封闭性的特征,行为人可不经主人允许入内,不宜认定为"户";

B. 对于在白天营业间歇时,行为人以购物为名非法进入屋内实施抢劫的,一般也不宜认定为入户抢劫;

C. 对于夜间受害人已停止营业、且已转为家庭生活状态的,无论行为人是非法强行进入还是假借购物的名义骗开户门实施抢劫,其行为均符合"入户"的特征,应认定为入户抢劫。

本案中,当魏××等三人进入芳芳商店时,虽已是深夜,但芳芳商店尚未关门停止营业,仍处于公开营业的状态,因此芳芳商店尚不完全具备与外界相对隔离及家庭生活的特征,不宜认定为"户"。

2. 商店内侧卧室是否为"户"?

本案尚有一具体情节,即岳××冲入商店的内侧卧室实施了抢劫,商店内侧卧室是否为

"户"？对此，需要根据《意见》第1条所界定的"户"的两个基本特征综合认定。

首先，本案中，如果商店的内侧卧室仅供陈××夫妇临时起居，则不宜认为具有生活之功能，但是，如果商店的内侧卧室是陈××夫妇日常家庭生活长期之居所，则可认为具有家庭生活之功能。

其次，如果商店的内侧卧室与商店有相对的隔离，两者形成明显的区分，则应认定商店的内侧卧室具备"户"的场所特征，反之，则不应认定。

从总体上看，本案中，并无明显证据证明陈××夫妇把商店的内侧卧室作为日常的家庭生活场所，故不应认为其符合户的功能特征；此外，本案中，商店的内侧卧室与商店并无明显隔离，不属于所谓的"前店后院"格局，岳××可以径直冲入，因此不应认为其具备"户"的场所特征。因此，岳××的行为不应认定为入户抢劫。

在方法上，这里运用的是限制解释，将兼具经营和居住两种功能的场所的"户"限制在已停止营业转为家庭生活状态的场所上。

因此，被建构起的具体大前提是：已停止营业且转为家庭生活状态的兼具经营和居住两种功能的场所是户。

五、涵摄

对于魏××等三人的行为是否构成入户抢劫，涵摄如下：

$$T \to R$$

事实构成 T 《刑法》第263条和《解释》《意见》关于入户抢劫的事实构成有二：T_1 抢劫，T_2 入户。

T_1《刑法》第263条：以暴力、胁迫或者其他方法；

T_2《解释》《意见》：供他人家庭生活和与外界相对隔离的场所。

$$S \to T$$

个案事实 S 魏××等三人进入芳芳商店的事实有许多细节：

S_1 用仿真玩具手枪、三棱刀顶住店主陈××头部及胸部进行威胁；

S_2 并强行将商店卷帘门拉上；

S_3 后三人用透明封箱带捆住陈××，封住其嘴巴和眼睛；

S_4 对睡在床上的陈妻黄××进行威胁。

$S_1 — S_4$ 符合 T_1。

S_5 将商店卷帘门拉上；

S_6 冲入商店的内侧卧室。

这说明，芳芳商店尚未关门停止营业，仍处于公开营业的状态，不具备与外界相对隔离及家庭生活的特征。内侧卧室不是日常的家庭生活场所，与商店并无明显隔离。

S_5、S_6 不符合 T_2。

$$S \to R$$

法律结果 R 魏××等三人的行为构成抢劫。

六、作出结论

大前提：《刑法》第263条、最高人民法院《关于审理抢劫案件具体应用法律若干问题的解释》第1条及最高人民法院《关于审理抢劫、抢夺刑事案件适用法律若干问题的意见》规定：进入他人生活的与外界相对隔离的住所实施抢劫的是入户抢劫。

具体大前提：进入已停止营业且转为家庭生活状态的兼具经营和居住两种功能的场所

实施抢劫的是入户抢劫。

小前提:魏××等三人持仿真玩具手枪、三棱刀进入芳芳商店抢劫现金1350元,案发时芳芳商店处于对外营业状态,不完全具备与外界相对隔离及家庭生活的特征。

结论:魏××等三人的行为构成抢劫,但不属于入户抢劫。

示例二:王先生"酒驾"案

2011年11月25日晚,王先生吃夜宵时喝了一瓶啤酒,觉得有点醉,不敢开车。与其一起吃夜宵的朋友没喝酒,于是,他想:"我的车子是一辆越野车,我朋友开的是本田轿车。不如就让朋友开我的车,我坐他的本田车,把我拖回去。"

于是,他朋友驾驶越野车拉着挂上空挡但没发动的本田车走。王先生坐在本田车驾驶座上操持着。"这么操作肯定不能算酒后驾驶机动车,因为车子根本都没'发动'。"王先生和他的朋友都这么想。

约在半夜23时30分,车开到一收费站,遇上正在检查酒驾的交警。看到此,王先生舒了口气,"明智啊,如果真是自己在开越野车就糟了"。交警先对王先生的朋友进行了检测,没喝酒。接着又对王先生进行酒精浓度呼气测试,发现酒精浓度为0.37 mg/ml,达到"酒驾"标准。

王先生的行为是否构成违法或犯罪?下面对此作一分析,分析报告如下:

一、处理事实和提出案件问题

1. 案件事实:

(1) 王先生坐在被牵引的挂了空挡但没有发动的本田车的驾驶座上操持。

(2) 王先生的酒精浓度为0.37 mg/ml。

2. 案件问题:王先生的行为是否构成违法或犯罪?

二、寻找规范

与本案有关的法律规范主要有:

1.《刑法修正案(八)》第22条第1款:在《刑法》第133条后增加一条,作为第133条之一:"在道路上驾驶机动车追逐竞驶,情节恶劣的,或者在道路上醉酒驾驶机动车的,处拘役,并处罚金。"

2.《道路交通安全法》:

第22条第2款:饮酒、服用国家管制的精神药品或者麻醉药品,或者患有妨碍安全驾驶机动车的疾病,或者过度疲劳影响安全驾驶的,不得驾驶机动车。

第91条第1款:饮酒后驾驶机动车的,处暂扣6个月机动车驾驶证,并处一千元以上二千元以下罚款。

3.《道路交通安全法实施条例》第61条:牵引故障机动车应当遵守下列规定:(一) 被牵引的机动车除驾驶人外不得载人,不得拖带挂车;……

4.《车辆驾驶人员血液、呼气酒精含量阈值与检验》第4.1条:车辆驾驶人员血液酒精含量大于或等于20 mg/100 ml,小于80 mg/100 ml 的,属于酒驾;血液酒精含量大于或等于80 mg/100 ml 的,属醉驾。

三、分析事实构成

1. 酒驾的事实构成:血液酒精含量大于或等于20 mg/100 ml,小于80 mg/100 ml + 在道路上驾驶机动车 = 酒驾。

2. 醉驾的事实构成:血液酒精含量大于或等于 80 mg/100 ml + 在道路上驾驶机动车 = 醉驾。

3. 本案涉及机动车的牵引,《道路交通安全法实施条例》第 61 条第 1 款有被牵引的机动车除驾驶人外不得载人的规定,其事实构成是:A. 被牵引机动车需有驾驶人的操控;B. 禁止载驾驶人以外的人。

四、建构大前提

本案关键的问题是:王先生的行为是否是驾驶? 我国法律未界定何为驾驶,依一般理解(平义解释),驾驶是指独立操纵车、船、飞机等运载工具行驶,驾驶机动车是指独立操作机动车行使。行使一般指机动车发动后的运动状态。因此,王先生在没发动的被牵引机动车上操持的行为似不属于驾驶。但是,在没发动的被牵引机动车上仍需有驾驶人操控车辆的方向盘、刹车等安全系统,否则,在道路上容易引发追尾、碰撞等交通事故。是故,《道路交通安全法实施条例》第 61 条规定:"牵引故障机动车应当遵守下列规定:(一) 被牵引的机动车除驾驶人外不得载人",据此,被牵引机动车上需有驾驶人操控。但是,本实施条例只规定了牵引故障机动车的情形,立法者没有预料到无故障机动车也可被牵引的情形。而被牵引的无故障机动车也需有驾驶人操控,不然,也会引发交通事故。因本案无可直接适用的大前提,需建构大前提。

如何建构呢? 显然,我国道路交通安全法存在漏洞,需予以填补。如何填补,这里可用类比的方法:牵引故障机动车需有驾驶人操控,不然,会引发交通事故;牵引无故障机动车也需有驾驶人操控,不然,也会引发交通事故。因为交通事故的发生与否,主要取决于被牵引机动车的驾驶人的操控,不在于被牵引机动车有无故障,有无故障的影响是次要的。因而,从预防和减少交通事故,保护人身安全等立法目的上看,《道路交通安全法实施条例》第 61 条牵引故障机动车的规定,可适用于牵引无故障机动车的情形。

另外,王先生"酒后"丧失正常驾驶的能力,不符合《道路交通安全法》第 22 条第 2 款对驾驶人的要求:饮酒者不得驾驶机动车。即便说他不属于《道路交通安全法实施条例》第 61 条所称的驾驶人,也属于在被牵引的故障机动车上所载的人,这同样是被禁止的。

因此,被建构起的具体大前提是:驾驶被牵引的无故障机动车的人是驾驶人。

五、涵摄

本案争论的焦点涉及驾驶和酒驾问题,在涵摄时需分而论之。

1. 王先生的行为是驾驶

$$T \to R$$

事实构成 T 《道路交通安全法实施条例》第 61 条:牵引故障机动车应当遵守下列规定:(一) 被牵引的机动车除驾驶人外不得载人。

本书解释:牵引故障机动车需有驾驶人操控,牵引无故障机动车也需有驾驶人操控。

$$S \to T$$

个案事实 S 事实有许多细节:

S_1 被牵引的无故障本田车;

S_2 挂了空挡但没有发动;

S_3 王先生在驾驶座上操持。

S_1—S_3 符合 T。

$$S \to R$$

王先生的行为是驾驶。
2. 王先生的行为是酒驾

$$T \to R$$

事实构成 T

T_1《道路交通安全法》第 22 条第 2 款：饮酒后驾驶机动车的,构成酒驾。

T_2《车辆驾驶人员血液、呼气酒精含量阈值与检验》第 4.1 条：车辆驾驶人员血液酒精含量大于或等于 20 mg/100 ml,小于 80 mg/100 ml 的,属于酒驾；

$$S \to T$$

个案事实 S　事实有许多细节：

S_1 王先生坐在被牵引的挂了空挡但没有发动的本田车的驾驶座上操持；

S_1 符合 T_1。

S_2 王先生饮酒后其血液酒精含量为 0.37 mg/ml

S_2 符合 T_2。

$$S \to R$$

王先生的行为构成酒驾。

六、作出结论

大前提：《道路交通安全法实施条例》第 61 条：牵引故障机动车应当遵守下列规定：（一）被牵引的机动车除驾驶人外不得载人；《道路交通安全法》第 22 条第 2 款规定,饮酒后驾驶机动车的,是酒驾行为。

具体大前提：被牵引的无故障机动车的驾驶人饮酒后驾驶机动车是酒驾行为。

小前提：王先生酒后坐在被牵引的挂了空挡但没有发动的本田车的驾驶座上操持,其酒精含量为 0.37 mg/ml。

结论：王先生违反《道路交通安全法实施条例》第 61 条、《道路交通安全法》第 22 条第 2 款,酒后驾驶机动车。据《道路交通安全法》第 91 条第 1 款,可处暂扣 6 个月机动车驾驶证,并处 1000 元以上 2000 元以下罚款。

附 录

一、阅读文献选

1. 王洪:《制定法框架下的判决论证模式》,载《比较法研究》2019年第2期。
2. 侯健:《法律判断过程中的反思平衡》,载《清华法学》2016年第5期。
3. 郑永流:《法律判断形成的模式》,载《法学研究》2004年第1期。

二、阅读案例选

1. 帝国国库诉农民案,详见恩吉施:《法律思维导论》(修订版),郑永流译,法律出版社2014年版,第74—77页。
2. 窝赃案,详见恩吉施:《法律思维导论》(修订版),郑永流译,法律出版社2014年版,第81—101页及第五章。
3. 福克斯诉骑自行车者案,详见齐佩利乌斯:《法学方法论》,金振豹译,法律出版社2009年版,第二章第6节。
4. 顾雏军案,参见卢建平、司冰岩:《顾雏军等人虚报注册资本一案的法律适用及法理分析》,载《中国法律评论》2019年第3期。
5. 冰面遛狗溺亡索赔案,参见中国法院网,载https://www.chinacourt.org/index.php/article/detail/2020/01/id/4769788.shtml。

他该不该死

《堂吉诃德》里描写了一个国家,它有一条奇怪的法律:每个异乡人到此都要回答一个问题:你来做什么?你答对了,一切好说;你答错了,就要被绞死。

一个人回答:"我来是为了被绞死。"

士兵懵了:如果绞死他,不行,因为他的回答是对的,不该死;可是放了呢?他的回答又是错的,该死。怎么办呢?

附 录 一

第一部分 索 引

一、术语索引

A

案件问题　35—38,54,224,227
帮助自杀　175
保障基本权利　197
暴力犯罪　135,167
被代理人　116,151,152
比较法解释　130
比例原则　193—195,197,200,213
表达自由　17,203,204
不当扩张　132
不得自己审判自己　197
不动产登记　164,172
不合理危险　210—212
不明知的漏洞　168,169
不确定概念　7,191,193,210,211,213

C

查明　7,13,15,77,79,82—86,97
诚信理解　114
诚信原则　5,170,194,201,210
程序法　22,36,48,133,172,193,196,197
程序竞合　48
抽象行政行为　123,124,147,148
从旧兼从轻原则　193

D

大前提　7,19,20,24—26,28,50—52,54,59—68,
　78,80,91,98—100,109,127,149,161,170,191,
　193,208,218—223,225,226,228,229
大前提建构　35,50,54,129,222
代理人　116,151,152

当然解释　174,190
道义责任　168
地方性法规　40,45,132,143,144,156,157
地方性准则　208
帝王条款　170
第三条道路　220
定分止争　4,8,37
独立审判原则　197
对具体行政行为的理解　107,109
多数原则　29,203,207,208
多元利益　203

F

法定继承　81,203
法官法　13,25,178,179
法官法补充　182
法官造法　154,163,190
法理　5,24,31,43,44,55,109,110,125,130,143,
　149,152,155,178,185,230
法律保留　197
法律补充　19,20,70,163,170,178,222
法律不评价之领域　161,163—165
法律程序　62,136,223
法律创制　25
法律的字义　133,135
法律发现　19,67,129,165
法律方法　1,3,5—9,11,13,17—21,23—29,31,
　68,75,78,114,129,149,155,160,222,223
法律规则　35,42,46,142,149,194,195
法律教义学　24,28

法律结果　35,36,46—48,52,174,186,198,226
法律结论　7,44,215,217,218
法律解释　20,22,24,26,41,45,61,69—73,79,117,122,127,129,130,145,147,152—154,160,186,223
法律漏洞　7,19—22,24,69,129,161,163—166,168,170,171,178,181,184—188,190,211,222
法律论证　19,20,67—69,223
法律逻辑　3,13,25,26,68,78
法律拟制　91,105,173
法律判断　3,7,13,19,20,23,25,33,35—38,51,54,55,57,70,72,73,78,79,105,217,223,224,230
法律判决　62,222,223
法律评价　7,15,37,78,82
法律诠释　19,61,71,73,223
法律人　1,3,4,7,9,24,29,30,35,37,57,78,224
法律事实　35—38,48,75,78,79,82,83,130,209
法律适用　5,9,19,25,49,51,55,71,105,109,138,154,173,208,213,230
法律思维　3,9,11,13,26—29,31,136,171,218,230
法律体系　24,39,140,150,194,197,223
法律条文　125,130,132,133,138,145,147,153,157,164,168,178,186
法律推定　77,92,93,95,99,100
法律推论　19,24,59,223
法律位阶　49,143,153
法律文件　45,47,48,138
法律问题　25,36,41,44,107,109,139,178,202
法律效果　91,92,109,110
法律行为　7,25,79,107,109—112,120,121,125,130,132,152,156,194,198,206,220
法律修正　19,20,70,127,129,156,222
法律续造　19
法律应用　13,18,19,21,23,25—27,61—63,66,68,91,152,218
法律优先　197
法律语言　133,136
法律原则　7,14,23,35,44,46,49,139,155,185,191,193—195,197—199,204,209,210,213

法律知识　3,114
法条竞合　48,49
法条主义　3,6
法外空间　36,161,163—165
法学方法　11,13,24,26—28,31,67,154,157,230
法学家法　43,185
法治　3,6,7,22,31,39,50,71,72,170,178,193,197,203
反向推论　19,20,161,163,170,186—188,222
犯罪类型　171,172
分权原则　72,193,203

G

概念核　16
概念晕　16
格式合同　44,79,107,117,118
格式条款　117,118
个别事实　37,223
公法　22,39,44,48,110,122,170,172,193,197,200
公法漏洞　170
公共生活　203
公共秩序　4,5,80,206,220
公开参与原则　197
公开审判原则　197
公民权利　44,171,172
公平公正原则　197
公平责任原则　201
公权法定　170
公序良俗　14,45,156,178,197,198,200,203,206,208,210,213,220
观察　20,77,79,85,86,190,222
管辖　39,83,90,164
惯例　23,44,117,118,130,178,180—182
惯例补充　180
归纳　20,24—26,59—68,70,72,79,95,114,172,173,222,223
规范　3,4,6,7,13—15,18—24,27—30,33,35—39,41—46,48—52,54,60—62,64—66,69—72,77—80,129,130,133,134,138,140—142,144,145,147,148,150—152,154—156,158,165,167,169—175,178,179,181,188,189,191,193,

194,209,211,217,218,222—224,227
规范性 21,40,41,45,69,123,131,140,142,172,175,193,210
规则冲突 49,199,203
规则论证 68—70
国际私法 203,208

H

涵摄 7,26,35,51,52,54,226,228
好意同乘 167
合道德性 3,29
合法律性 3,29,187
合法行为 47,109,110,125
合目的性 24
合同 4,14,22,23,31,42,44,47—49,59,79,86,90,109—115,117—119,122,125,130—132,136,139,140,143,144,156,164,170,171,173,175,180,181,186,190,194,195,198,209,210
合同漏洞填补 109,119
合宪性解释 24,144—146

J

继发漏洞 168,169
价值 3,4,6,14,15,18,20,21,24,30,53,68,69,71,73,84,88,91,92,97,122,125,143,150,174,193,194,196,202—204,208,213,220,223
价值补充 163,211
价值立场 5,6,24,71
价值判断 18,21,49,68,193,194
价值评价 16,30,47,208
监督原则 197
检察官 13,28,105
建构 3,7,19,20,24—26,29,30,42,50,51,54,55,59,61,69,75,77—80,121,122,127,161,189,191,193,217,223,225,226,228
鉴定 20,36,77—79,85,87—89,92,95,100,101,222
交通肇事 167
交易习惯 23,43,111,112,114,117,119,180—182
劫持 169
结论的可接受性 69,217
结论论证 68,69

解释条款 23
禁止法律沉默 163
禁止反言 197
禁止规范 23
禁止解释法律 21
禁止拒绝裁判 163
禁止类推 172
禁止权利滥用 197
禁止逃向一般条款 191,210
经验 15,30,62,63,69,77,79,86,90,91,95—97,99,150,155,168,208,211
经验推定 77,92,95,97—100
精神损害 146,171,185,205
旧法 49,140—142,195
举轻明重 161,163,174—176,178
举证责任 91—93,109,114,213
举重明轻 161,163,174,175
具体行政行为 107,109,121—124,131,141,147,148,172

K

可接受性 68,69,71,223,224
客观解释 24,69,149,160
客观目的 112,130,149,154—156,222
客观目的解释 130,154
客观目的探究 19—21,114,116,127,129,130,153—155,222
空缺结构 167
扩张解释 21,22,132,133,151,178,190

L

劳动关系 150,169
劳动合同 144,169,197
劳动者 150,160,164,169,183
劳动争议 144,170
劳动仲裁 170
类比 6,19,20,22—24,26,57,59,61,63,65—67,69,70,72,80,161,163,164,170—175,178,180,186,187,210,222,228
理性 6,7,15,16,18,25,30,59—61,65—68,70—72,115,116,130,152,155,165,197,207,220
历史解释 6,127,129,130,147,148,152—154,223

立法规划　164,205
立法技术　16,17,91,173,187,197
立法解释　41,132,153
立法意图　177
立法者的意图　21,23,71,149,151,155,156
立法者的原意　71,130,132,147,149,154,223
立法者原意　6,130,133,147,154,223
良知　199
论证　3,6,20,24,30,57,59,60,66—70,72,105,130,152,154,155,164,185,186,188,205,223,230

M

买卖不破租赁　175
民法　3,4,8,9,16,17,21—24,26,29,38,40,43,44,48—50,60,64,69,79,84,92,96,97,107,109—111,121,125,132,136,139,149,152,157,163,165,167,168,171—173,178,185,187,195,197,201,207—209
民法通则　4,17,37,50,54,96,109,133,148,163,168,173,175,179,186,196,201,202,205—207,221
民事权利　148,163,168,173,188
民事损害　167
民主原则　197,203,208
明显漏洞　169
明知的漏洞　168
命令规范　23
目的解释　69,127,129,130,149,150,155,160,223
目的论扩张　20,69,70,150,151,155,156,222
目的论限缩　20,70,151,152,155,156,164,222

N

拟制　76,91,92

P

拍卖　117,125,168
拍卖人　168
判断力　33,35,101
判例　41,44,112,117,139,180,182,188,207,208
判例法　25,38,41,63,130,170
赔偿　4,22,29,38,42,48,49,60,84,85,92,97,98,101,118,125,133,143,146,163—165,167,168,171,173,179,181,184,185,188,195,197,200,205,210—212
普遍性　3,29,90,193,194

Q

契约自由原则　193
前理解　24,64,67,70,71,78,79,82,83,223
抢夺　204,224—226
抢夺罪　84
侵权　5,22,37,38,44,49,54,92,133,167,173,184,185,188,209,213
侵权行为　49,146,147,167,179,188,209
取保候审　18
权衡　57,60,68,69,79,193,203—205,207,220
权力　6,22,66,68,110,153,158,163,170,203,205
权利　3,17,21,31,39,44,47,48,52,73,77,91,101,109,112,115,119,122—124,131,135,136,143,145—147,150,153—155,163,165,166,170,171,173,174,177,185,195,200,204,206,220
权利能力　173
权利主体　168
权威解释　197
诠释　20,57,59,70—72,78,79,217,218,223
诠释循环　24,77,79,80

R

人的尊严　81,203
人民主权原则　197
人身权　168
日常语言　19,133,135,136

S

三段论　19,54,59,68,99,100,218
善良风俗　179,207—209,220
善意行为　47
商事行为　111,113
上位法　18,37,49,55,140,142—144,158
设证　20,24,26,59—61,63—68,70,79,222,223
社会事实　6,7,130
申请　81,82,115,122—124,131,134,141,145,170,177,200
生活事实　15,36—38,62,75,78—80,82,83,90,

153,193,223

实践理性 1,4

实体法 36,48,133,193,197

实验 20,36,77—79,83,85—87,208,221,222

实质推理 57,60,220

事实 4—7,13—16,18—25,27—29,33,35—38,41,44,45,47,48,50—55,59—61,63,66,68,70—72,75,77—79,83—86,89—102,105,109,129,130,135,136,146,147,150,154,155,163—165,170,172—174,182,187,188,193,203,211,217—219,222—224,226—229

事实构成 16,33,35—37,45—48,51—54,78,80,171,172,174,186,187,198,209,222,224,226—229

事实推定 77,92—96,99,100

事实问题 36,107,109

事实行为 110,140

是非感 24,30,69,71

适法性 18,19

适用法律平等原则 197

释法 71,129

授权规范 23

授权式类比 173

司法 7,18,22,26,28,29,36,38,43,44,49,68,72,79,88—92,96,102,110—112,139,146,150,153,160,166—168,173,177,179,185—188,194—196,201,205,208,213

司法鉴定 88,89

司法解释 38,41,45,53,63,70,73,124,130—132,146,151,153,160,166,179,182,210

司法三段论 217,223

司法审查 175,200,213

司法制度 6

私法 22,48,109,125,170—172,193,197

私法漏洞 170

私法自治原则 21,193

死刑 13,53,77,101,159,169,199,224

诉讼 4,15,18,20,22,35—37,43,48,49,68,81—83,86,88,90—92,94—97,116,119—121,124,131,132,134,136,142,147—149,163,164,166,167,170,175,177,182,183,185,188,195,197,204,206,210,211,213,223

损害赔偿 22,47,133,163,171,173,206,209,210

所有权 55,120,121,175,187

T

胎儿 156,163,168,173

特别法 43,48,49,140—144,195,199,203

体系解释 24,69,112,114,116,121,127,129,130,138,140,144,147,152,154,160,172,195,223

条约 39,40,44,110,197

听证程序 150,177,178

推定 16,23,36,58,77,79,83,90—100,105,111,112,119,121,136,152,163,170

推理 1,7,8,24,26,30,36,42,57,59,60,66,67,73,86,91,92,98—100,102,104,105,172,173,208,220

推论推定 92,93,99

W

违背客观目的 20

违法行为 47,51,110,139,141,143,144,206

违约 48,49,118,175,181,186,195

委托人 31,168

文义解释 6,21,69,80,112,138,150,152,153

X

习惯 6,13,16,27,43—45,59,81,89,96,111,114,117,121,130,136,178—181,197,210

习惯法 38,42—44,61,164,178—180

习惯法补充 178,179

习惯理解 114,116

瑕疵担保责任 168

下位法 37,49,55,140,142—144

显失公平 14,16,35,186,193,194,198,202,209,210

限缩解释 132,190

限制解释 21,22,130,131,151,156,226

宪法 17,21,40,43,46,48,49,68,136,140,143—147,149,150,154,156,158,159,177,187,190,193,197,204,205,209

小前提 7,19,20,25,26,51,52,54,55,59,61—65,67,68,75,77—79,91,99,100,109,218—220,222,223,227,229

小前提建构　67,217,218
肖像　168
肖像权　38
效力　23,29,40,41,48,90,94,100,102,110,123,
　　140,141,143,144,153,156—159,175,178,180,
　　184,203,209
效力等级　13,38,127,140,157
效率　69,92,172,194,203
协商　44,48,168,186,197
胁迫　16,37,54,102,112,169,224—226
新法　49,140—142,164,195
信赖保护原则　22,197,201
刑罚　13,14,29,47,53,69,141,150,156,159,180
刑法　5,8,13,14,16—18,20—24,37,40,41,44,
　　46—48,50,52—54,60—62,64,65,67,69,73,
　　80,84,93,96,97,109,132,135—139,141,148—
　　153,156,157,159,160,165—176,178,180,184,
　　185,187,193,194,197,198,202,210,211,213,
　　218,224—227
刑讯逼供　77,87,100—102
行政法　4,8,21—23,51,83,92,109,110,121,125,
　　131,157,169—172,180,185,194,195,197,201
行政法规　40,44,45,51,132,142—144,156,
　　181,210
行政惯例　175
行政行为　22,110,121,122,125,131,147,164,
　　172,197,201,210
形式论证　68,69,72,223
形式逻辑　223
姓名权　31,38,146,147,168,196,204
续造法　25,129

Y

亚推论　59—65,70
严格解释　21,23
言辞证据　77,79,100—102
演绎　20,24,26,30,52,54,59—65,67,68,70,72,
　　79,99,100,129,215,217—223
一般法　48,49,140—144,195
一般法律原则　196,197
一般条款　7,21,191,193,208—211
遗嘱理解　122

遗嘱自由原则　203
意思表示　23,107,109—112,114,115,117—119,
　　121,122,125,131,166,178,206
意思表示的理解　109—114,117
隐藏漏洞　169,170
隐私权　164,168,203—205,207
优先性　143,152,203,204,207,220
有期徒刑　5,13,14,37,46,48,52,77,97,137—
　　139,157,159,166,167,169,184,194,224
原初漏洞　168
原告　3,35,41,42,82,84,85,89,94—96,98,115—
　　117,121,134,136,139—143,146,155,163,173,
　　177,179,181—186,188,195,196,200,201,
　　204—207,211,212
原则冲突　193,202,203,205

Z

造法　5,20,25,63,66,71,72,129,161,163,
　　165,170
贞操权　171
侦查　50,77,83,85—88,92,97,184
侦查鉴定　88,89
整体类比　171—173
正当违背法律　20,21,70,129,158,222
正式渊源　38,42
正义　3,5,24,67,69,71,124,154,155,158,159,
　　179,192—194,199,223
正义原则　199
证据　4,14,25,36,64,77—79,82,83,85,86,88—
　　97,100—102,105,109,121,124,146,151,155,
　　175,182,226
证明　30,36,37,54,60,64,77—79,81—83,86—
　　88,90—96,100—102,109,116,121,133,145,
　　155,157,166,170,182,195,224,226
证明事实　35—38,59,78,91
政策　42,69,83,91,122,123,133,179
直接推定　92,99
直接渊源　38,41
职权法定　197
制定法　20,23—26,36,38,40,43,44,60—62,64,
　　65,71,117,130,160,164,168—170,173,183,
　　185,193,196,197,207,230

制定法内原则　193,196,197,199,200
制定法外原则　193,196,197,199
终审判决　45,121,135,215
仲裁　35,44,90,91,136,170,194
主观故意　17,167
主观解释　69,111,149,154
著作权　51,187,188,195,196,204
准用性规范　173
自然事件　47
自然事实　35,36

自由　3,8,17,21,46,73,95,109,112,145,150,151,180,184,194,204,205,207,218—220
自由裁量　14,22,24,154,168,210
自愿原则　197
字义解释　114,116,120,129,130,133,138,145,151,154,223
组织卖淫罪　137,168
最终意见　62,215,217,223
罪刑相应原则　194,197
遵循先例　25,41

二、图表索引

图表1-1	法律方法与应用法律	19
图表1-2	法律方法的分类	20
图表1-3	刑法、民法和行政法方法的比较	23
图表1-4	法学的范围	28
图表2-1	法律判断的思维步骤	35
图表2-2	法源金字塔	39
图表2-3	主要国际公法文件	39
图表2-4	中国法源金字塔	40
图表2-5	规则的结构	47
图表2-6	法律冲突解决规则	49
图表3-1	基础方法体系	59
图表3-2	演绎、归纳与设证的范例	60
图表3-3	演绎	61
图表3-4	硫酸案演绎	62
图表3-5	归纳	62
图表3-6	设证	64
图表3-7	演绎、归纳和设证的思维路径对比	64
图表3-8	演绎、归纳和设证的风险度	65
图表3-9	类比的路径	65
图表3-10	解释学和诠释学立场的比较	71
图表4-1	建构小前提的过程	78
图表4-2	诠释循环	80
图表4-3	要查明的事实的内容"七何"	85
图表4-4	侦查观察的内容	85
图表4-5	鉴定分类	89
图表4-6	推定与推理、拟制、无罪推定的比较	92
图表4-7	推定的类别和含义	99
图表4-8	法律推定	99

图表 4-9	经验推定	100
图表 5-1	法律行为的不同含义	110
图表 5-2	意思表示的理解方法的标准	111
图表 5-3	意思表示的理解方法	114
图表 5-4	法律解释与合同理解	117
图表 5-5	合同漏洞填补程序	119
图表 6-1	四种不对称情形与法律状态	129
图表 6-2	有法律规定的具体方法	129
图表 6-3	法律文本采用的语言	136
图表 6-4	同位阶法律的效力的解释规则	140
图表 6-5	新的一般规定与旧的特别规定	142
图表 6-6	异位阶法律的效力的解释规则	143
图表 6-7	"本法目的"条款	150
图表 6-8	解释方法的位阶	152
图表 7-1	寻找和建构规范的具体方法和过程	189
图表 8-1	原则与规则的比较	198
图表 8-2	社会公德具体化的五步法	207
图表 9-1	等置模式 A：描述事实与规范相互关照过程	217
图表 9-2	等置模式 B：描述事实与规范拉拢过程	218
图表 9-3	泸州遗产继承案演绎过程	222
图表 9-4	法律方法的分类、适用领域和条件	223

三、重要案例及所涉主题索引

（以章节先后为序）

还欠款 5700 元	字义解释	4
玩美女人广告语	字义解释	4
甘肃盗窃人头盖骨	字义解释	5
2/3 以上票数	判断者的价值立场	6
判例　麦克弗森诉别克汽车公司案（Macpherson v. Birk Motor Corp.）（1916 年）	判例法	41
首例学位争议案	效力等级	45
许×盗窃案	涵摄过程	52
佘×杀妻案	小前提的建构	77
"凤翔改改"企业注册案	平义解释	81
养路费征收案	查明事实	83
周××虎照案	侦查实验	87
借条案	鉴定	89
重庆"烟灰缸伤人案"	直接推定	92
药品过有效期案	直接推定	93

存单纠纷案	事实推定	94
误写案	经验推定	96
李×刑讯逼供案	言辞证据的不足	101
谁是凶手？	认定言辞证据的方法	103
农民和小偷	认定言辞证据的方法	104
签名购书是否为法律行为(考题)	法律行为	110
意思表示真实与否	意思表示	112
错标价格案	商事行为的意思认定	113
集装箱超期使用费案	意思表示解释的方法	115
房屋拆迁违约金案	格式合同解释	118
店铺转让案	填补合同漏洞	119
诗歌遗嘱案	遗嘱解释	120
答复是否属于具体行政行为？	具体行政行为	122
终局确认案	限制解释	131
"荒诞"广告案	平义解释	134
男子同性"卖淫"案	平义解释	137
用英语写纳粹口号是否为犯罪？	平义解释	137
如何理解"和"	体系解释	138
店面开业与否案	体系解释	139
交通行政处罚案	体系解释 水平效力	141
难民收留法案(德国)	合宪性解释	145
受教育权案	合宪性解释	146
对"遗弃罪"的理解	历史解释	153
德国国籍案	正当违背法律	158
黄×诉××公司交通事故损害赔偿案	法律漏洞 法的类比	163
情谊行为？	法外空间	165
好意同乘	法律漏洞的发生	167
拍卖伪品	原初漏洞	168
贞操权	类比	171
为孩子复归支付酬金	举轻明重	176
结婚洞房里被烧纸	习惯法补充	179
未经许可不得破门而入	惯例补充	180
田×诉北京××大学案	法官法补充	182
胡××拒不支付劳动报酬案	法官法补充	183
××公司诉××厂购销合同违约纠纷案	法理补充	186
电视节目预告表案	反向推论	187
演出合同案	原则补充规则之漏	195
德国告密案	原则纠正规则之错	199
精神损失赔偿案	公序良俗补漏	200
行政许可案	比例原则补漏	200

挪用捐款案	诚信原则纠错	201
绊倒土枪致人死命案	公平责任原则补漏	201
单位盗窃自来水案	罪刑法定原则补漏	202
德国 Lebach 案	原则冲突及解决	204
陈××名誉权纠纷案	原则冲突及解决	204
泸州遗产继承案	原则冲突及解决,作出法律结论	205
谢××诉杭州肯德基有限公司案	不确定概念的适用	211
在载人汽车中盗窃案	作出法律结论	218

第二部分　法律解释的文件

(一) 全国人民代表大会常务委员会关于加强法律解释工作的决议

(1981 年 6 月 10 日第五届全国人民代表大会常务委员会第十九次会议通过)

　　第五届全国人民代表大会第二次会议通过几个法律以来,各地、各部门不断提出一些法律问题要求解释。同时,在实际工作中,由于对某些法律条文的理解不一致,也影响了法律的正确实施。为了健全社会主义法制,必须加强立法和法律解释工作。现对法律解释问题决定如下:

　　一、凡关于法律、法令条文本身需要进一步明确界限或作补充规定的,由全国人民代表大会常务委员会进行解释或用法令加以规定。

　　二、凡属于法院审判工作中具体应用法律、法令的问题,由最高人民法院进行解释。凡属于检察院检察工作中具体应用法律、法令的问题,由最高人民检察院进行解释。最高人民法院和最高人民检察院的解释如果有原则性的分歧,报请全国人民代表大会常务委员会解释或决定。

　　三、不属于审判和检察工作中的其他法律、法令如何具体应用的问题,由国务院及主管部门进行解释。

　　四、凡属于地方性法规条文本身需要进一步明确界限或作补充规定的,由制定法规的省、自治区、直辖市人民代表大会常务委员会进行解释或作出规定。凡属于地方性法规如何具体应用的问题,由省、自治区、直辖市人民政府主管部门进行解释。

　　由于林彪、江青反革命集团对社会主义法制的严重破坏和毒害,有些人的法制观念比较薄弱。同时,对法制的宣传教育还做得很不够,许多人对法律还很不熟悉。全国人民代表大会常务委员会认为,各级国家机关、各人民团体,都应当结合实际情况和问题,并利用典型案例,有计划有针对性地加强社会主义法制的宣传教育工作,使广大干部、群众了解有关的法律规定,逐步普及法律的基本知识,进一步肃清林彪、江青反革命集团破坏社会主义法制的流毒,教育广大干部、群众,特别是各级领导干部和公安、检察、法院等司法工作人员,认真遵守和正确执行法律,依法处理人民内部的各种纠纷,同时要善于运用法律武器,同一切破坏社会主义法制的违法犯罪行为进行斗争。

(二) 最高人民法院关于司法解释工作的规定(法发〔2007〕12 号)

一、一般规定

第一条　为进一步规范和完善司法解释工作,根据《中华人民共和国人民法院组织法》、《中华人民共和国各级人民代表大会常务委员会监督法》和《全国人民代表大会常务委员会关于加强法律解释工作的决议》等有关规定,制定本规定。

第二条 人民法院在审判工作中具体应用法律的问题,由最高人民法院作出司法解释。

第三条 司法解释应当根据法律和有关立法精神,结合审判工作实际需要制定。

第四条 最高人民法院发布的司法解释,应当经审判委员会讨论通过。

第五条 最高人民法院发布的司法解释,具有法律效力。

第六条 司法解释的形式分为"解释"、"规定"、"批复"和"决定"四种。

对在审判工作中如何具体应用某一法律或者对某一类案件、某一类问题如何应用法律制定的司法解释,采用"解释"的形式。

根据立法精神对审判工作中需要制定的规范、意见等司法解释,采用"规定"的形式。

对高级人民法院、解放军军事法院就审判工作中具体应用法律问题的请示制定的司法解释,采用"批复"的形式。

修改或者废止司法解释,采用"决定"的形式。

第七条 最高人民法院与最高人民检察院共同制定司法解释的工作,应当按照法律规定和双方协商一致的意见办理。

第八条 司法解释立项、审核、协调等工作由最高人民法院研究室统一负责。

二、立项

第九条 制定司法解释,应当立项。

第十条 最高人民法院制定司法解释的立项来源:

(一) 最高人民法院审判委员会提出制定司法解释的要求;

(二) 最高人民法院各审判业务部门提出制定司法解释的建议;

(三) 各高级人民法院、解放军军事法院提出制定司法解释的建议或者对法律应用问题的请示;

(四) 全国人大代表、全国政协委员提出制定司法解释的议案、提案;

(五) 有关国家机关、社会团体或者其他组织以及公民提出制定司法解释的建议;

(六) 最高人民法院认为需要制定司法解释的其他情形。

基层人民法院和中级人民法院认为需要制定司法解释的,应当层报高级人民法院,由高级人民法院审查决定是否向最高人民法院提出制定司法解释的建议或者对法律应用问题进行请示。

第十一条 最高人民法院审判委员会要求制定司法解释的,由研究室直接立项。

对其他制定司法解释的立项来源,由研究室审查是否立项。

第十二条 最高人民法院各审判业务部门拟制定"解释"、"规定"类司法解释的,应当于每年年底前提出下一年度的立项建议送研究室。

研究室汇总立项建议,草拟司法解释年度立项计划,经分管院领导审批后提交审判委员会讨论决定。

因特殊情况,需要增加或者调整司法解释立项的,有关部门提出建议,由研究室报分管院领导审批后报常务副院长或者院长决定。

第十三条 最高人民法院各审判业务部门拟对高级人民法院、解放军军事法院的请示制定批复的,应当及时提出立项建议,送研究室审查立项。

第十四条 司法解释立项计划应当包括以下内容:立项来源,立项的必要性,需要解释的主要事项,司法解释起草计划,承办部门以及其他必要事项。

第十五条 司法解释应当按照审判委员会讨论通过的立项计划完成。未能按照立项计划完成的,起草部门应当及时写出书面说明,由研究室报分管院领导审批后提交审判委员会决定是否继续立项。

三、起草与报送

第十六条 司法解释起草工作由最高人民法院各审判业务部门负责。

涉及不同审判业务部门职能范围的综合性司法解释,由最高人民法院研究室负责起草或者组织、协调相关部门起草。

第十七条 起草司法解释,应当深入调查研究,认真总结审判实践经验,广泛征求意见。

涉及人民群众切身利益或者重大疑难问题的司法解释,经分管院领导审批后报常务副院长或者院长决定,可以向社会公开征求意见。

第十八条 司法解释送审稿应当送全国人民代表大会相关专门委员会或者全国人民代表大会常务委员会相关工作部门征求意见。

第十九条 司法解释送审稿在提交审判委员会讨论前,起草部门应当将送审稿及其说明送研究室审核。

司法解释送审稿及其说明包括:立项计划、调研情况报告、征求意见情况、分管副院长对是否送审的审查意见、主要争议问题和相关法律、法规、司法解释以及其他相关材料。

第二十条 研究室主要审核以下内容:

(一)是否符合宪法、法律规定;

(二)是否超出司法解释权限;

(三)是否与相关司法解释重复、冲突;

(四)是否按照规定程序进行;

(五)提交的材料是否符合要求;

(六)是否充分、客观反映有关方面的主要意见;

(七)主要争议问题与解决方案是否明确;

(八)其他应当审核的内容。

研究室应当在一个月内提出审核意见。

第二十一条 研究室认为司法解释送审稿需要进一步修改、论证或者协调的,应当会同起草部门进行修改、论证或者协调。

第二十二条 研究室对司法解释送审稿审核形成草案后,由起草部门报分管院领导和常务副院长审批后提交审判委员会讨论。

四、讨论

第二十三条 最高人民法院审判委员会应当在司法解释草案报送之次日起三个月内进行讨论。逾期未讨论的,审判委员会办公室可以报常务副院长批准延长。

第二十四条 司法解释草案经审判委员会讨论通过的,由院长或者常务副院长签发。

司法解释草案经审判委员会讨论原则通过的,由起草部门会同研究室根据审判委员会讨论决定进行修改,报分管副院长审核后,由院长或者常务副院长签发。

审判委员会讨论认为制定司法解释的条件尚不成熟的,可以决定进一步论证、暂缓讨论或撤销立项。

五、发布、施行与备案

第二十五条 司法解释以最高人民法院公告形式发布。

司法解释应当在《最高人民法院公报》和《人民法院报》刊登。

司法解释自公告发布之日起施行,但司法解释另有规定的除外。

第二十六条 司法解释应当自发布之日起三十日内报全国人民代表大会常务委员会备案。

备案报送工作由办公厅负责,其他相关工作由研究室负责。

第二十七条 司法解释施行后,人民法院作为裁判依据的,应当在司法文书中援引。

人民法院同时引用法律和司法解释作为裁判依据的,应当先援引法律,后援引司法解释。

第二十八条 最高人民法院对地方各级人民法院和专门人民法院在审判工作中适用司法解释的情况进行监督。上级人民法院对下级人民法院在审判工作中适用司法解释的情况进行监督。

六、编纂、修改、废止

第二十九条 司法解释的编纂由审判委员会决定,具体工作由研究室负责,各审判业务部门参加。

第三十条 司法解释需要修改、废止的,参照司法解释制定程序的相关规定办理,由审判委员会讨论决定。

第三十一条 本规定自2007年4月1日起施行。1997年7月1日发布的《最高人民法院关于司法解释工作的若干规定》同时废止。

(三)最高人民检察院司法解释工作规定(高检发办字〔2019〕55号)

第一章 一般规定

第一条 为加强和规范司法解释工作,统一法律适用标准,维护司法公正,根据《中华人民共和国人民检察院组织法》《全国人民代表大会常务委员会关于加强法律解释工作的决议》等法律规定,结合检察工作实际,制定本规定。

第二条 人民检察院在检察工作中具体应用法律的问题,由最高人民检察院作出司法解释。

地方人民检察院、专门人民检察院不得制定司法解释和司法解释性质文件。

第三条 司法解释应当主要针对具体的法律条文,并符合立法的目的、原则和原意。

第四条 司法解释工作应当依法接受全国人民代表大会及其常务委员会的监督。

全国人民代表大会及其常务委员会认为司法解释违反法律规定的,最高人民检察院应当及时予以修改或者废止。

研究制定司法解释过程中,对于法律规定需要进一步明确具体含义,或者法律制定后出现新情况,需要明确适用法律依据的,最高人民检察院应当向全国人民代表大会常务委员会提出法律解释的要求或者提出制定、修改有关法律的议案。

第五条 最高人民检察院制定并发布的司法解释具有法律效力。人民检察院在起诉书、抗诉书、检察建议书等法律文书中,需要引用法律和司法解释的,应当先援引法律,后援引司法解释。

第六条 司法解释采用"解释""规则""规定""批复""决定"等形式,统一编排最高人民检察院司法解释文号。

对检察工作中如何具体应用某一法律或者对某一类案件、某一类问题如何应用法律制定的司法解释,采用"解释""规则"的形式。

对检察工作中需要制定的办案规范、意见等司法解释,采用"规定"的形式。

对省级人民检察院(包括解放军军事检察院、新疆生产建设兵团人民检察院)就检察工作中具体应用法律问题的请示制定的司法解释,采用"批复"的形式。

修改或者废止司法解释,采用"决定"的形式。

第七条 对于同时涉及检察工作和审判工作中具体应用法律的问题,最高人民检察院应当商请最高人民法院联合制定司法解释。对于最高人民法院商请最高人民检察院联合制定司法解释的,最高人民检察院应当及时研究,提出意见。

最高人民检察院与最高人民法院联合制定的司法解释需要修改、补充或者废止的,应当与最高人民法院协商。

第八条 司法解释的研究起草工作由最高人民检察院法律政策研究室和各检察厅分别负责。法律政策研究室主要负责涉及多部门业务的综合性司法解释的研究起草工作,各检察厅主要负责本部门业务范围的司法解释的研究起草工作。

司法解释的立项、审核、编号、备案、清理等工作由法律政策研究室负责。

地方人民检察院、专门人民检察院应当配合最高人民检察院法律政策研究室和各检察厅做好司法解释有关工作。

第二章 司法解释的立项

第九条 制定司法解释,应当立项。

最高人民检察院制定司法解释的立项来源包括:

(一)最高人民检察院检察委员会关于制定司法解释的决定;

(二)最高人民检察院检察长关于制定司法解释的批示;

(三)最高人民检察院法律政策研究室、各检察厅提出制定司法解释的建议;

(四)省级人民检察院向最高人民检察院提出制定司法解释的请示;

(五)全国人大代表、全国政协委员提出制定司法解释的建议或者提案;

(六)有关机关、社会团体或者其他组织以及公民提出制定司法解释的建议;

(七)最高人民检察院认为需要制定司法解释的其他情形。

省级以下人民检察院认为需要制定司法解释的,应当层报省级人民检察院,由省级人民检察院审查决定是否向最高人民检察院提出请示。

第十条 最高人民检察院检察委员会决定制定司法解释或者最高人民检察院检察长批示制定司法解释的,由最高人民检察院法律政策研究室直接立项。

其他制定司法解释的立项建议,由最高人民检察院法律政策研究室提出审查意见,报检察长决定。

第十一条 各检察厅需要制定司法解释的,应当于每年年底前提出下一年度的立项建议。

根据工作需要,临时制定司法解释的,应当及时提出立项建议。

第十二条 法律政策研究室根据立项情况,于每年年初起草本年度司法解释工作计划,报检察长决定提交检察委员会审议。

根据工作需要,经检察长或者检察委员会决定,可以对司法解释工作计划进行补充或者调整。

第十三条 司法解释应当按照年度工作计划完成。不能按照年度工作计划完成的,司法解释起草部门应当及时作出书面说明,由法律政策研究室提出是否继续立项的意见,报检察长决定。

第三章 司法解释的起草、审核

第十四条 已经立项的司法解释,起草部门应当及时开展调研起草工作,形成司法解释意见稿。

第十五条 司法解释意见稿应当报送全国人民代表大会相关专门委员会或者全国人民代表大会常务委员会相关工作机构征求意见。

司法解释意见稿应当征求有关机关以及地方人民检察院、专门人民检察院的意见;根据情况,可以征求人大代表、政协委员以及专家学者等的意见。

涉及广大人民群众切身利益的司法解释,经检察长决定,可以在报纸、互联网等媒体上公开征求意见。

第十六条 司法解释起草部门在征求意见和对司法解释意见稿进行修改完善后,认为可以提交检察委员会审议的,应当形成司法解释送审稿,撰写起草说明,附典型案例等相关材料,经分管副检察长同意,送法律政策研究室审核。

第十七条 司法解释送审稿的起草说明包括以下内容:

(一)立项来源和背景;

(二)研究起草和修改过程;

(三)司法解释送审稿的逐条说明,包括各方面意见、争议焦点、起草部门研究意见和理由;

(四)司法解释通过后进行发布和培训的工作方案。

第十八条 法律政策研究室应当对司法解释送审稿及其起草说明进行审核。认为需要进一步修改、补充、论证的,提出书面意见,退回起草部门。

认为需要征求有关机关意见的,报分管副检察长批准,以最高人民检察院或者最高人民检察院办公厅名义征求意见。

认为可以提交检察委员会审议的,形成司法解释审议稿,报检察长决定提交检察委员会审议。

第四章 检察委员会审议

第十九条 最高人民检察院发布的司法解释应当经最高人民检察院检察委员会审议通过。

检察委员会审议司法解释,由法律政策研究室汇报,起草部门说明相关问题,回答委员询问。

第二十条 对检察委员会审议通过的司法解释,法律政策研究室根据审议意见对司法解释审议稿进行修改后,报检察长签发。

第二十一条 检察委员会经审议,认为制定司法解释的条件尚不成熟的,可以决定进一步研究论证或者撤销立项。

第五章 司法解释的发布、备案

第二十二条 最高人民检察院的司法解释以最高人民检察院公告的形式,在《最高人民检察院公报》和最高人民检察院官方网站公布。

第二十三条 司法解释以最高人民检察院发布公告的日期为生效时间。司法解释另有规定的除外。

第二十四条 司法解释应当自公布之日起三十日以内报送全国人民代表大会常务委员

会备案。

第六章 其他相关工作

第二十五条 最高人民检察院法律政策研究室应当对地方人民检察院和专门人民检察院执行司法解释的情况和效果进行检查评估,检查评估情况向检察长或者检察委员会报告。

第二十六条 法律制定、修改、废止后,相关司法解释与现行法律规定相矛盾的内容自动失效;最高人民检察院对相关司法解释应当及时予以修改或者废止。

第二十七条 最高人民检察院定期对司法解释进行清理,并对现行有效的司法解释进行汇编。司法解释清理参照司法解释制定程序的相关规定办理。

司法解释清理情况应当及时报送全国人民代表大会常务委员会。

第二十八条 本规定自印发之日起施行。

附录二　教学参考材料

一、《法律方法》教学方案

课程类别：必修或选修

教授对象：本科二、三年级学生，研究生一、二年级学生

教授目的：本课程沿应用法律的实际过程展开，先讲授法律方法如何发生，再逐一研讨作出法律判断的各个环节：查明事实——寻找规范——涵摄——得出结论，以期让学生系统掌握法律方法的知识体系，再辅以适当的案例分析和讨论，于民法、刑法和行政法等部门中体味方法之功用，提高运用法律方法处理实际问题的能力和创造性思维的能力。

教学方法：讲授＋案例研讨

讲授时间：12周，每周3学时，共计36学时，讲授24学时，课堂案例讨论12学时

考试方式：课堂案例讨论与结课开卷笔试，各占总成绩的40%和60%

主要参考读物：

雷蒙德·瓦克斯：《读懂法理学》，广西师范大学出版社，2016年。

布赖恩·比克斯：《法理学：理论与语境》，法律出版社，2008年。

郑永流：《法律方法阶梯》(第4版)，北京大学出版社，2020年。

卡尔·恩吉施：《法律思维导论》(修订版)，法律出版社，2014年。

星野英一：《民法的另一种学习方法》，法律出版社，2008年。

郑永流：《义理大道，与人怎说？——法律方法问答录》，载《政法论坛》2006年5月。

卡尔·拉伦茨：《法学方法论》，商务印书馆，2003年。

王泽鉴：《法律思维与民法实例》，中国政法大学出版社，2001年。

黄茂荣：《法学方法与现代民法》，中国政法大学出版社，2001年。

P. Mastronardi, Juristisches Denken, 2. Aufl. 2004.

D. Schmalz, Methodenlehre für das juristische Studium, 4. Aufl. 1998.

课 程 大 纲

第一周：认识法律方法

1. 法律方法如何发生？法律方法有何功能？
2. 何谓法律方法？各部门法有自己的方法吗？
3. 法律规范的类型与结构。

本节阅读资料：

1. 郑永流：《法律方法阶梯》，导论、第一章。
2. 郑永流：《义理大道，与人怎说？——法律方法问答录》。
3. 卡尔·拉伦茨：《法学方法论》，导论。
4. 黄茂荣：《法学方法与现代民法》，§3 法律规定的逻辑结构。

5. 王泽鉴:《法律思维与民法实例》,第一章。
6. 星野英一:《民法的另一种学习方法》,第3讲。

第二周:法律判断形成的过程

1. 如何链接事实与规范。
2. 司法三段论的结构、有效性及其局限。
3. 等置模式。

本节阅读资料:

1. 郑永流:《法律方法阶梯》,第二、九章。
2. 卡尔·恩吉施:《法律思维导论》。
3. 卡尔·拉伦茨:《法学方法论》,第二章。

第三周:法律判断形成的过程 课堂案例讨论

第四周:小提前的建构方法

1. 法律事实的性质。
2. 确定事实的方法。
3. 事实与评价。

本节阅读资料:

1. 郑永流:《法律方法阶梯》,第四章。
2. 卡尔·拉伦茨:《法学方法论》,第二章。

第五周:大前提的建构方法:有法律规定的情形(上)

1. 规范与大前提。
2. 文义解释。
3. 历史解释。
4. 体系解释。
5. 主观目的解释。

本节阅读资料:

1. 郑永流:《法律方法阶梯》,第五、六章。
2. 卡尔·拉伦茨:《法学方法论》,第五章。

第六周:大前提的建构方法:有法律规定的情形(上) 课堂案例讨论

第七周:大前提的建构方法:有法律规定的情形(下)

1. 客观目的探究。
2. 正当违背法律。

本节阅读资料:

1. 郑永流:《法律方法阶梯》,第五、六章。
2. 卡尔·拉伦茨:《法学方法论》,第五章。

第八周:大前提的建构方法:有法律规定的情形(下) 课堂案例讨论

第九周:大前提的建构方法:无法律规定的情形

1. 类推。
2. 法律补充。
3. 反向推论。

本节阅读资料:

1. 郑永流:《法律方法阶梯》,第七章。

2. 卡尔·拉伦茨:《法学方法论》,第六章。

3. 亚图·考夫曼:《类推与"事物本质"——兼论类型理论》,吴从周译,学林文化事业出版社,1999 年。

第十周:大前提的建构方法:无法律规定的情形　课堂案例讨论

第十一周:法律原则、一般条款和不确定概念的适用方法

1. 原则与规则的性质。

2. 原则的权衡问题及方法。

3. 一般条款的适用问题。

4. 适用不确定概念的法律方法。

本节阅读资料:

1. 郑永流:《法律方法阶梯》,第五、六、八章。

2. 德沃金:《规则模式Ⅰ》,载氏著《认真对待权利》,信春鹰、吴玉章译,上海三联书店,2008。

3. Robert Alexy, *A Theory of Constitutional Rights*, New York: Oxford University Press, 2002.

4. 星野英一:《民法的另一种学习方法》,第4、5 讲。

第十二周:法律原则 一般条款和不确定概念的适用方法　课堂案例讨论　全课总结

附:课堂案例讨论方案

● **分组**:全班分为若干大组,每个大组分为小组,每个小组 1 或 2 人;每节课 2 个小组报告。

● **教师或助手主持**。

● **规则**:

1. 先由两个小组报告同一案例;每组报告时间为 20 分钟,研讨 50 分钟。一人主报告,并配有适当的 PPT。

2. 报告着重分析案例的争议点和使用的法律方法(要点和合理性、限度等等);不得对事实做增删和修改,或者提出新的事实假设。

3. 其余同学参与讨论,重点集中于报告的争议焦点是否准确,使用的法律方法是否合理和得当,论证是否充分等等。

4. 根据小组口头报告和书面作业,按小组计分,评出平常成绩,百分制,占总成绩40%。

● **案例**:每节课讨论 1 个案例,两节课 2 个案例。四次讨论共 8 个案例。

● **助手任务**:

1. 选择案例。提前 3—5 天发给全体学生。每次课堂案例讨论前,助手需要充分讨论和掌握案例的争议点及其适用方法,提前写出简要分析报告。

2. 主持课堂案例讨论。

3. 评定各组平时成绩。

4. 总结各次讨论情况。

二、课堂讨论案例选

(一)"法律判断形成的过程"

案例1 2002年3月19日,被告人魏××和岳×、岳××经事先预谋伺机抢劫位于上海市嘉定区马陆镇石岗村的芳芳商店,并为此准备了仿真玩具手枪、封箱胶带、尼龙绳和三棱刮刀等犯罪工具。当晚11时30分许,三名被告人乘店内无顾客之机,携带上述犯罪工具进入商店,用仿真玩具手枪、三棱刀顶住店主陈××头部及胸部进行威胁,并强行将商店卷帘门拉上,后三人用透明封箱带捆住陈,封住其嘴巴和眼睛,随即被告人魏××从该店营业箱内劫得现金450元,被告人岳××持三棱刮刀冲入商店的内侧卧室,对睡在床上的陈妻黄××进行威胁,逼其交出钱款,从而在陈××的衣服口袋内及衣橱顶部劫得现金人民币900余元。被告人魏××、岳××被接警赶到的民警当场抓获,被告人岳×逃跑,次日凌晨被抓获归案。

案例2 广药集团是第626155号、3980709号、9095940号"王老吉"系列注册商标的商标权人。上述商标核定使用的商品种类均为第32类:包括无酒精饮料、果汁、植物饮料等。2012年5月25日,广药集团与大健康公司签订《商标使用许可合同》,许可大健康公司使用第3980709号"王老吉"商标,许可使用期限自2012年5月25日起至2016年3月6日止。同日,广药集团还出具《证明》,授权大健康公司使用"王老吉"商标,并采取广告宣传、公证取证或诉讼等方式维护"王老吉"品牌的合法权益。

1995年3月28日和9月14日,鸿道集团与广州羊城药业股份有限公司王老吉食品饮料分公司分别签订《商标使用许可合同》和《商标使用许可合同补充协议》,取得独家使用第626155号商标生产销售带有"王老吉"三个字的红色纸包装和罐装清凉茶饮料的使用权。1997年6月14日,陈鸿道被国家专利局授予《外观设计专利证书》,获得外观设计名称为"罐帖"的"王老吉"外观设计专利。2000年5月2日,广药集团(许可人)与鸿道集团(被许可人)签订《商标许可协议》,约定许可人授权被许可人在中国境内(但不包括香港、澳门和台湾地区)使用第626155号"王老吉"注册商标生产销售红色罐装及红色瓶装王老吉凉茶。被许可人未经许可人书面同意,不得将该商标再许可其他第三者使用,但属被许可人投资(包括全资或合资)的企业使用该商标时,不在此限,但需知会许可人;许可人除自身及其下属企业已生产销售的绿色纸包装"王老吉"清凉茶外,许可人不得在第32类商品(饮料类)在中国境内使用"王老吉"商标或授权第三者使用"王老吉"商标,双方约定许可的性质为独占许可,许可期限自2000年5月2日至2010年5月2日止。此后,通过鸿道集团及其关联公司长期多渠道的营销、公益活动和广告宣传,培育红罐"王老吉"凉茶品牌,并获得众多荣誉,如罐装"王老吉"凉茶饮料在2003年被广东省佛山市中级人民法院认定为知名商品,"王老吉"罐装凉茶的装潢被认定为知名商品包装装潢;罐装"王老吉"凉茶多次被有关行业协会等评为"最具影响力品牌";根据中国行业企业信息发布中心的证明,罐装"王老吉"凉茶在2007—2012年度均获得市场销量或销售额的第一名等等。加多宝中国公司成立于2004年3月3日,注册资本为1200万美元。加多宝中国公司成立后开始使用前述"王老吉"商标生产红色罐装凉茶(罐身对称两面从上至下印有"王老吉"商标)。

2012年5月9日,中国国际经济贸易仲裁委员会对广药集团与鸿道集团之间的商标许可合同纠纷作出终局裁决:(1)《"王老吉"商标许可补充协议》和《关于"王老吉"商标使用许可合同的补充协议》无效;(2)鸿道集团停止使用"王老吉"商标。庭审中,加多宝中国公司陈述称,鸿道集团与广药集团就商标许可使用发生争议后,其在2011年11月开始生产一面印有"王老吉"、对称另一面印有"加多宝"的红色罐装凉茶饮料。在中国国际经济贸易仲裁委员会就商标许可合同纠纷作出终局裁决后,开始生产对称两面均印有"加多宝"的加多宝凉茶饮料。2012年7月1日,广东加多宝饮料食品有限公司(简称广东加多宝公司)出具《授权书》,该授权书载明:广东加多宝公司授权加多宝中国公司在其生产的红罐凉茶外包装上印制"全国销量领先的红罐凉茶改名加多宝"。其后,加多宝中国公司生产的大批印有"全国销量领先的红罐凉茶改名加多宝"的红罐凉茶出现在市面上。

大健康公司认为,加多宝公司在其生产的红罐凉茶外包装上印制"全国销量领先的红罐凉茶改名加多宝"并大肆广告宣传的行为,构成了不正当竞争,遂向法院起诉。

案例3 2001年,在沪台资企业某服装有限公司委托上海某地铁广告公司在该市地铁的4个站点发布品牌内衣广告时,打出了"玩美女人"的广告语。4月19日《解放日报》提出异议。8月,上海市工商局黄浦分局以广告内容违反《广告法》中"妨碍社会公共秩序和违背社会良好风尚"为由,责令某服装有限公司停止发布广告,公开更正,并罚款20多万元。某服装有限公司不服,诉至法院。法庭上,某服装有限公司认为"玩"有"做、追求、崇尚"的意思,"玩美女人"可理解为"追求崇尚美好的女人",绝非有人想象的那么庸俗。工商部门指出,"玩"有"戏弄、玩弄"的意思,广告主对广告的理解不能强加于受众。12月,上海市黄浦区人民法院作出维持上海市工商局黄浦分局对某服装有限公司行政处罚的判决。

(二)"大前提的建构方法——有法律规定的情形"案例

案例1 2003年7月5日,河北××农牧集团有限公司董事长孙××以涉嫌非法吸收公众存款罪被逮捕。2003年10月30日,河北省徐水县人民法院依照《刑法》第176条、第72条之规定,判决河北××农牧集团有限公司犯非法吸收公众存款罪,判处罚金30万元;判决孙××犯非法吸收公众存款罪,判处有期徒刑3年,缓刑4年,罚金10万元。本案中,关于《刑法》第176条的规定的理解,存在争议。

《刑法》第176条规定:"非法吸收公众存款或者变相吸收公众存款,扰乱金融秩序的,处3年以下有期徒刑或者拘役,并处或者单处2万元以上20万元以下罚金;……"1998年国务院颁布的《非法金融机构和非法金融业务活动取缔办法》规定,非法吸收公众存款是指未经中国人民银行批准,向社会不特定对象吸收资金,出具凭证,承诺在一定期限内还本付息的活动;变相吸收公众存款,是指未经中国人民银行批准,不以吸收公众存款的名义,向社会不特定对象吸收资金,但承诺履行的义务与吸收公众存款性质相同的活动。

但孙××辩称,其公司只向公司的员工及其亲朋好友以及与公司有经常性经济往来的附近村民进行筹资,是面向特定对象,因此不符合非法吸收公众存款罪的向社会不特定对象吸收资金的构成要件。

案例2 赵女士与孙×于2012年登记结婚,在外人看来,夫妻郎才女貌,十分般配,然而婚后不久,两人就产生矛盾。赵女士说,孙×在夫妻生活方面经常提出过分要求,并展现出特殊的性癖好,对她实施各种性虐待行为。

某次,赵女士明确拒绝,两人感情开始恶化,后分居。随后赵女士发现孙×和其他男人一直有不正当关系,和赵女士分居后孙×就与一男人同居,已一年有余。赵女士心灰意冷,找来孙×协议离婚,孙×坚决不同意。原因乃孙×出身农村,性取向男,故大龄未婚。亲朋好友不知个中缘由,只知"男大当婚"便向其施加了极大的压力。迫于压力,孙×遂与赵女士结婚,结婚时孙×已近40岁。如果现在离婚,孙×将再次面对来自亲友的压力,其性取向亦可能暴露。赵女士无奈,遂向法院提起诉讼,请求法院判决离婚。

案例3 2003年12月20日,四川省金堂县图书馆与原告何××之夫黄××联办多媒体电子阅览室。经双方协商,由黄××出资金和场地,每年向金堂县图书馆缴管理费2400元。2004年4月2日,黄××以其子何×的名义开通了ADSL84992722(期限到2005年6月30日),在金堂县赵镇桔园路一门面房挂牌开业。4月中旬,金堂县文体广电局市场科以整顿网吧为由要求其停办。经金堂县图书馆与黄××协商,金堂县图书馆于5月中旬退还黄××2400元管理费,摘除了"金堂县图书馆多媒体电子阅览室"的牌子。2005年6月2日,金堂工商局会同金堂县文体广电局、金堂县公安局对原告金堂县赵镇桔园路门面房进行检查时发现,金堂实验中学初一学生叶×、杨×、郑×和数名成年人在上网打游戏。原告未能出示《网络文化经营许可证》和营业执照。金堂工商局按照《互联网上网服务营业场所管理条例》第27条"擅自设立互联网上网服务营业场所,或者擅自从事互联网上网服务经营活动的,由工商行政管理部门或者由工商行政管理部门会同公安机关依法予以取缔,查封其从事违法经营活动的场所,扣押从事违法经营活动的专用工具、设备"的规定,以成工商金堂扣字(2005)第02747号《扣留财物通知书》决定扣留原告的32台电脑主机。何××对该扣押行为及扣押电脑主机数量有异议遂诉至法院,认为实际扣押了其33台电脑主机,并请求撤销该《扣留财物通知书》。2005年10月8日金堂县人民法院作出(2005)金堂行初字第13号《行政判决书》,维持了成工商金堂扣字(2005)第02747号《扣留财物通知书》,但同时确认金堂工商局扣押了何××33台电脑主机。同年10月12日,金堂工商局以原告的行为违反了《互联网上网服务营业场所管理条例》第7条、第27条的规定作出了成工商金堂处字(2005)第02026号《行政处罚决定书》,决定"没收在何××商业楼扣留的从事违法经营活动的电脑主机32台"。黄××、何××、何×以行政处罚违反法定程序为由,将金堂工商局诉至法院,请求依法撤销成工商金堂处字(2005)第02026号《行政处罚决定书》。

(三)"大前提的建构方法——无法律规定的情形"案例

案例1 杨×与雅安烟草公司劳动合同纠纷案。杨×于2006年2月被雅安烟草公司聘用,在雅安烟草公司下属的芦山县烟草专卖局从事烟草稽查工作。《中华人民共和国劳动合同法》于2008年1月1日实施后,雅安烟草公司与杨×连续签订了两次固定期限的劳动合同,即2008年1月1日至2009年6月30日、2009年7月1日至2012年12月31日。期间杨×胜任本职工作,无任何违反单位规章制度的行为,无"用人单位解除劳动合同"的情形。在第二次劳动合同届满之前,雅安烟草公司向杨×送达《劳动合同到期终止通知书》,明确双方之间的劳动合同于2012年12月31日到期终止,并要求杨×按规定办理相关离职手续。杨×予以拒绝,且分别于2012年11月27日、12月19日、12月28日,向雅安烟草公司递交续订无固定期限劳动合同申请书。因雅安烟草公司拒绝与杨×续订劳动合同,2013年1月1日至1月10日,在杨×继续到雅安烟草公司下属的芦山县烟草专卖局报到的情况下,雅安烟草公司也未安排杨×工作。后杨×向芦山县劳动争议仲裁委员会提出仲裁申请,要求裁决雅安烟草公司与其签订无固定期限劳动合同。2013年3月7日,芦山县劳动争议仲裁委员会作出芦劳仲裁字(2013)04号仲裁裁决书,裁决雅安烟草公司应与杨×签订无固定期限劳动合同。雅安烟草公司因认为该裁决适用法律错误,向审法院提起民事诉讼。

一审法院认为,雅安烟草公司向杨×送达《劳动合同到期终止通知书》,明确双方之间的劳动合同于2012年12月31日到期终止,并要求杨×按规定办理相关离职手续,说明双方没有达成继续签订劳动合同的合意。芦山县劳动争议仲裁委员会裁决雅安烟草公司应与杨

×签订无固定期限劳动合同限制了用人单位的自主权,遂判决支持原告雅安烟草公司的诉讼请求。杨×不服一审法院判决,提出上诉请求。

案例2 2009年11月10日,刘×举办婚宴,亲朋好友都来庆贺。杨×与罗×等8人被安排在一桌吃饭后,饭后8人离去,杨×因醉酒走路不稳,被刘×搀送回家,杨×家中无人,刘×也未告知杨×家人其醉酒行为,次日,杨×死亡。后经协商,刘×赔偿杨×家人6万元。后其家人将同桌8人告上法庭。

案例3 2011年10月13日下午5点30分,广东佛山南海黄岐的广佛五金城里,2岁女童小悦悦在过马路时不慎被一辆面包车撞倒并两度碾压,随后肇事车辆逃逸,随后开来的另一辆车辆直接从女童身上再次开了过去,7分钟内在女童身边经过的有十几个路人,只有最后一名拾荒阿姨陈××上前施以援手。2011年10月21日,小悦悦经医院全力抢救无效,于0时32分离世。2011年10月24日上午,广东佛山南海区检察院称已批准逮捕小悦悦碾压案嫌疑人。

(四)"法律原则、一般条款和不确定概念"案例

案例1 "凶宅"买卖案

2000年,在学界、政界风云人物张××的安排下,风流才子徐×迎娶了张××妹妹张×,即便夫妻二人之前素未谋面。作为嫁妆,张××赠予了夫妇二人一套海南的海景别墅,供二人生活所用。外人看来,这本是一段佳缘,实则夫妻二人矛盾不断。自由意识逐渐觉醒的徐×越看这位"盲婚哑嫁"的妻子就越不顺眼,期盼着一段与其自由思想相匹配的——自由的、浪漫的婚姻;同时徐×心中封建大男子主义思想又根深蒂固,认为男人一妻多妾乃天经地义,妻子理当接受。两种思想交织,婚后不及一年,徐×便时常带"女朋友"回家过夜,妻子张×怀孕期间亦是如此。张×终日以泪洗面,如此抑郁之心情,其结果便是,孩子生下来便因发育不良夭折了。孩子夭折半年后,张×又怀孕了。但张×再次怀孕,还是没换来丈夫的关爱,摆在她面前的是一张人民大学的博士录取通知书——徐×的。

未及张×分娩,徐×便远赴千里之外的京城攻读文学博士。本是风流才子,徐×入京后如鱼得水,张×总是能够在电视上、期刊上看到关于徐×的消息——既有学界对其的嘉誉,也有徐×与形形色色女子的风流韵事。一晃数载过去,徐×流连京城,一次也未回家,似乎已忘了千里之外的妻子与幼儿。张×常年联系不上徐×,最终于海景别墅忧郁而亡,幼儿也因无人照料随母而去。物业催缴电费时,才发现母子二人在家中身亡,随后经多方努力才联系上张××。张××处理完张×及外甥后事,前往徐×北京家中丢下一句"你妻儿死了"便愤恨离去。徐×得知后,便委托情人林×前往海南处理海景别墅。

2010年,常年留学在外的杨××,归国后被海南大学聘为教授,得知梦中情人林×为他人出售房产,便以800万的价格购得,盼以此事增进与林×的感情。房产交付前,双方还聘请了专业的房产质检机构,对房产的质量、面积进行了评估。购置房产后,林×与杨××于海景别墅同居了1个月,好不浪漫。不料好景不长,林×与杨××出现了矛盾,不知所踪。杨××亦无心在此浪漫地不浪漫地居住下去。同时,杨××从物业处得知,徐×妻儿皆在此别墅死亡,遂以此为由向法院起诉,请求解除合同,并要求徐×返还购房款。

案例2 2003年3月19日下午,强×和妻子在湖边等人时,见到一名儿童在湖边玩耍时突然落水,在湖里拼命挣扎。强×见状,立即冲过去跳入湖中抢救该落水儿童,落水儿童终于被救。然而,由于强×救人后体力不支,双腿不听使唤,沉入水中,后被闻讯赶来的群众救起。强×由于筋骨受冻,下肢瘫痪,不能行走。两年来一直接受治疗,花去医药费近3万

元。强×和妻子向被救儿童家长王×索要医药费(已付过5000元)遭拒后,即诉至法院,要求王×支付医疗费、误工费等合计4.5万余元。

案例3　2004年8月14日下午,胡×驾驶两轮摩托车搭乘罗×在成都市成华区圣灯乡人民塘村,趁一妇女不备,抢夺其佩戴的金项链后驾车逃逸。张×和现场群众刘×等人闻讯后,立即乘坐由张×驾驶的轿车追赶。当追至一立交桥上时,刘×和张×责令胡×、罗×二人停车,但胡×为摆脱追赶而驾驶摩托车高速蛇形行驶。张×驾驶的轿车与胡×的摩托车并行时,摩托车与右侧的立交桥护栏和张×的轿车发生碰撞后侧翻,致使罗×从摩托车上摔落桥面造成左小腿骨折等多处损伤,胡×则摔落桥下死亡。罗×在治疗期间左小腿被截肢。对于张×的行为是否正当防卫以及是否防卫过当,引起争论。

三、学生作业选　陈×诉上海市杨浦区民政局双重国籍婚姻撤销案①

陈×诉上海市杨浦区民政局双重国籍婚姻撤销案

开课学期:2019—2020年秋季学期

授课教师:郑永流　教授

汇报人:殷　超　宋东岳

汇报日期:2019年12月4日

提交日期:2019年12月11日

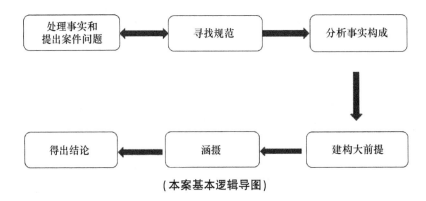

(本案基本逻辑导图)

一、处理案件事实并提出问题

(一)案情介绍

张×于2009年9月加入加拿大国籍,2011年10月8日,张×和陈×持各自的中国居民身份证和户口簿材料,前往上海市杨浦区民政局申请登记结婚,当时张×的中国居民户籍及身份证均未注销。民政局经审查后确认户口簿和身份证合法有效,询问两人结婚意愿并填写各类表格后向两人颁发结婚证。后张×以加拿大国籍身份在四川起诉要求与陈×离婚。同时,陈×又以张×已加入外国国籍其提供用以结婚的身份证明文件无效、上海市杨浦区民政局作为区级婚姻登记机关无权受理涉外婚姻登记申请为由,向法院提起行政诉讼,要求撤销该结婚登记。

(二)处理事实

张×入籍加拿大后持尚未注销的中国身份证件与陈×进行婚姻登记,登记机关对证件、

---

① 作者为中欧法学院2019级硕士研究生殷超和宋东岳。

证明等材料进行审查后准予进行婚姻登记。

（三）提出问题

婚姻登记机关是否完全履行了**审查义务**（形式审查 or 实质审查存疑），即婚姻登记行为是否因存在程序违法而应予撤销？

二、寻找法律规范

（一）《婚姻登记条例》

第七条 婚姻登记机关应当对结婚登记当事人出具的**证件**、**证明材料**进行审查并询问相关情况。对当事人符合结婚条件的，应当**当场予以登记**，发给结婚证；对当事人不符合结婚条件不予登记的，应当向当事人说明理由。

第五条 办理结婚登记的内地居民应当出具下列证件和证明材料：（一）本人的**户口簿、身份证**；（二）本人无配偶以及与对方当事人没有直系血亲和三代以内旁系血亲关系的签字声明。

办理结婚登记的香港居民、澳门居民、台湾居民应当出具下列证件和证明材料：（一）本人的有效**通行证、身份证**；（二）经居住地公证机构公证的本人无配偶以及与对方当事人没有直系血亲和三代以内旁系血亲关系的声明。

办理结婚登记的华侨应当出具下列证件和证明材料：（一）本人的有效**护照**；（二）居住国公证机构或者有权机关出具的、经中华人民共和国驻该国使（领）馆认证的本人无配偶以及与对方当事人没有直系血亲和三代以内旁系血亲关系的证明，或者中华人民共和国驻该国使（领）馆出具的本人无配偶以及与对方当事人没有直系血亲和三代以内旁系血亲关系的证明。

办理结婚登记的外国人应当出具下列证件和证明材料：（一）本人的**有效护照或者其他有效的国际旅行证件**；（二）所在国公证机构或者有权机关出具的、经中华人民共和国驻该国使（领）馆认证或者该国驻华使（领）馆认证的本人无配偶的证明，或者所在国驻华使（领）馆出具的本人无配偶的证明。

（二）《民政部关于贯彻执行〈婚姻登记条例〉若干问题的意见》

第三条 关于身份证、户口簿查验问题当事人所持户口簿与身份证上的"姓名"、"性别"、"出生日期"内容不一致的，婚姻登记机关应告知当事人先到户籍所在地的公安部门履行相关项目变更和必要的证簿换领手续后再办理婚姻登记。

当事人声明的婚姻状况与户口簿"婚姻状况"内容不一致的，婚姻登记机关对当事人婚姻状况的**审查主要依据其本人书面声明**。

（三）《婚姻登记工作规范》

第三十六条 婚姻登记员受理结婚登记申请，应当按照下列程序进行：

(1) 询问当事人的结婚意愿；

(2) 查验本规范第二十九条至第三十五条规定的**相应证件和材料**[①]；

(3) 自愿结婚的双方各填写一份《申请结婚登记声明书》；《申请结婚登记声明书》中"声明人"一栏的签名必须由**声明人**在监誓人面前完成并**按指纹**；

(4) 当事人现场复述声明书内容，婚姻登记员作监誓人并在监誓人一栏签名。

---

① 《婚姻登记工作规范》第 29 条到第 36 条所涉内容较多，但表述与《婚姻登记条例》无实质性差异，均意在强调婚姻登记需要提交的身份证、户口簿等材料，故不再予以展开列举。

三、分析事实构成

将上述《婚姻登记条例》第 7 条作为本案适用的主要法律规范予以分解,其事实构成是明确且简单的,即"登记机关应当对婚姻登记当事人出具的**证件、证明材料**进行**审查**并询问相关情况"。然而,恰如英国著名法官曼斯菲尔德勋爵所言:"世界上的大多数纠纷都是由词语所引起的。"①事实构成中的表述似乎是确定无疑的,但对应到纷繁复杂的个案事实中又往往显得"词(辞)不达意"。所谓"审查"究竟为何意?在现有的法律体系中对应着完全不同的两类审查行为,也直接关涉到婚姻登记行为是否存在违反法定程序的判断。本案中,婚姻登记机关"审查"义务的承担尚属法律规定不明确的状态,需要以此为逻辑起点予以建构。本文主要运用的方法为体系解释和目的解释,并将相关理论学说与司法实践作为佐证本文观点的材料。

四、建构大前提

在既有法律规定不明确时,需要诉诸法律解释。法律解释,系德国法释义学(也称"法教义学")中最重要的方法之一,是围绕着现行有效的法律做抽象的、概念的和体系化的解释,其最终目标指向的是现实法律争议的解决。所谓体系解释,是指"以法律条款在法律体系上的地位,就是依篇章章节条款前后相关联的位置,或者依相关条项款之意,阐明文本规范意旨的法律解释方法"。② 在诸多法律解释方法中,体系解释立足于一国既有的法律框架,对具体问题作具体的分析应用,不仅符合辩证唯物主义的要求,而且充分认识到了法律内在的统一性、含义的相互关联性,是字义解释所不能及时的首要选择。

(一)"审查"的体系解释

首先,根据《婚姻登记条例》第 5 条的规定,在我国申请办理结婚登记的当事人身份不同,依法需要提交的材料亦有所不同,但均限于有效身份证件、无配偶及无血亲关系的证明两类材料。民政部出台的《婚姻登记工作规范》第 29 条到第 36 条也充分认可了上述审查对象。但是以上条文仅是对申请材料的细化,"审查"概念在上述条款中的反复使用,实际上对明确审查义务的具体限度作用有限,甚至会陷入"明希豪森"三种困境中的循环论证,因此需要进一步对其他法律规范的进行体系化的探究。根据《婚姻登记工作规范》附件 1"申请婚姻登记声明书"的相关内容③,婚姻登记当事人自身对提交审查材料的真实性负责,而非由登记机关承担该责任。根据权责一致的基本原则,材料真实性义务由当事人承担,登记机关自然无权对其真实性进行审查。《民政部关于贯彻执行〈婚姻登记条例〉若干问题的意见》第 3 条对当事人真实婚姻状况的审查也仅以当事人的声明为处理依据,其背后所隐藏的逻辑也是上述判断的明证。最后,从现有涉及婚姻登记的法律规范的整体来看,尚未有明确赋予行政机关以调查权的例证,根据"法无授权不可为"的基本原则,登记机关不具有对当事人提供的相应材料真实性进行审查的法定职权。以上,根据体系解释我们可以明确上述"审查"系指形式审查,即根据法律规定对当事人提供的相关材料是否齐全、表面上真实进行审查,材料实际的真实性等实质内容由当事人自行承担保证责任。

---

① 郑永流:《法律方法阶梯》,北京大学出版社 2015 年版,第 16 页。
② 杨仁寿:《法学方法论》,中国政法大学出版社 1999 年版,第 140 页。
③ 根据附件的示例,申请婚姻登记声明书结尾部分会标明:本人上述声明完全真实,如有虚假,愿承担法律责任。这一声明充分说明了登记材料以及结婚意愿真实性义务的承担者为婚姻登记当事人。

(二)"审查"的目的解释

1. 形式审查符合《婚姻登记条例》的立法目的

意思自治是现代民法的基本精神,其在婚姻法中的表现即是婚姻自由。具体内容包括:是否结婚的自由、和谁结婚的自由、是否离婚的自由。简言之,作为婚姻的当事人,对于婚姻有独立判断、选择、取舍的权利,婚姻当事人的意思自治成为婚姻效力的根源。而婚姻登记制度的基本功能应当是对婚姻的公示,也是对婚姻自由的保护和认可。①《婚姻登记条例》第1条即开宗明义,"为了规范婚姻登记工作,保障婚姻自由、一夫一妻、男女平等的婚姻制度的实施,保护婚姻当事人的合法权益,根据《中华人民共和国婚姻法》(以下简称婚姻法),制定本条例"。《婚姻登记条例》将《婚姻法》中确立的婚姻自由原则作为其立法目的,使婚姻关系当事人有权在法定的范围内,自主、自愿地决定本人的婚姻问题,不受任何人的干涉或强制。在婚姻关系成立或解除过程中,婚姻登记机关作为行政管理机关即负有保障婚姻自由的实施、保障当事人合法权益的义务,这种保障作用是通过为婚姻关系当事人履行法定义务服务,即通过进行婚姻登记来实现的。② 在婚姻登记过程中,只要当事人意思表示真实、双方完全自愿且根据法律规定提交的相应身份信息材料和证明齐全且表面真实,登记机关就应当为其办理登记,而不应对材料加以实质性审查,这符合婚姻登记的"当场性"要求。如果苛求婚姻登记机关需对双方当事人提交材料的实质内容进行审查将给行政机关带来负担的同时也侵犯了婚姻当事人的合法权益。实质审查义务要求婚姻登记机关进一步调查取证,确认双方当事人提交的证明材料真实无误后才能为其办理婚姻登记。这势必将延长婚姻登记的审查时间,降低审查效率,实际上是对婚姻自由的一种侵犯。

2. 形式审查符合《婚姻法》的宗旨

诚如前文所述,《婚姻登记条例》系为保障《婚姻法》"婚姻自由"等原则和价值而对婚姻登记程序的规范化,二者的立法宗旨和内在价值取向具有一致性。《婚姻法》仅规定了婚姻无效和因欺诈可撤销的情形③,除此之外并未规定其他事由可能导致婚姻无效、可撤销。而其中婚姻无效的事由正是婚姻登记机关不予办理婚姻登记的原因,婚姻的可撤销则涉及婚姻当事人是否有真实的结婚意思。说明婚姻法旨在维持婚姻关系的稳定,从法理上分析,法无禁止皆自由,除了禁止结婚的情形以及不真实的结婚意思以外,不应对当事人的婚姻效力作出任何限制。即便当事人提交的有关材料内容实质上不真实,只要双方当事人自愿结合,不存在禁止结婚的事由,婚姻登记行为作出以后双方当事人间的婚姻关系便合法有效,不得另行撤销或宣告无效。实践中,许多国家的婚姻法也是秉持这样一种态度。美国立法越来越趋向于对无效婚姻的范围加以限制。在各州的司法实践中违反婚姻程序的情形包括没有取得婚姻许可证、主持结婚仪式的人没有合法资格等,一般而言,各州立法并不认为违反这类程序性要件会影响婚姻的效力,如果出现程序瑕疵的婚姻,美国法院一般是对婚姻当事人、主持仪式或签发结婚证的人员进行行政处罚,但是不会导致婚姻无效。④

---

① 余小蕙、胡斌:《用假身份证登记结婚的法律效力》,载《人民法院报》2008年8月15日。
② 张振英:《婚姻登记瑕疵纠纷的解决路径研究》,内蒙古大学2012年硕士研究生学位论文,第3页。
③ 《婚姻法》第十一条:因胁迫结婚的,受胁迫的一方可以向婚姻登记机关或人民法院请求撤销该婚姻。受胁迫的一方撤销婚姻的请求,应当自结婚登记之日起一年内提出。被非法限制人身自由的当事人请求撤销婚姻的,应当自恢复人身自由之日起一年内提出。第十二条:无效或被撤销的婚姻,自始无效。当事人不具有夫妻的权利和义务。同居期间所得的财产,由当事人协议处理;协议不成时,由人民法院根据照顾无过错方的原则判决。对重婚导致的婚姻无效的财产处理,不得侵害合法婚姻当事人的财产权益。当事人所生的子女,适用本法有关父母子女的规定。
④ 张磊:《论婚姻瑕疵的处理》,华东政法大学2014年硕士研究生学位论文,第11页。

如果让婚姻登记机关承担实质审查义务，要求其对婚姻登记材料的真实性负责，将预示着根据现行的行政法律规范，一旦婚姻登记材料内容是不真实的而婚姻登记机关没有发现，如其中一人为了向另一半证明自己年轻而使用虚假的身份证件，则此婚姻登记行为是违法的，需要撤销。这不仅意味着用行政机关的疏忽去惩罚婚姻当事人，而且也相当于创设了新的撤销婚姻的事由，必然会对当事人之间及社会的稳定造成很大的伤害，与《婚姻法》维护婚姻关系稳定之宗旨相违背。换言之，只有形式审查才能保障除了《婚姻法》第 10 条、第 11 条明确规定的无效和可撤销事由之外，双方当事人之间的婚姻效力不受外界的干涉。

(三) 理论研究和司法实践的支撑

之所以将《婚姻登记条例》第七条的"审查"认定为形式审查，是由婚姻登记行为的性质所决定的——婚姻登记行为属于行政确认行为，而非行政许可行为或其他具体行政行为。所谓行政确认是指行政机关和法定授权的组织依照法定权限和程序对行政相对人的法律关系、法律地位或有关的法律事实进行甄别，给予证明、确定、认定或者否定并且予以宣告的一种具体行政行为。① 诚然，行政法学界对婚姻登记行为性质的争论亦有之，主要可以划分为以下三种学说：行政许可说②、行政确认说③和行政证明说④。其中，行政证明说实际上是将行政确认的客观效果从行政确认中独立出来，割裂了行政确认行为效力间的内在联系，不为通说所认可，本文亦不过多着墨。理论研究中，主要的争议集中在"行政确认"与"行政许可"二者之间。

本文认为，婚姻登记行为的性质属于行政确认，其目的在于进行社会公示，而非对当事人婚姻自由加以限制。区分行政确认与行政许可行为的依据是：是否存在法律的一般禁止，也即是否具备赋予权利义务资格的特性。首先，结婚登记是对婚姻法律关系的确认，是对权利人是否处于真实有效的婚姻法律关系中进行的一种社会化公示。而行政确认最主要的法律效力，正是使相对人的法律地位或权利义务得到确定(或否认)。行政许可则是一种解除禁止、授予权利的行为，结婚登记行为显然不符合这一概念的特征。将婚姻缔结自由与人格尊严及基本权利相连结时，上述赋予权利或开放一般禁止的说法就显得尤为经不起推敲。其次，从未经过婚姻登记以夫妻名义生活不能认定为合法婚姻的角度看，行政许可似乎具有一定的合理性。然而，《婚姻法》的修改和社会思维的逐步变迁，同居双方权利义务的规制与合法婚姻的规制呈现出明显的趋同化。⑤ 而且，从社会现实层面来看，任何达到法定年龄的未婚男女，即使并无结婚之意愿，也可进行夫妻关系所允许和要求的所有行为，法律对这些行为实际上并无一般禁止⑥。也正因如此，"非法同居"这一概念逐渐被抛弃。由此可见，结婚登记的性质是行政确认，是对业已存在的婚姻关系的法律化认可，其审查限度应当以当事

---

① 王凤：《论结婚登记行为的法律性质》，载《内蒙古社会科学》2015 年第 1 期。
② 参见樊非、刘兴旺、刘佳佳，载《婚姻登记行政诉讼司法审查研究——以婚姻法与行政法竞合为视角》，载《法律适用》2011 年第 4 期。
③ 参见纪艳琼：《议婚姻登记程序瑕疵的法律后果》，载《江南论坛》2007 年第 7 期。
④ 参见马忆南：《论结婚登记程序瑕疵的处理——兼评〈婚姻法〉司法解释(三)征求意见稿第 1 条》，载《西南政法大学学报》2011 年第 2 期。
⑤ 这种趋同化在同居关系终止后的财产分配以及子女抚养方面表现的尤其显著。如：《最高人民法院关于适用〈中华人民共和国婚姻法〉若干问题的解释(二)》第一条第二款：当事人因同居期间财产分割或者子女抚养纠纷提起诉讼的，人民法院应当受理。同时根据《婚姻法司法解释(一)》的相关规定，同居期间财产和子女抚养权的分配在司法实践中往往类推适用《婚姻法》的相关规定。具体参见于晶：《青年非婚同居的财产权益保护问题研究》，载《中国青年研究》2019 年第 12 期。
⑥ 同脚注⑦。

人所提供的书面材料为限,以免对既存法律关系造成不当的侵扰,影响社会稳定。因此,从婚姻登记的性质上来看,登记机关承担的审查义务仅限于形式审查——材料是否齐全且表面真实。

婚姻登记机关负担形式审查的义务,不仅是目前学术界的主流观点,更与行政诉讼法的基本原则——比例原则相契合。一般认为,比例原则包含"适当性原则""必要性原则"和"狭义比例原则"三个子原则。仅就"必要性原则"的基本要求而言,行政机关在作出行政行为时应当选择对当事人权利义务影响最小的方式为之。在本案中,婚姻登记机关固然可以通过实地走访等方式对当事人提交材料的真实性予以验证,但难免会对当事人正常的生活造成不当的侵扰,不符合必要性原则的基本要求。不仅如此,苛求登记机关的实质审查义务不符合制度设计的成本要求,与"适当性原则"相悖。据报道,2019年5月20日,全国9省市婚姻登记机关共办理婚姻登记约10.6万起,仅山东省当日登记数量就高达20832对。① 以上数据固然因青年群体特殊的文化诉求而在代表性上稍显不足,然窥一斑而知全豹,全国婚姻登记机关任务之重不言而喻,赋予婚姻登记机关实质审查的义务是不现实的。

司法实践中,法院亦认可婚姻登记机关的形式审查义务。在郑松菊、胡奕飞诉乐清市民政局结婚登记案中,张数义教授与胡建淼教授分别作为原被告的诉讼代理人对簿公堂,该案经最高人民法院复函仍未能得到妥善解决。法院最终认可了张树义教授的观点,将婚姻登记行为的性质确定为"行政确认",该案入选浙江省近20年十大行政诉讼案。② 笔者以"婚姻登记""行政确认"为关键词在聚法网案例平台共搜索到相关文书518篇,其中由高级人民法院审结的案件共计13件,陕西、广东、河南等11省市高级法院均在裁判文书中将婚姻登记的性质确定为"行政确认"。③ 质言之,无论是理论研究抑或是司法实践都将婚姻登记的性质确定为"行政确认"。《婚姻登记条例》第7条关于"审查"的规定,所欲表明的态度是登记机关并非不能进行实质审查,而是无须如此。

五、涵摄

本案的争议焦点在于婚姻登记机关是否尽到了审查义务(即是否因违反行政程序而应当被撤销)。

(一) T——R

事实构成T《婚姻登记条例》第7条:"婚姻登记机关对结婚登记当事人出具的证件、证明材料进行审查并询问相关情况。"

根据上述体系解释、目的解释以及学理、司法实践的建构:**婚姻登记机关仅对结婚登记当事人出具的证明材料是否齐全、表面上真实进行审查**,即只需要进行形式审查并询问相关情况,不用深入调查证明材料的真实性。

---

① 搜狐网:《多省市520结婚日〈婚姻登记数据出炉〉》,2019年5月22日,载 http://www.sohu.com/a/315671889_99979239,最后访问日期2019-12-06。
② 浙江在线新闻网:《浙江法院发布20年来行政审判十大案例民告官三胜七负》,2010年9月27日,载 http://zjnews.zjol.com.cn/05zjnews/system/2010/09/27/016963279_02.shtml,最后访问日期2019-12-06。
③ 聚法网案例系同期所有司法裁判检索平台中案例样本最为丰富的平台,搜索结果详见:https://www.jufaanli.com/search2? TypeKey =1%3A%E5%A9%9A%E5%A7%BB%E7%99%BB%E8%AE%B0+1%3A%E8%A1%8C%E6%94%BF%E7%A1%AE%E8%AE%A4+r%3Acourt_level_3_%E9%AB%98%E7%BA%A7%E6%B3%95%E9%99%A2,最后访问日期2019-12-09。

(二) S——T

个案事实 S

S1　张×与陈×均按规定出具了各自的中国居民身份证和户口簿材料,张×的中国居民户籍及身份证均未注销,表面上仍真实有效。

S2　上海市杨浦区民政局当场审查了两人提供的证件、证明材料,询问两人结婚意愿并填写各类表格后向两人颁发结婚证。

S1、S2　符合 T。

法律结果 R 婚姻登记机关完全履行了审查义务。

六、得出结论

大前提:我国《婚姻登记条例》第 7 条的规定:**婚姻登记机关对结婚登记当事人出具的证明材料是否齐全、表面上真实进行审查**并询问相关情况。对当事人符合结婚条件的,应当当场予以登记,发给结婚证;对当事人不符合结婚条件不予登记的,应当向当事人说明理由。

小前提:张×与陈×按照法律规定各自出具了完备且有效的身份证明材料,登记机关已对上述材料进行了完全的形式审查。

结论:婚姻登记机关已按照法律规定完成了审慎的形式审查义务,当事人撤销婚姻登记的诉求于法无据,应当予以驳回。

七、反思及新思路的提出

本文所采用的法律方法固然为本案争议的解决提供了相对合理的思路,但实际上却回避了张×拥有双重国籍的事实,未能完全回应《国籍法》第 3 条关于"我国不承认双重国籍"的相关规定,不得不说是一大遗憾。小组探讨之初试图从瑕疵行政行为理论入手,将本案在婚姻登记审查上的不圆满状态——入籍加拿大而以未注销中国身份信息登记结婚,视为对当事人权利义务不产生实际影响的轻微瑕疵,适用《行政诉讼法》第 74 条(以下简称"第 74 条")的相关规定,作出不予撤销的判决。

上述思路面临两大难题。其一,第 74 条仅适用于**程序**存在轻微瑕疵的情形。本案中张×所提供的身份材料在法律与事实上的脱节(或者说实际上拥有双重国籍)是否属于程序问题仍有待商榷。① 因为,根据目前学界对瑕疵婚姻登记行为的研究,一般只将伪造身份材料划归于程序瑕疵。本案中张×的身份证明在事实上是有效的,而且除国籍外与其本人信息完全对应,似乎难以将其与"伪造"等同。其二,根据第 74 条的规定,上述轻微程序瑕疵的处理结果系不予撤销,这一规定是在充分进行利益衡量(制度成本及对当事人权利义务影响程度)后做出的价值判断。但立法者在此所持的态度是否定性的,即轻微程序瑕疵仍然属于"违法"。这一论断与婚姻登记机关已完全履行形式审查义务而不存在程序违法情形是完全冲突的,前后分析在逻辑上自相矛盾。笔者在"中国知网"等学术平台针对这一问题搜索了多篇期刊和学位论文,有学者建议引入"狭义程序瑕疵"的概念,并指出"狭义程序瑕疵"是合法与违法之间的明确界分,即狭义程序瑕疵由于不会对当事人权利造成实质性影响而不存在产生违法之可能。② 狭义轻微瑕疵实际上是在《最高人民法院关于适用〈中华人民共和国行政诉讼法〉的解释》(2018 年)中列举的处理期限、通知送达瑕疵等情形以外,细化出部分不会对当事人实体权利义务造成影响的瑕疵情形。比如在本案中无论是审查程序的瑕疵

---

① 当然,如果在本案中将婚姻登记机关的审查行为视为"轻微瑕疵",适用第 74 条则不存在任何障碍。
② 具体参见梁君瑜:《行政程序瑕疵的三分法与司法审查》,载《法学家》2017 年第 3 期。

抑或是因当事人具有双重国籍身而存在的瑕疵均不会对当事人缔结婚姻自由的实体权利造成任何不当影响。当然，上述理论研究在学界仍属少数，其合理性仍有待笔者进一步的研究，而且该理论也未能妥善解决事实双重国籍的存在。一定意义上，事实双重国籍问题是现行《国籍法》《户口管理条例》等法律法规的衔接之间存在的立法漏洞。诉诸于立法或许是最理想的选择，但立法所不能及时，留给我辈法律学子的问题仍然是棘手的，尚待漫漫求索。

四、2012年《法律方法》课程总结[①]

由郑永流教授讲授的《法律方法》课程设于2012年秋季，共12周，每周3课时，课程安排是讲授6周，案例研讨6周。本课程的目标在于塑造学生的法律方法意识，训练学生自觉运用法律方法解决法律疑难的能力，从而展现法律人的独特技艺。根据课堂讨论、平时作业和最后期末考试的整体情况来看，课程目标得到了充分地实现。以下对课堂案例讨论、平时作业和期末作业的基本情况进行总结，重点对期末作业的情况作出分析。

一、课堂案例研讨

本课程共组织了6次课堂讨论，同学们积极参加，认真准备，表现良好。课程所选取的案例都是中国法律实践中的经典案例或存在激烈争议的案例，因此存在着充分的论辩空间。每次研讨都产生了实质性的意见对立，同学们在意见交换中将案件的更深层意义展现出来。这些案例大多已经有了确定的司法结论，但是它们的法律方法意义却没有被充分地挖掘出来，因此，对这些案件进行详细认真的讨论，对于同学们从法律人的内在视角理解当代中国司法实践，有着实质性的推进作用。

二、平时作业

本课程共安排了三次平时作业，占总成绩的40%。这三次作业也是对课堂研讨效果的反映。第一次作业暴露出了同学们在格式、思路和法律方法的运用等方面的问题，比如格式不规范，没有展现案例的争议点，没有作出全面的法律判断等等。具体的问题都反馈到同学们手中，因此，在接下来的两次作业中，整体的作业情况有了很大的改善。大多数同学的案例分析都很好地展现了案件的争议点，并自觉运用法律解释方法作出了有说服力的分析。

四、期末作业

课堂研讨和平时作业的训练效果集中地体现在了期末作业上面。总而言之，期末作业从整体上来看，有效地反映了同学们课堂听讲、案例研讨和平时作业训练的质量。下面从试题内容、主要观点和作业中出现的问题三个方面对期末作业的情况进行分析。

（1）试题内容

本次期末考试的内容是对香港吴嘉玲居留权案的争议点进行分析。案件事实及问题如下：

吴嘉玲及吴丹丹两姐妹是内地出生的中国籍人士。她俩分别于1987年及1989年出生，当时她们的父亲已是在香港通常居住连续七年以上的中国公民。他在1976年来港，而两名申请人则于1997年7月1日没有通过入境管制站而进入本港。1997年7月4日她们向入境处报到，坚称根据《基本法》第24(2)条第三类别拥有居留权，但她们的权利未获入境处处长承认。入境处依据《入境（修订）（第3号）条例》（以下简称《入境条例》）将她们拘捕。香港高等法院原诉法庭及上诉法庭认为，根据《基本法》第24条因父母为港永久居民而

[①] 作者为时任课程助教、中国政法大学法学院2010级博士研究生黄伟文。

取得香港永久性居民身份的大陆居民,属于第22条第4款所称"中国其他地区"的范围,受到《入境条例》的限制,这也意味着由于他们没有取得入境处的许可而不能获得居留权。终审法院则认为依据第24条而拥有永久居民身份的人士,不能称为"中国其他地区的人",因而享有居留权。

请问:吴氏姐妹是否属于"中国其他地区的人"?是否可以不经入境处许可而获得居留权?

本案例试图以"中国其他地区的人"这一不确定概念的适用问题,考察法律解释方法的运用和法律方法的运用。香港吴嘉玲案发生于1997年,在当时引起激烈讨论,并引发人大释法。尽管该案已过去15年,但这个案件的意义对于当下的法律实践仍然不过时。近几年来香港不时就特定问题向全国人大提请释法。在这样的背景下,从法律方法的角度对吴嘉玲案进行分析,对解读香港在中国法律制度下的法律地位有着启发意义。

(2) 主要观点

由于此案案情复杂,涉及问题较多,因此本试题只选取了"中国其他地区的人"这个角度对法律方法的运用进行考察。问题争议点有二,一是吴嘉玲姐妹是否属于香港《基本法》第24条所规定的"中国其他地区的人",第二个问题与之相关,即二人是否可以不经入境许可处许可而获得居留权。同学们的案例报告对这个问题产生了对立意见。第一种立场认为吴嘉玲二人不属于"中国其他地区的人",因而可以不经入境许可处许可而获得居留权。第二种立场认为吴嘉玲二人属于"中国其他地区的人",因而必须经入境许可处许可才能获得居留权。

本课堂学生共26人,根据提交的案例分析报告,有两人在报告中未明确作出法律结论。其他24名同学中,有10名同学持第一种立场,即认为吴嘉玲二人不属于"中国其他地区的人",比例为40%。另外14名同学持第二种立场,比例为60%。从比例来看,支持第二种立场,即判决二人属于"中国其他地区的人"的同学多于反对的同学。

持第一种立场的同学主要观点是:(1) 从体系解释的角度看,第22条在《基本法》中的位置是位于第二章"中央和香港特别行政区的关系"下的一款规定,其针对的"中国其他地区的人"必然不应该包括已在特区享有居留权的人,因为具有永久性身份的人本身其居留权根据第39条不应当受到限制;(2) 从客观目的探究的角度,香港基本法的立法目的不仅是维护香港地区的稳定,也是维持香港的"高度自治",特区在不同的制度中的高度自治就决定了香港对于那些身在大陆的拥有香港永久居留权身份的人有接收的权利,而不需要经过中国政府的批准。

而持第二种立场的同学主要是从对基本法的目的探究获得支持,同时也与《入境条例》的规定达成体系上的一致。他们认为:(1) 对"中国其他地区的人"这一不确定概念进行体系解释,可以确定"中国其他地区的人"包括父母为港永久居民而取得香港永久性居民身份的大陆居民;(2) 对居民在香港以外所生的中国籍子女的法律身份作出规定,并设置入境限制,是为了维持香港居民的数量的稳定增长,维持香港的繁荣和稳定。

(3) 作业中存在的问题

无论是课堂研讨还是期末考试,案例的设计都没有预设一个确定正确的答案。案例设计的主要目的在于通过争议点展现法律方法所能发挥的独特力量。在本次期末作业中,绝大多数同学的分析展现出了自觉运用法律方法分析问题的意识。因此,在对案例报告进行评价的时候,评价标准并不关乎立场和篇幅,而是按照如下要求:

——清晰、全面地展现法律判断形成的过程:10 分
——较好的法律方法和法律思维的认识和运用能力:20 分
——大前提的建构正确,分析透彻:60 分
具体评价标准为:(1)是否展现了解释方法适用的位阶;(2)是否使用了正确的解释方法;(3)案件争议点的分析是否准确。
——思路清晰,格式规范:10 分

同学们的案例分析整体表现良好,较好地展现了运用法律解释方法解决案件疑难的能力。但从整体上来看,案例报告出现以下问题:
——部分同学没有按照要求来分析案例,写成了研究论文;
——没有全面地展现法律判断形成的全过程,中间遗漏环节(比如事实构成、大前提的建构)或没有作出法律结论;
——没有从法律方法的角度对案例进行分析,而是进行了法社会学或其他视角的解读,既没有对案例争议点进行分析,也未体现法律方法的独特性;
——解释方法的运用和分析过于简单,匆忙得出结论;
——格式不规范,作出法律判断所使用的符号比较混乱;
——部分支持吴嘉玲二人不属于"中国其他地区的人"立场的同学在报告中同时对《入境条例》的合宪性作出了实质判断,这种判断超出了法律方法的范围,在本案例的分析中并不恰当。

五、结语

郑永流教授在其译著《法律思维导论》的后记中写道:"法学是一门充满实践理性的学科,魅力主要不是坐而论道,建构价值,因为其他学科也共担这样的使命,而在于如何通过规范把价值运用于事实,作出外有约束力、内有说服力的判断的技艺,这种技艺就是要使预设的价值、规范在事实的运动场跑动起来,让它们在舞动中获得新生或延续生命。"尽管关于法律方法的课程学习已经告一段落,但这并不意味着同学们也结束了法律方法的学习。相反,根据同学们的平时表现和期末报告,可以看出这种技艺已经转化成为一种内在能力,使大家自觉地将方法意识运用于随时的法律思考之中。这也是本课程所追求的目标之一,或者也可以说是最重要的目标。

五、课堂讲授 PPT

请在"北京大学出版社"网站(www.pup.cn)"下载专区"下载本教材配套 PPT。

第一版后记

一、引证说明

本教材介绍的许多知识，溢出了本人较为熟悉的"专业槽"。于是，不得不多方引证，以求妥当。其中，互联网为引证提供了便利，也方便读者不少，故案例、事例采自网上的较以往的多。除标明出处外（也可能有遗漏），本人还对所引知识、案例、事例作了简化，但愿未伤筋动骨，否则，岂止是百日休养之事。

而法谚、格言主要出自郑玉波：《法谚》（一）（二），法律出版社2007年版。幽默、推理小品选自陆志仁编译：《美国幽默故事》，复旦大学出版社2007年版；白波：《博弈游戏》，哈尔滨出版社2004年版。在此补说，是因为书中未一一作注。

二、致谢

按约定，本教材本应于2008年3月31日交付，因事务繁多，延迟整整三月，感谢北大出版社的体谅。

我的一些学生先后辅佐我的教材写作，她/他们是：柳承旭、杨维民、韦盈盈、王婷。尤其是刘叶深，他创造性地绘制了书中的大部分图表，成功地阻止了本教材蜕变成专著或"专著性教材"。在此，对她/他们的辛劳表示衷心的谢意。

初次独自一人编写教材，何况法律方法教材尚无中文范本可临帖，恐有负出版者当初的期待，更不说对未来的读者了。本教材挪用"阶梯"名称，意在助人登堂入室。如果还是不能让您寻得门径，望立刻回头，本人在xpzyl@sohu.com处恭候。

郑永流
2008年6月　于京北西三旗

第二版说明

本书于 2010 年重印时曾略作改动,借本书售罄又待新印之机,历两月,完成此次较大修订,权作第二版。所修内容计有:

一、增删正文

1. 字词、标点。改正 20 余处。
2. 引注。主要是修正了 50 余处网络资料的引用地址。
3. 表述。小修近 20 处。
4. 图表。调整 2 处。
5. 新增 30 篇阅读文献与阅读案例。
6. 版式。表格条目与每章附录的一级标题改用黑体字体。
7. 反向推论的三种情形各加了一小节解释文字。
8. 在第九章增加第 5 部分:案例分析示例。

二、扩充附录

除图表索引、重要案例及所涉主题索引外,附录大部内容均为新增,为方便教学,特附教学参考材料。

第一部分:索引
1. 术语索引
2. 图表索引
3. 重要案例及所涉主题索引

第二部分:法律解释的文件
1. 关于法律解释的规定:
全国人大常委会关于加强法律解释工作的决议
最高人民法院关于司法解释工作的规定
最高人民检察院司法解释规定
2. 法律概念的法律解释

第三部分:教学参考材料
1. 教学大纲
2. 课堂讨论案例
3. 课堂讲授 PPT

本版吸纳了读者的一些建议和本人的一些教学经验,但仍未"往深里去",总感那不是教材的本分。尤其是,近几年来,我愈来愈感到,把教材写至无话可写,把课讲得无话可说,春蚕丝尽,却封死了研习者和教者思考的空间,养成了不少人严重的教材和讲授依赖症。相反,我在想,在有心无意之间,不那么完美,留下些凝滞、浅薄之处,或许可刺激人的好胜心,成就有创见的学生。

在我的博士生黄伟文担任修订助理,我的硕士生邓新娟和张虹制作课堂讲授用的 PPT 中,我也试图去践行这一理念。当然,除了对他们表示衷心的感谢之外,在此,我还要说,本次修订可能有的一切缺失,与他们似有缘,实无关。

郑永流
2012 年 5 月 1 日

第三版说明

本次修订主要得益于三年来本人在中国政法大学中欧法学院的"法律方法"课程的教学活动,尤其是课堂案例讨论使书中的诸种不足渐显,外加连续入选一些规划教材系列,盛名难副,这令修订工作不容迟缓。所修内容从大处计有:

(1) 全面更新书中所引法律及相关内容。
(2) 修改正文和注释中部分文字。
(3) 增添少量案例和图表。
(4) 更新附录少部分文件。
(5) 全面更新和重排阅读文献和阅读案例。

值得特别指明的是:

(1) 全国人大常委会于2014年11月1日对《行政诉讼法》作出修改,以"行政行为"替代"具体行政行为",但本书并未一律"依法修订",原因是具体行政行为与抽象行政行为仍可作学理和历史概念沿用。但既然"行政行为"入法,其对应概念——抽象行政行为如何作新的表达,便成为给学界提出的教义学任务。

(2) 以"法律不评价之领域"替代"法律无涉之领域",因为后者易与"法外空间"混淆。

修订历时三月,现执教于广东财经大学的黄伟文先生续任修订助理,我们分别逐页阅改,交互校正,最后由我定稿,谨此向他及提出疑问的学生们表示衷心的感谢。

郑永流

2014年11月9日